先秦儒家
价值体系研究

马兰兰　著

河北大学出版社
·保定·

XIANQIN RUJIA JIAZHI TIXI YANJIU

先秦儒家价值体系研究

责任编辑：王红梅

装帧设计：张彦琪

责任校对：姚萌萌

责任印制：闻　利

图书在版编目（CIP）数据

先秦儒家价值体系研究 / 马兰兰著．-- 保定：河北大学出版社，2020.8

ISBN 978-7-5666-1687-6

Ⅰ．①先… Ⅱ．①马… Ⅲ．①儒家－价值论（哲学）－研究－中国－先秦时代 Ⅳ．① B222.05

中国版本图书馆 CIP 数据核字 (2020) 第 164315 号

出版发行：河北大学出版社

地址：河北省保定市七一东路 2666 号　邮编：071000

电话：0312-5073019　0312-5073029

邮箱：hbdxcbs818@163.com　网址：www.hbdxcbs.com

经　　销：全国新华书店

印　　刷：保定市北方胶印有限公司

幅面尺寸：170 mm × 240 mm

印　　张：11.5

字　　数：180 千字

版　　次：2020 年 8 月第 1 版

印　　次：2020 年 8 月第 1 次印刷

书　　号：ISBN 978-7-5666-1687-6

定　　价：45.00 元

序

马兰兰同学自2012年9月至2015年6月在河北大学政法学院哲学系攻读中国哲学专业硕士研究生，继之又考取本专业博士研究生。在这六年硕士、博士研究生的学习生活中，马兰兰给我留下的印象是苦修苦读、勤奋好学和逆水行舟、不怕困难。无论开学，还是假期，春夏秋冬，四季轮回，她总在一点一滴地积累、摸索、学习，说得上“焚膏继晷”；一次又一次经历论文撰写、发表的渴望、兴奋，也一次又一次接受投稿、退稿的迷茫与煎熬，称得起“不屈不挠”。宝剑锋从磨砺出，梅花香自苦寒来。功夫不负有心人！读博期间，她在核心期刊上发表专业学术论文7篇，2次获得博士研究生国家奖学金，3次获得河北大学一等奖学金，在全校博士研究生中名列前茅；博士毕业当年又以优异成绩到南京大学哲学系博士后流动站开展合作研究。如今，马兰兰博士的博士学位论文《先秦儒家价值体系研究》几经修改，就要出版了。论文在广泛阅读儒家经典文献的基础上，从人性基础、情理向度、践行原则、本体依据、主体人格、外王功业、终极归属、未来走向诸方面对先秦儒家价值体系进行了深入系统的研究，论文选题具有学术价值与现实意义，结构完整，逻辑清晰，论证充分，文辞流畅，引用文献丰富翔实，注释规范，能够充分吸收前人研究成果并提出自己的创新性见解，是一篇较有分量的优秀博士论文。按照学术圈子的惯例，学生在答辩时，自然要在“后记”中说些感谢之类的话；论文出版时，指导教师自然也要为学生的劳动果实说几句话以为“序”。其实，论文的创新与不足，答辩时外审评议专家及答辩组老师们已做充分的评论；本书的学术价值与社会反响，出版后社会读者自有公论，不须“王婆卖瓜”。为不负学生所求，还是言归正传，说几句“先秦诸子哲学突破”的时代特色与思想精华更为有益！

德国哲学家雅斯贝尔斯在《论历史的起源与目标》中曾将公元前800年到

公元前 200 年这 600 年间的历史，称为整个人类文化史的“轴心时代”。他认为，在这段时间中，人类的精神基础同时地或独立地在中国、印度、波斯、巴勒斯坦和希腊开始奠定，直到今天人类仍然附着在这种基础之上。这个时代产生了所有我们今天依然在思考的基本范畴，创造了人们今天仍然信仰的世界性宗教。中国文化史上的“先秦诸子时代”正是这样的“轴心时代”。当时社会结构的动荡改组，典章制度的新旧更迭，王权式微，诸侯异政，营造了思想史上的人文奇观——“和而不同”，百家争鸣。那时思想家头脑中没有固定的模式，没有独尊的权威，“天下之人，各为所欲焉，以自为方”（《庄子·天下》）。《汉书·艺文志》云：“诸子十家，其可观者，九家而已。皆起于王道既微，诸侯力政，时君世主，好恶殊方。是以九家之术，蜂起并作，各引一端，崇其所善。以此驰说，取合诸侯。”这是一个需要巨人而且产生了巨人——在思维能力、热情和性格方面，在多才多艺和学识渊博方面——的时代。孔丘、墨翟、老聃、庄周、惠施、公孙龙、荀卿、韩非等一大批思想巨子，以其不拘一格、独抒己见的原创型思想，共同酿造了中国文化的元典精神。中国文化鲜明的人文主题在这一时期确定；以注重对认识对象的直觉体悟和整体把握为特征的辩证思维方式在这一时期建构；重人伦道德、重个人修养、重实用理性的文化价值原则在这一时期提出；人道与天道参赞化育、和合生成的世界观在这一时期定型。

诸子学最为显著的特征是其思想的原创性，而原创性思维必然带有风格的多样性。对此，西汉史家司马谈独具慧眼地评论说：“儒者博而寡要，劳而少功，是以其事难尽从；然其序君臣父子之礼，列夫妇长幼之别，不可易也。墨者俭而难遵，是以其事不可遍循；然其强本节用，不可废也。法家严而少恩；然其正君臣上下之分，不可改矣。名家使人俭而善失真；然其正名实，不可不察也。道家使人精神专一，动合无形，赡足万物。其为术也，因阴阳之大顺，采儒墨之善，撮名法之要，与时迁移，应物变化，立俗施事，无所不宜，指约而易操，事少而功多。”（《史记·太史公自序》）司马谈认为儒、墨、名、法各有长短，只有道家完美无缺，最合理想，表明了他本人道家本位的学术立场。其实，中国哲学自古是一个多元精神和合体。儒、墨、道、名、法，诸家从不同侧面揭示宇宙人生的意义，相互冲突，又相互兼容，共同建构了中国人的意义世界和心灵境界，是中国哲学和思想文化永远取之不竭的活水源头。

儒家站在人生之内逆觉体证宇宙万物之生命本源，并据此体证追寻人在宇宙中的地位，审视人生的意义、命运及人对天地万物的伦理义务和道德责任。其立教宗旨是道德人本主义和道德理想主义。儒家理想主义有三大要义：一是强调人道之爱；二是肯定人伦秩序，讲求“合群”之道；三是追求道德理性之自觉，成德立人。孔子、孟子、荀子的思想虽有差别，但对上述理想的认识是一致的。这些儒家价值体系的核心价值要素及其理论意涵与实践意义，马兰兰在其著作中做了详细的解析。

儒者温情敦厚，墨者严毅任侠。前者尚礼义，后者重义气。“兼相爱”的至公主义与“交相利”的现实主义结合在一起，构成墨者理解“意义世界”的思想准则。儒、墨二家在爱的原则上虽有“别”与“兼”之分殊，但对义与利的认识却又颇相一致。儒者所重之“义”实即墨者所言之“利”。所以唐代硕儒韩愈有言：“孔子必用墨子，墨子必用孔子，不相用不足为孔墨。”（《读墨子》）

孔、墨是“游方之内”的入世主义者，老、庄是“游方之外”的超世主义者。孔、墨执着于“有”，有为务实；老、庄妙悟于“无”，冲淡超逸。道家站在人生边缘，带着自然情感和超越眼光审视人生现实的矛盾与荒谬，批判人类理智的浅薄和愚蠢。其立教的宗旨是要人懂得超越自身的有限性，用自然和无限的观点去理解万物存在的合理性、必然性。用自然和无限的观点看问题，就是站在“道”的立场上理解宇宙，洞察人生，化解冲突，在宥天下。尊道贵德就是承认万物存在的合理性，防止人类理智的狂妄和僭越，批判人道对天道的冒犯、妄伪对本真的凌辱、普遍对个别的压制、文化对自然的虐杀。老、庄同宗道家，但又有所不同。老子守拙藏智，庄子崇真任情。老学似茶，绵柔若愚；庄文似酒，法天归真。前者是帝王心态，后者属文人情怀。

惠施、公孙龙及后期墨家所代表的名家者流，缺少孔、墨的世俗关怀和伦理责任，亦不崇尚老、庄的藏智自神、逸世高蹈，他们是喜欢与经验常识打辩的智者，具有发达的逻辑思辨能力，长于智辩，好标新立异。“合同异”“离坚白”“白马非马”“火不热”“鸡三足”“卵有毛”，种种奇谈怪论，“能胜人之口，不能服人之心”（《庄子·天下》）。名家的辩言与奇谈对“名”进行深入反思，提出一些反常识的见解，看似荒唐，然而正是那些依常识看似荒唐的东西更能启迪智慧，使人看到新的世界和意义。

法家对君主时代政治问题的核心——权力学有独到的理解。围绕权力问题，早期法家商鞅任“法”，申不害重“术”，慎到贵“势”。战国末期的思想家韩非子扬弃荀子之学，援道入法，并将法、术、势熔为一炉，建立了一套系统的权威主义的政治哲学，对后世君主权力学产生深远影响。解读韩非子的思想，可以帮助我们揭开专制主义思维方式和官文化的秘密，懂得何谓政治家的冷峻、权术和果敢。法家一味强调严刑峻法的霸道原则，而无视或鄙弃儒家道德理想主义的社会功能，是其理论的严重缺陷。

读古人的书，就像在听一个睿智老人讲述他所经历的故事，可以丰富自己的阅历，增添为人处世的学问与修养。先秦诸子的哲学，尤其有这样的效果。孔子的淳厚，孟子的英气，墨子的严毅，老子的沉潜，庄子的超逸，惠施与公孙龙子的奇辩，孙武子的灵活，荀子的理智，韩非子的尖利，都可以给人以深刻的启迪。在诸子的生存智慧中都深藏着一个丰富的“意义世界”，人们走进他们的精神世界，都会从中找到你所需要的某种东西。无论你是智是愚，是贫是富，是官是民，都可以从中受到教益。在诸子面前，现代人尽可以品头论足，但都不能不感到自己缺少某种东西，都不能不感到自己的无知、贫乏和卑微。《庄子·秋水》中讲过一个故事：秋水时至，百川灌河，两岸之间不辨牛马。黄河之神（河伯）骄傲起来，觉得自己十分伟大和壮阔。河神顺流而下，看到大海，于是望洋兴叹，认识到自己的渺小无知。海神告诉他，懂得了自己的无知，才能克服自己的有限性而领略无限的“道”。先秦诸子各为“道”之一隅，合而观之，便构成中华文化的源头活水。这就是诸子学的魅力。

在马兰兰博士的著作出版之际，作为导师，乐观其成，更期望她能在今后漫长的学术道路上不断进步，将儒学价值体系放在“诸子百家思想世界”更为开阔的理论视野中开展进一步的研究。是为序。

李振纲

2020 年 4 月 28 日于河北大学紫园

目 录

引　言

一、本书来源与研究意义

（一）本书来源

价值问题是哲学领域的核心问题之一，不仅是中西方哲学相互沟通的中介点，更是贯通中国古代哲学绵延发展的主体脉络。早在春秋战国之际，天人关系就已经成为中国哲学普遍关注的基本命题。在诸子百家之中，先秦儒家使“天”的神秘色彩逐渐褪去，在价值和义理意义上对“天”的内涵进行重新界定，以尊天命而不轻人事的理性态度，挺立人的价值，从而突显先秦儒家的人文价值关怀。对人的存在的关注，核心便体现为作为个人主体自身的价值实现问题。冯友兰先生认为“照中国哲学家们说，那就是成为圣人”。冯友兰先生说中国哲学是教人做圣人的学问①，应该说冯友兰先生此话主要是针对儒家者流而言，儒家讲学以致圣人之道，学能知止，《大学》讲止于至善，能达至善之境方为圣人。于是，中国儒学便是教人成就圣人人格的学问。先秦儒家围绕价值主体理想人格的建构而对一系列相关价值问题进行颇有深度的思考，比如，主体心性、人己关系、天人关系、义利之辨、中庸之道、内圣外王等诸多问题。那么，先秦儒家成就价值主体的圣人人格何以可能？建构理想人格的本体根据是什么？道德完满性的终极根源何在？先秦儒家对此进行了追本溯源式的思考，援天道而推衍人事，以形上天道作为人道运行的价值本体，并通过主体心性将形上天道与现实人伦进行上下沟通，从而突显其人道价值关怀。但是，当先秦儒家成就主体价值的理论遭遇历史现实中的诸多外力因素，其产生

① 冯友兰：《中国哲学简史》，北京大学出版社 1996 年版，第 6 页。

的现实后果与先秦儒家的理论初衷发生明显偏离，本来是成就主体价值的学问，落实到实际中却最终成为主体实现与创造价值的现实桎梏。先秦儒家建构主体价值的理论动机与现实后果何以会出现正相反对的现象，对此问题的思考便是本书的研究来源所在。

（二）研究意义

先秦儒家围绕主体价值的实现提出与此相关的诸多价值范畴，按照各自范畴之间的内在逻辑关联，本书会涉及先秦儒家之仁、孝、礼、义利、忠恕、中庸、内圣外王以及君子圣人等相关价值观念、范畴与命题。首先，“仁”作为先秦儒家价值追求的完满状态同时也是其终极归宿，即价值目的，本书会以仁为核心价值并围绕其具体价值指向而展开相关论述，比如在家族场域与社会领域等不同范围中孝与礼对不同伦理关系各自侧重发挥其具体功能。其次，“义利”作为儒家之“仁”的价值内容展开，兼顾形上追求与形下经验两个层面，是儒家价值的表现形式。忠恕作为为仁之方，在先秦儒家仁道实践过程中一以贯之。“中庸”至德作为本体论意义与“仁”一体贯通，同时又是儒家的重要方法论原则，即价值实践原则与手段。“内圣外王”落实到个人层面是“治身”，先秦儒家对士阶层主体完善自身的道德要求，即追求君子人格甚至圣人理想；落实到国家层面是“治世”，士阶层主体内以修身成圣与外行王道理想并非截然二分，“圣”与“王”之间体现为体用本末的内在逻辑关联，实则是先秦儒家主体价值在道德与政治领域的展开与实现途径，士阶层主体完善君子人格向外展开的政治环节即“平天下”的社会实践。再次，“君子”作为实践先秦儒家价值的主体人格要求，其道德修为活动又以圣人为价值追求体现其终极理想。此外，在厘清先秦儒家诸多价值范畴的内在关联同时，对于后世儒家的相关价值观念所经历的发展变化以及具体变化原因甚至对当时以及当今社会生活产生的深远影响，今天国人应该秉持怎样一种态度来看待儒家价值观念，这些问题同样是本书的思考点所在。

从先秦儒学到现代儒学经过了漫长的历史过程，先秦儒学的精华需要今天的学者去传承和创新，先秦儒学的理论不足需要今天的学者去弥补。后世儒者对先秦儒学理论所进行的多角度思想发挥而造成的儒学价值相异衍化的诸多现象更需要今天的学者去全面地对待。在今天这样一个需要理论与思想并能够产生理论与思想的时代，回顾与解读先秦时期儒学思想与轴心时代价值精华的同时，也不能忽视其作为某一历史阶段的思想与文化所隐含的理论不足与历史局限，从反思与批判的角度对其在历史上相异衍化的诸多现象进行照察，这不仅满足时代与社会所需，更是当今学者建构中国哲学价值体系的应有之义。毋庸置疑，没有任何一个理论是完美无缺的，当然先秦儒家思想也不例外。如何从现代文明的角度去理解先秦儒学，汲取先秦儒学的价值精华，正视其理论不足与历史局限，使儒学在现代能更好地发展并体现其时代价值正是本书的研究意义所在。

二、文献综述

儒学思想的自身发展经历了创立、发展、成熟、深化、反思、转化等不同历史阶段，后世儒者对先秦儒学价值范畴的哲学思考与义理发挥折射出不同形态下儒学所呈现的历史价值。因此，追溯儒学在不同发展阶段的代表人物与其主要思想便可窥其大略。儒家学派由孔子创立，曾子、子思、孟子与荀子在先秦时期迭代继承，诸继承人所处具体社会背景不同遂至学思路向各异，但总体而言，儒学以仁为价值核心，以孝、礼与义为行为规范和价值标准，以中庸为价值取向，以实现圣贤人格为价值理想，这一价值体系从孔子奠基到其后儒者历代相传，其价值旨要一以贯之。然而，在历史演进过程中，不同儒者对儒学价值内涵的设定有所强化，对不同价值主体与价值追求其倾向各有侧重。本书主要针对先秦儒学价值范畴展开论述，并对诸多价值范畴的后世演变（主要是汉代经学与宋明理学）进行相关分析与对比研究，涉及的古代文献主要是《周易》《尚书》《诗经》《礼记》《国语》《春秋》《左传》《论语》《孟子》《荀子》《大学》《中庸》《孝经》《吕氏春秋》《孔子家语》《春秋繁露》《淮南子》《白虎通义》《史记》《汉书》《宋元学案》《朱子语类》《四书集注》《传习录》《大学问》《明夷待访录》《日知录》《张子正蒙注》《读四书大全说》等。

本书所涉及的现代文献，主要就本书所论述到的相关价值范畴和价值命题有选择地展开参读与研究，现分别综述如下：

（一）国内相关研究成果：关于儒学价值体系的内在逻辑论证与整体架构思考

杨国荣《善的历程——儒家价值体系研究》对儒家价值体系进行考察，从先秦孔孟对价值体系的奠基到价值本体的形上建构、经学正统地位的形成、理学衍化与价值原则的重整，以及明清儒者对理学的自觉反思与哲学使命的转换，将儒家价值体系的历史内涵与逻辑层次进行双重展示，旨在为儒学价值体系从传统向现代的合理性重建提供历史性价值前提。陈来的《宋明理学》通过思辨理学基本精神、建构形上本体、辨析人心道心、提升人格境界等明确价值立场。陈来在《仁学本体论》中对儒学之仁给予本体照察，通过对相关文献的分析与学术发展脉络的梳理，以将儒家的仁论论证为仁本体论为要，以儒家的仁学为切入点，对人之为人的本质以及人存在的应然状态给予价值关怀。关于先秦儒学价值主体的人格建构，圣人作为道德理性与实践智慧的普遍人格化，在“士希贤，贤希圣，圣希天”的修养次第中，圣人集修身与治世于一身，对内以德修身，在外以德治世，将内圣与外王完美结合。冯友兰在《中国哲学简史》中提出儒家哲学是教人做圣人的学问，儒家的圣人人格是“内圣外王”，既有道德修养成就，又有社会实践功用。主体人格的道德期许成为儒学建构整体价值理论的根源所在。儒学对主体人格的道德建构并非要求社会所有人，而仅仅是针对士阶层提出的特殊要求。王文亮在《中国圣人论》中从人的本质、学问修德、帝王政体等 7 个方面对中国历史中的圣人观念以及圣人观念对中国传统文化的影响给予关注，对儒家主体人格进行了系统分析与理性思考。道德因政治而生，以道德治世成为儒学道德理性思考的价值要义。无论是周初统治者借鉴前代兴亡教训即“天命无常，惟德是辅”，还是子产总结出弱小国家的生存之道，国与家作为不同于个人的价值主体，一国君主作为国家实体的主体象征，清楚认识到自身道德建设的必要性。赵汀阳在《天下的当代性：世界秩序的实践与想象》中论述到，周推翻商之后，自称天命，在周不在商，于是承续天命，以礼乐为核心创制天下秩序，建构出家、国和天下之间的政治秩序与伦理秩序的双向原则。孔子为天下、国、家的政治秩序找到了道德基础，将家庭伦理推至天下，亲亲成为道德的基础，道德成为政治秩序的最终依据。费孝通在《乡土中国》中对儒家孔子推广仁爱的道德力量乃至后来孟子仁政的推恩理论提出质疑，“始于家邦”的起点无法达到“终于四海”的目的。以家作为“波纹同心圆”的中心层层外推，随着人与人之间情感的由亲至疏，道德力量亦会随之逐渐减弱，递减至陌生人处，道德力量的效果几乎微乎其微。根本原因就在于道德的本质指向存在之应在之道，而道德的自明性并不足以使人自觉选择道德。在先秦儒学关于道德与功利、道德与政治的价值展开方面，道德与功利的辩证存在大致可归结为义利之辨的价值命题。冯友兰在“贞元六书”和《冯友兰学术自传》中认为，与利益相比，道德是人应该追求的更高层级的事情，人做事情从道德出发，会在精神上实现一种道德境界，并且提出儒家孔子就是已经达到道德境界的圣人。在治世层面，儒学始终没有在德治和法治之间做出彼此相互对立的价值判断。赵鼎新在《东周战争与儒法国家的诞生》中强调战争起到促进国家发展强大的鞭策作用。国家基于利害得失的理性计算，纷纷采纳法家学说，相对于法家重视制度建设、强化君权、层级管理的特征，孔子主张的以仁与礼重建社会道德秩序来拯救政治混乱的现状被斥为迂阔。然而，后世统治者从秦亡中得出启示，国家必须在政治制度上以儒学作为意识形态的合法性基础，法家作为君主统治术在实践操作层面展开运用。自汉以降，理论上“尚法尊儒”施政核心确定后，在实际操作层面却往往陷入进退失据的历史僵局。余敦康在《魏晋玄学史》中对国家政治权力的运用与国家意识形态权力之间的复杂关系与两难局面给予分析，当政治权力与儒学思想达到良性依存的共生状态时，双方各自显现的活力与弹性足以使国家焕发生机，迎来治世承平局面；当政治权力强大到儒学思想难以约束时，儒学则流于虚饰，政治权力肆无忌惮，国家衰败，社会动荡。另外，李泽厚在《批判哲学的批判：康德述评》中对德国古典哲学中康德的批判哲学论述详尽且评论独到，陈嘉映的《海德格尔哲学概论》在现象学视域中将海德格尔对存在者自我显现的存在本质予以逻辑分析与价值阐发，赵敦华的《西方哲学简史》与《现代西方哲学新编》对西方哲学整体发展流变予以论述。这些对本书的整体构思与具体价值范畴的内涵考量具有重要价值。

（二）国外相关研究的学术著作与论文成果

关于先秦儒家道德榜样的主体人格建构，多伦多大学哲学系沈清松在《柯雄文对儒家伦理的概念分析》中认为，哲学话语层面的伦理与道德概念与具体人格和实践层面的道德理念或伦理规范并非完全一致。关注和分析圣人君子的具体人格和现实生活对于先秦儒学道德理想建构的价值无法忽略。在轴心时代，先秦儒家面对现实中人与人之间在存在、利益和政治态度上的认知与行为冲突，而诉诸理性说教、情感谅解或者道德垂范作为化解冲突的文明法则，在社会旧有的伦理规范“礼乐”失去现实约束力之际，先秦儒家试图重构主体君子人格的道德理性，使君子重新赋予礼乐以文明法则的意义。美国学者本杰明·史华兹在《古代中国的思想世界》中从中西文化比较研究的视角，纵览中国先秦时期思想世界的发展流变，横向对比儒墨道法诸子学派的思想异趣，强调“心”的概念在战国儒道思想建构价值理念中，无论孟子的“集义”还是庄子的“集虚”皆起到关键性作用。

关于轴心时代儒家道德理性与伦理规范的价值反思，德国学者罗哲海在《轴心时期的儒家伦理》中认为，轴心时代中国社会的伦理危机促使儒家对道德理性自觉建构，因为“礼乐不兴”，所以孔子援仁入礼，以道德理性为契机，对主体人格的道德完善、家庭伦理、国家秩序、政治运行进行系统性的反思与改良。英国学者凯伦·阿姆斯特朗的《轴心时代：塑造人类精神与世界观的大转折时代》，站在人类全局视角，强调轴心时代古圣先贤对人类精神突破与神圣性信仰的开启与追求。凯伦认为，儒家孔子的目的不是使那些语言教条被后人记录在册，而是教人如何完善自身不同于众的道德人格。怀着神圣的善意去尊重一切生命形式，成为轴心时代普遍存在的精神气质。

关于道德与伦理、道德与利益之间关系的价值认知，德国学者马克斯·韦伯提倡工具理性的实践运用与价值发挥。《新教伦理与资本主义精神》和《中国的宗教：儒教与道教》在西方哲学语境下对利益与道德、政治与宗教、信仰与理性诸多关系进行了不同角度的哲学审视。挣钱并非不道德的事情，而是资本主义时代富人为上帝服务的有效手段。

关于先秦儒学道德理性产生的初衷与价值宗旨，美国佐治亚学院暨州立大学王怀聿在《忧患与敬：早期儒家思想之起源探究》中将希腊哲学起源于悲剧与希望和早期中国思想源头进行异同比较，并将早期儒家思想的起源归结于忧患与敬，通过对人类命运苦难的“忧患”关怀追溯到天命之“畏”及天道与先祖之“敬”，于是便自觉以“德”要求自身，对早期儒家道德践履方式给予观察与思考。美国学者安乐哲在《儒家思想的宗教性》中阐述其观点：儒家思想的宗教性与西方以超越的上帝为中心的基督教有着根本不同，儒家以人为中心，具有宗教情怀，但儒学论域中“天”的人格神意味已不占主导。安乐哲从宗教角度将先秦儒学对人的价值关怀进行了较为接近儒学原意的认知与了解。

关于中国公私观念的道德演变历程，日本学者沟口雄三在《中国的公与私·公私》中注意到中国“公”与“私”观念的伦理性，并进一步对此历史现象的产生依据进行价值探索，对公私观念不断道德化的历史过程展开论述。

（三）研究动态

目前学术界专门研究先秦儒学价值的成果已经为数不少。在中国知识资源总库CNKI系列数据库中对先秦儒学价值思想相关文献进行检索（2003年—2017年），从中选取并参读与先秦儒学价值相关的学术论文150篇左右，现将相关学术文章与相关论点综述如下：关于仁的内涵、仁与孝、仁与礼等具体德目的关系研究，程志华教授在《“仁”的内涵、现代价值与现代调节》中对孔子思想核心的“仁”，围绕其“爱人”含义，“忠”和“恕”流行，以及“克己复礼”的践履原则，诠释“仁”产生的“个体道德价值”“社会伦理价值”和“人的自觉精神”三方面的现代价值。梁涛教授在《“亲亲相隐”与“隐而任之”》中针对当时学术界围绕“亲亲相隐”问题所引发的如何认知、评价儒家伦理的讨论，强调亲亲相隐背后“直在其中”的本质，对亲亲相隐的适用范围、学理依据以及价值评价进行思考，揭示了孔孟儒者如何处理血缘亲情与仁义普遍原则的关系问题。宋志明教授在《论荀子礼学的规范诉求》中强调“仁”是儒家个体精神空间的理想设计，“礼”则是儒家关于群体精神空间的规范设计，荀子性朴倾恶的人性观强调他律原则可视为对孟子性善论自我完善的必要补充。关于儒家理想人格的君子释义兼君子小人之辩，李振纲教授的《孔门“君子”释义》分别在君子之学、君子之德、君子之风、君子之交、君子之乐以及君子之修等方面给予思想探索与价值倡导，立足儒学价值理性，回应时代精神需求。黎红雷教授在《“位”与“德”之间——从〈周易·解卦〉看孔子“君子小人”说的纠结》中分析了《论语》中以“君子”“小人”对举者除明确指向地位差异和道德差异之外，还以此衍生出眼界差异、能力差异、修养差异等。在当今把“君子”“小人”固定为道德差异的话语背景下，作者强调《论语》中“君子”“小人”问题的目的在于还原儒学价值本真，使今人能更准确地把握儒学真谛。王国良教授在《儒家君子人格的内涵及其现代价值》中认为，先秦儒家孔子、孟子、荀子以君子为理想人格，分别从个体、社会、政治三个层面对儒家君子内涵进行分析。儒家君子人格理想对中国文化、中国人的基本价值观、中华民族的民族精神的形成产生深刻影响，几乎成为几千年中国人明辨是非善恶的基本依据。关于儒家道德实践与社会理想的价值指向，赵汀阳在《天下体系的未来可能性——对当前一些质疑的回应》中对天下体系和世界秩序未来可能性的相关问题展开讨论，从天下内涵的丰富性与精神性方面诠释天人关系与人己关系，进一步明确中国古代“天下”制度的内涵、外延和实践性范围，从政治哲学的角度挖掘其在当前世界现实中的价值，并对未来世界进行尝试性预设与构想。王正在《超越社群主义的群己观——先秦儒家道德哲学中的群己之辨及其现代意义》中对先秦儒家的群己之辩进行阐述，从孔子不与鸟兽同群、孟子推恩达至四海到荀子的“人能群”，阐述先秦儒家对群体价值的肯定与认同。曹建墩在《从礼制到礼学——先秦儒家对礼义的探寻》中将“礼法合一”作为古代社会礼法制度与道德准则的基点，礼义是先秦儒家礼制实施的重要原则，通过阐述儒家礼制的形成与衍化过程，突显礼制在提升民众道德、提倡仁义政治、维持人际关系、维护社会稳定、缓和民族矛盾以及和谐天人关系等方面的重要价值。

学者们对先秦儒家仁、孝、礼、义、君子小人之辨、群己关系等相关价值问题的探讨早已有之，对儒学价值诸多问题的关注也一直持续不断。关于儒学价值问题的学术成果，其研究特点如下：其一，对某一价值范畴及内涵进行专门诠释；其二，对相关范畴之间的价值关联进行对比性分析；其三，对价值范畴的产生起源、价值根据、发展流变进行系统梳理与思考。相对于此，本书的研究重点主要体现在三个方面：第一，从仁学价值的情理维度阐释孝与礼的伦理规范，从修身与治世的各自领域分析价值主体的道德追求，从纯粹理念与历史事实的不同划分审视义与利的价值立场；第二，厘清先秦儒学在不同场域中价值实现的理论初衷，阐述当时与后世儒学价值理论在不同维度上呈现的历史事实；第三，将儒学理论初衷与历史具体事实两相对照，对比分析先秦儒学立论的价值预期与历史实际效果之间的差异，并尝试思考造成此差异的原因。

本书致力于对比性阐释先秦儒学不同价值向度的理论预设与历史中孝、礼、义等具体价值范畴的实践过程，试图对先秦儒学理论中不同价值观念的具体体现与后世仁孝与礼制推行于社会所造成的历史影响之间的张力进行分析。对先秦儒学价值体系进行尝试性思想梳理与逻辑论证，寻其立论所以然之故，辨其价值要旨与其他诸子之别，阐发其理论对历史影响之深，此将有助于加深今人对先秦儒学价值思想的理论系统与现实影响的整体性了解与全面性认知。

三、先秦儒家仁、孝、义、礼、中庸、君子与圣人诸范畴的逻辑关联

杨国荣提到，“作为中国传统文化的主流，儒学同样以其价值体系为核心”①，照此引申，儒家价值体系自是以仁为轴心。关于“仁”字的文献记载，最早可见于《国语·周语下》中“爱人能仁”，即以爱言仁在西周时期已见其端。仁的观念真正形成于春秋时期。反映这一时期社会政治与文化思想状态的作品《诗经》《尚书》《左传》中都有相关记载，比如“其人美且仁”②，君子“以其不杀为仁”③，“不背本，仁也”④。这些春秋时期的仁观念，其内涵主要有伦理与政治两个指向：伦理上以爱亲言仁，政治上视利国为仁。⑤ 但是春秋时期仁观念还只是处在人们对人或事不自觉的直觉感知阶段，还尚未被提升为明确且普遍的社会价值原则。而先秦儒家对仁学价值的义理阐述便主要循此指向继续深化与拓展。孔子建构儒家价值体系，择取当时社会早已流行的仁观念作为价值体系轴心，围绕着仁，从多重维度展开一系列相关的价值命题，即天与仁、仁与礼、仁与孝、仁与义、仁与中庸、仁与君子等。这反映出先秦儒家已将关注视角从天命转移到人文上来，从统治者为政之要到普通民众生命所需，对现世社会给予高度重视。然而由于文化传统与思维定式的延续，先秦儒家表现出重人事同时又不轻视天命的价值立场。

先秦儒家价值体系建构的基点便是行仁以孝。孔子的仁观念本就是对春秋之时仁的原初含义给予内涵深化与外延扩展，以爱言仁既主张以孝悌为行仁之本，同时又将爱亲的伦理内涵拓展到爱人，“泛爱众”⑥。孔子没有对仁进行过

---

① 杨国荣：《善的历程——儒家价值体系研究》，华东师范大学出版社 2009 年版，第 1 页。

② 〔汉〕毛亨传，郑玄笺，〔唐〕孔颖达疏：《毛诗正义》卷五，北京大学出版社 1999 年版，第 348 页。

③ 〔汉〕何休解诂，〔唐〕徐彦疏：《春秋公羊传注疏》卷二十一，襄公二十九年，北京大学出版社 1999 年版，第 466 页。

④ 〔周〕左丘明传，〔晋〕杜预注，〔唐〕孔颖达正义：《春秋左传正义》卷二十六，成公九年，北京大学出版社 1999 年版，第 739 页。

⑤ 参见《国语·晋语一》，骊姬挑唆献公与太子申生矛盾，优施教骊姬对晋献公说，“为仁者，爱亲之谓仁；为国者，利国之为仁”。上海古籍出版社 1978 年版，第 275 页。

⑥ 杨伯峻：《论语译注·学而》，中华书局 1980 年版，第 5 页。

多的本体论思辨，而是着眼于生活经验层面，对社会秩序与百姓立命的生死安危给予理性思索与情感慰藉。于是，对人世的关怀便直接追溯到对亲人之爱。在先秦儒家，孝亲被看作不证自明且无须证明的价值起点，血亲本为天然生就，父子之间本就是生命一体之延续，于是父子之伦便成为儒家伦常价值之本。同时在不同主体如何行仁方面给予原则规定，而忠恕之道便作为主体成己成人的立达之方。孔子的忠恕之道被弟子看作可终身行之的价值原则，人皆以事亲为仁，因此，事吾亲以及人之亲；人莫不爱己，于是，以爱己之心来爱人。这番同理可证的同情原则继续扩展到社会领域的政治实践便是出门如宾、使民如承。在为政方面更是要求统治者做到道之以德、正己而先、富而后教等。孔门曾子重孝，更是将孝亲观念身体力行。“亲亲为大”① 的价值立场在《中庸》与孟子那里强调得愈加明显。孟子直接将事亲作为仁的基础，明确提出仁者无不爱，对舜之大孝的社会功能与窃负而逃的价值抉择不断重申。由此可见，孔孟对以孝行仁的基础作用在价值理性方面给予积极肯定。荀子对儒家仁与孝的逻辑关联给予理性思考，就子从父命是否是孝与臣从君命是否是忠的问题进行讨论。② 战国末期的儒家作品《孝经》将天子、诸侯、卿大夫、士庶人等不同主体明确行孝的价值内涵进行深化，更是将先秦儒家孝德伦理扩大到社会其他领域，同时其“事亲”内容也被扩展到“爱民”“立身”“忠君”“顺时”等方面，孝德地位与作用被提高与扩大。

先秦儒家以孝为仁的基点建构价值体系，主体在家孝亲的情感与行为向外扩展到社会领域，与其亲人之外的他人产生人际关系，这便形成先秦儒家的群己之辨。群己关系本质上体现仁与礼的逻辑关系，具体则指向义与利的价值抉择。“礼”作为三代以来社会传统的价值范畴与活动仪式传承至西周，经周公制礼作乐等系统性与制度性的完备过程，礼便成为具备收摄人心、规范行为、确立尊卑等伦理与政治双重功效的宗法制度规定。孔子通过重新诠释“克己复礼为仁”③ 的传统命题，损益传统之礼，并将仁的价值内涵赋予礼的社会规范形式中。如此一来，礼便不再仅是外在于主体的强制规范，而是在社会范围内符合主体仁心的合乎逻辑的有效公约，主体从仁心出发做出的行为便与社会规

① 〔宋〕朱熹：《四书章句集注》，中华书局 1983 年版，第 28 页。
② 〔清〕王先谦：《荀子集解·子道》，中华书局 1988 年版，第 530 页。
③ 杨伯峻：《论语译注·颜渊》，中华书局 1980 年版，第 130 页。

范之礼自觉契合。“礼之实，节文斯二者是也”①，孟子强调礼的实质便使事亲与从兄的伦理行为推广于社会众人而不失节制。在以礼作为节制仁义外显的行为准则方面，“礼者，节之准也”②，荀子与孔子和孟子观点一致。在先秦儒家，以礼节制主体外在行为，使其自觉符合主体之仁的内在价值，主体行为对外不逾矩、对内合乎仁便是义之所在。对主体而言，仁与义表现为内化于心与外化于行的形式之别，主体行义的动机与作为自然而然构成礼的内涵与根据，因此，礼与义互为表里，共同成为主体之仁的实现形式与内涵规定。主体循礼行义除了以仁为价值前提之外，便不再有任何外在功利计较，义的无条件性一方面以行仁所当然之则为行为目的，体现价值理性原则的至上性；另一方面唯义所在的价值信念总不免与主体维持现实生存的利益要求相龃龉。主体行仁总会指向个人道义目的甚至是国家仁政的社会公利，行义的价值若只侧重于非利性的行为动机与利他性的结果导向，无疑会使主体正当的利益要求很难获得合理价值定位。行义理论在理念上的纯粹完满性与主体行义事实的具体历史性不能视为同一层次的价值问题。当然，这并不意味着先秦儒家对一切功利因素都拒之门外，在对“义然后取”的个人正当得利与“因民之利而利之”的社会公利表示认同之时便意味着先秦儒家对利的工具价值的定位，正当得利或以利泽民在一定意义上都可视为实现仁与义的有效手段，与义相比，利并不作为主体追求的价值目的而存在。梳理先秦儒家的义利关系，将义是目的、利是工具作为逻辑前提，通过利以养小体（身）、义以成大体（心）以及以身载道（以“利”成“义”）的价值推导，可得出下面结论：利及得其所养的主体之身（小体）作为实现主体人格境界（大体）与道义追求的工具与载体而存在。利与义、小体与大体彼此关联，但同时在价值选择与取舍上相互冲突。

对主体个人而言，先秦儒家价值追求的最终目的是成人（成就完善人格），成人的理想人格指向是君子乃至圣人。君子是先秦儒家对士阶层立身行道的道义要求，在孔子之前，君子与小人的概念主要就主体所处社会地位与阶层而言，并未过多指向道德与伦理方面。社会上有爵位、有俸禄、有封地的贵族阶层可称为君子，道德水平并不是衡量君子标准的必要条件，当世之时，有位而

① 杨伯峻：《孟子译注·离娄上》，中华书局1988年版，第183页。

② 〔清〕王先谦：《荀子集解·致士》，中华书局1988年版，第262页。

无德的君子大有人在。当然，这也不排斥有位之人同时有德的理想状况，但君子理念并不特意指向道德价值。至先秦儒家，君子的内涵发生创造性转变，孔子将君子专以位言而不作道德要求转变为重德而不论位的价值导向。在先秦儒家，以德释君子的致思路向以及君子志道据德的价值追求一以贯之，并将此普遍设定为士阶层的理想人格追求。先秦儒家赋予君子人格多重美好道德品质，君子兼具仁智勇之达德，同时又将诚敬信义贯彻其身，君子作为理想人格不仅具有以德修身的内在性格，同时兼备以德治世的外王志向。在不同社会角色的人格担当中，君子内在德性需要落实到外在行为上，即依托内圣人格而实现主体社会价值的外王环节。先秦儒家仁人志士的主体人格体现于为士者，小到修身齐家、教化乡里，大到临危受命、解民倒悬。落实到为君者，时遇承平之日，养民以富，教民以礼；身遭乱世之秋，以治救乱，免百姓涂炭之苦。因此，若能将自我修为的道德品格与博施济众的社会担当完美统一于一身，便是先秦儒家设定的完美主体人格即圣人境界。在先秦儒家，圣人作为最高的人格境界体现其超越于任何现实因素之上的理想性，既然是理想，自然就会与现实之间存在距离。因此，就社会现实条件的复杂性与有限性而言，圣人境界的价值体现在为现实主体提供反思现实、追求理想的人格范导。追求圣人理想的现实努力是不可间断的无限性工夫，圣人的终极目标虽不能至，但只要主体存在向往之心并为之不断精进工夫，就会一步步向圣人目标逐渐靠近。现实主体德学精进的过程便是对自我有限性的日渐超越，圣人境界的价值正在于此。

另外，对天与人双重维度的价值思考，孔子已经有意对商周以来天命与天帝的人格神意义的隐幽神秘性格不予关照。相较于天而言，孔子一方面对春秋之时郑国子产“天道远，人道迩”① 的价值定位与判断表示赞同，另一方面则进一步将仁道原则以爱人、敬人与重视人的方式凸现出来。众所熟知，孔子对马厩失火后的当下反应便是问人不问马②，这便体现了对人是目的的价值肯定。对普通民众当下生存状况的关注是先秦儒家建构价值体系的现实基础，孔子深刻了解社会中人而不仁的无道现实，以直觉且理性的思维方式将仁道提升为社会普遍性原则，小到以孝事亲为仁之始，大到治国以行仁政，乃至仁人志士为

① 〔周〕左丘明传，〔晋〕杜预注，〔唐〕孔颖达正义：《春秋左传正义》卷四十八，昭公十八年，北京大学出版社 1999 年版，第 1373 页。

② 杨伯峻：《论语译注·乡党》，中华书局 1980 年版，第 111 页。

求成仁不惜付出生命代价，无不体现先秦儒家坚持并维护仁道原则的坚定立场。然而，先秦儒家的仁道原则并非无涉于天，更不是与天道相悖而行。孔子虽然尚未对天道的价值本体义进行抽象思辨，但是孔子盛赞则天之道的尧帝大德，并借天不言而行四时之序作为自己传道授业之方，尤其是坚信“天生德于予”① 的道传使命，其背后便隐含对义理之天的价值关怀。在天与人的双重维度中，对天给予本体关照的是先秦儒家的《中庸》与孟子。孟子以性善论心善，为主体道德行为确立心性根据，以人心内在根源挺立道德人格，使人的价值主体性得以明确彰显。《中庸》强调天命向下回落到人性，循此天命之性而实践即谓人道，对形上本体与现实主体之间的价值关联给予系统性论证。荀子肯定天的自然存在以及天成就自然万物的造化之功，同时强调人有义的特殊价值，主张天与人各司其属，在自然万物面前，突出人的主体性与目的性。同时荀子强调主体能动性的发挥并非与天的自然造化二元对立，任何时候人都不可能逆天而行，而是天人相参，人需循天地属性而顺势作为，官天地而役万物。荀子尊人而不忽天，对自然之天的价值给予理性审视，将人道价值建构的视角重新定格在主体自身，分析主体心性，根据欲多物寡的社会现实将礼作为表征仁义、统摄人伦的人道价值总则。

要之，先秦儒家着眼于天下失序、礼乐式微的社会状况，关注人的生存现实与应然价值追求，以对不合理现实的反思与天下无道的批判为基础，将关注焦点锁定在合理性的人道设计与主体价值的实现上。于是，围绕主体自身从现实与理想、实然与应然、情感与理性、手段与目的等不同维度展开价值体系建构。先秦儒家除了以“则天”的形式顺应宇宙运行秩序，效法天地生生之道，将天道流转的自然本质视为人道运行的根本依据，同时还将价值重心放置在人道的合理性论证与社会制度的规范设计上。于是以人之为人的本质（仁）为起始点，以成仁为价值终点，在仁者为何以及成仁何以可能诸多环节，展开多向度的具体价值论证，包括人性根据、情感依托、行为规范、义利抉择、中庸之道、君子人格乃至圣人理想。先秦儒家所建构的人道囊括不同阶层的各类主体，上至君王、下至百姓皆可日用不离，具有契合情感、合乎理性、立足伦常的性格，所创立的仁道价值体系在时间与空间上具有极大的动态性与开放性，

---

① 杨伯峻：《论语译注·述而》，中华书局1980年版，第77页。

这使先秦儒家价值体系能够不断自我更新与完善，进而得以长期延续。与此同时，理论体系自身的开放性无疑赋予其价值内涵的多种诠释可能，随着外在新因素的不断融入，在不同时代下儒学价值体系中具体环节的价值指向不可避免会出现相异衍化的历史倾向。

第一章　先秦儒家价值体系的人性基础

在西方哲学后现代话语中，哲学家围绕追求知识与真理的确证性与明晰性曾一度对哲学的使命与命运进行过深刻反思。“如果这个世界失去了原则和价值（上帝和人），没有了意义和真理（作者和读者），那么，哲学将何为？哲学将何用？”[①] 与西方哲学关注的求知视域不同，中国哲学自其产生起，就将关注焦点置于人自身的意义与价值。从主体自身出发而引申出的一系列哲学问题都围绕主体如何实现其自身价值而设。同处轴心时代的先秦诸子各家，从不同价值维度对人之生存以及社会秩序进行哲学思考与相互讨论。对先秦儒家而言，哲学的使命就是使主体成就完美人格即圣人。先秦儒家称其为“成仁”，于是仁理所当然便作为圣人内圣与外王双重维度的价值旨归。

第一节　孔子之性出本源

探究人之为人的价值根源所在，牟宗三将心性之学界定为“论人之当然的义理之本原所在者”[②]，仁的生发依据在己不在人，由内不由外。先秦儒家对主体内在依据的探寻便落实到主体心性的分析论证。从孔子性近习远说到思孟一派对主体心性道德属性的重视，至孟子明确对性善论进行先验预设，于是人性之“善”与人心之“良”便不与善恶的伦理价值相对，而是上升到绝对本体地位，成为主体从事一切现实伦理活动的内在心性本体。再至荀子分析人心有欲的自然属性与主体成就自身与社会价值的道德追求之间的逻辑关联，对现实行为结果给予高度重视，与孟子强调主体行义的主观动机显示出不同的价值

① 赵敦华：《现代西方哲学新编》，北京大学出版社 2001 年版，第 318 页。

② 唐君毅、牟宗三、张君劢、徐复观：《为中国文化敬告世界人士宣言》，《民主评论》1958 年。

倾向。

一、孔子之性近习远

《论语》一书，涉及孔子言“性”之处实则不多，只有两处，即“性相近也，习相远也”①，以及子贡曰：“夫子之文章，可得而闻也；夫子之言性与天道，不可得而闻也。”② 对于夫子所持人性何属抑或人之相近之性与子贡所言夫子不可得而闻的性与天道是否是同一指向，自古至今，历代学者对此纷纷注疏，颇有议论。

首先来看孔子的性近习远说。北宋邢昺在《论语注疏》中所解：“性，谓人所禀受，以生而静者也，未为外物所感，则人皆相似，是近也。既为外物所感，则习以性成。若习于善则为君子，若习于恶则为小人，是相远也，故君子慎所习。”③ 邢昺从内与外区分性与习，强调主体后天所习之善恶对君子小人人格的不同影响，进而侧面反映邢昺对君子人格成就过程中主体对“习”的审慎态度与本身的自觉作为。南宋朱熹将此处孔子所言之性注解为气质之性，朱熹本于天理视域，在自己学说体系中自得其解，自然有其学理价值。然而，时隔千年，朱熹以天命之性与气质之性诠释孔子人性不免难达其义。王夫之论孔子人性说：“就其已分而不一者，于质见异而于理见同，同以大始而异以殊生，故曰‘相近’。”④ 在深受理一而分殊的思想沁染下，王夫之对孔子性近的解说显然亲近于理学而疏远于孔子，未必完全得孔子性近说之真义。而李泽厚与杨伯峻二位先生对孔子性近的理解大体相同，即人性本相接近，后天习染不同使之相远，学界众多学者亦对此解表示认同。孟子讲做学问不仅要观其书，更需知人论世，以意逆志。因此，解读孔子的性近习远就需要还原孔子所处时代的历史语境，在孔子整体思想的理论框架下理解其思想内容的具体所指。

《左传》记载，春秋时代，“性”字或者以性言天道与人的生活情况多有出现。这些“性”字在当时人意识观念中所表征的内涵主要包括以性言生以及对天道人事诸多现象背后的本质思考。其一，性与生同解可谓当时社会普遍流行

---

① 杨伯峻：《论语译注・阳货》，中华书局 1980 年版，第 192 页。

② 杨伯峻：《论语译注・公冶长》，中华书局 1980 年版，第 49 页。

③ 〔魏〕何晏注，〔宋〕邢昺疏：《论语注疏》卷十七《阳货第十七》，北京大学出版社 1999 年版，第 233 页。

④ 〔明〕王夫之：《读四书大全说》，中华书局 1975 年版，第 470 页。

的说法，即《昭公十九年》记载："抚民者节用于内，而树德于外，民乐其性，而无寇仇。"[①] 沈尹戌认为楚人在州来筑城而不使民休息一定会导致楚国人失败，进而与侍者辩何谓抚民，即节用树德，使民休养生息，生活安乐，而无敌寇侵扰。杨伯峻认为君主抚恤养民才能使"民乐其性"，因此，此"性"同于生命之生、生活之生。[②] 杨伯峻先生言之成理，"民乐其性"之"性"显然不是指人的性情，而是与百姓生存、生活相关。其二，以性言天主要是当时人对天地造化流行以生就万物的自然现象其背后本质的思考。由天及人，从对天的神秘不可知的本质照察自然而然转向对人之为人的本原依据思考，"天地之经，而民实则之。则天之明，因地之性，生其六气，用其五行"[③]。即援天地之性以制人道礼义而则之。孔子身处当世，势必会受当时社会流行的思想观念影响，许多文献表明，孔子的诸多价值范畴的义理发挥都是直接从当时早已流传的传统观念接续而来，而非特意标新立异。[④] 另外，从之后相去孔子时间不远的另外两位先秦儒家孟子与荀子的相关论述即可见一斑。徐复观就认为，孔子性相近与孟子所言牛山之木之"其好恶与人相近也几希"之"相近"强调环境对人成就的影响表达同一意义，[⑤] 而荀子更是明确以"生之所以然者谓之性"，即以"不事而自然"[⑥] 直接言性。孟荀二人论人性已有明确的善恶指向，之后文章会详细论其相关，在此不多赘述。

从孔子所处时代及其前后相续时期社会关于"性"文字与观念的流行应用情况来看，孔子性相近之"性"应该指的是人心之所同然者，人与生俱来的天然状态不冠以善恶之名。此句所表达的观点应该是从人心之所同然处来看，人与人之间的潜质状态是相近而差异不大的。而正是因为人与人之间天生潜质并无明显差异，那么对于现实中人何以会分出才智贤愚、地位高低之别的问题，孔子承接上句，继续将其解释为习相远，强调"习"尤为重要。因为人与人生

---

① 〔周〕左丘明传，〔晋〕杜预注，〔唐〕孔颖达正义：《春秋左传正义》，昭公十九年，北京大学出版社 1999 年版，第 1384 页。

② 杨伯峻：《春秋左传注》，中华书局 1981 年版，第 1300 页。

③ 杨伯峻：《春秋左传注》，中华书局 1981 年版，第 1457 页。

④ 孔子回答颜渊"克己复礼为仁"本已有之，以及性相近、习相远中的"性"与"习"在《尚书》"习与性成"中已提及。

⑤ 李维武编：《中国人性论史》先秦篇，《徐复观文集》第三卷，湖北人民出版社 2002 年版，第 164 页。

⑥ 〔清〕王先谦：《荀子集解・正名》，中华书局 1988 年版，第 412 页。

而具有的同然状态内含其后发展的各种可能，孔子之习，既是指人后天所接受的德礼教化，也包括来自社会的制度规范。因此，个人道德实践工夫深浅与社会制度规范的接受程度大小逐渐使人与人之间差异显现。于是，从人性本源处出发，扩充其道德属性之善端，使人率性向善，这是孟子以良心善性推尧舜之行的心性路向；放任其自然欲望而不加节制便可流向邪恶暴乱，于是化人性自然欲求为礼义法正的人为教化，这是荀子化性起伪以归王制的制度导向。

二、孔子之性与天道

再来看孔子关于性与天道的问题。子贡将其师教化内容分为弟子可得而闻的“文章”与不可得而闻的“性与天道”。问题在于，对孔子诗书礼乐方面的文辞典章方面的教诲，弟子可以领会得知；而一旦谈到涉及性与天道的言辞，为何弟子却不得要领？许多学者对此句中性与天道进行诠释，即魏何晏《论语集解》注曰：“性者，人之所受以生也。天道者，元亨日新之道也。深微，故不可得而闻也。”北宋邢昺《论语注疏》所注：“天之所命，人所受以生，是性也。自然化育，元亨日新，是天道也。”① 何晏与邢昺对性与天道的解释大体相同，“不可得而闻”的原因主要是性与天道的问题抽象隐幽，即远离百姓日用而玄远高深。照此理解，并非孔子不言性与天道问题，只是由于问题本身过于抽象而导致弟子不解其意。南宋朱熹在《四书章句集注》中曰：“文章，德之见乎外者，威仪、文辞皆是也。性者，人所受之天理；天道者，天理自然之本体，其实一理也。言夫子之文章，日见乎外，固学者所共闻；至于性与天道，则夫子罕言之，而学者有不得闻者。”② 朱熹按照性即理的逻辑，将孔子此处所言之性解释为天命之性，禀受天理而成的性与文章本是一理，孔子言文章而不言性与天道，实则是指弟子知其文而不解其奥，并非孔子不言及此。纵观孔子整体思想脉络，以及孔子立足伦常日用而不喜以高深虚悬立言的学思特点，孔子强调问学之道从近处实际具体言行入手，对于大题目不是不讲而是不直接讲。李泽厚对《论语》此章的理解便是如此。③

关于性与天道的抽象问题，孔子鲜为直接言说，但其学思义理并非完全不

---

① 〔魏〕何晏注，〔宋〕邢昺疏：《论语注疏》卷五《公冶长第五》，北京大学出版社 1999 年版，第 61 页。

② 〔宋〕朱熹：《四书章句集注》，中华书局 1983 年版，第 79 页。

③ 参见李泽厚《论语今读》，天津社会科学院出版社 2007 年版，第 95 页。

涉及，而是以深入浅出的方式贴近日常生活，以便为一般常人普遍接受。于是对于文章与性、天道的关系除了以是否可得而闻加以区分之外，二者还存在一种相互涵摄的关系，即按照孔子授学风格，不可得而闻的性与天道问题势必会融入诗书礼乐等可得而闻的文章之中。朱熹便是在体用关系上对此做出诠释，性与天道寓于文章之中，文章因性与天道而深得其体，性与天道借文章而显其用。那么，分析子贡其言，得知此处孔子所言之“性”关联天道，似乎已经具有超越人生而即有的天然状态的思想倾向。虽然这种指向在孔子及《论语》中并不十分明显，但从孔子所罕言的态度以及弟子闻一知十或闻一知二因人各异①的领悟反应，可知孔子不言之教中已隐含将所畏天命与人性相关联的价值倾向，从“天生德于予”可知天命或天道在孔子看来更多体现道德性或价值义理，主体之人自身的道德理性与情感投射于不言之天中。因此，当天道蓄万物成四时的生生之义被孔子再次照察，援天道以观人性，此时之“性”便在人生而即有的自然状态中赋予相近之性以价值本源义。总之，在孔子看来，相近之性与不可得而闻之性并非不同意义，毋宁说，这只是孔子所言人性在不同价值层面上其具体指向不同而已。

三、孔子之执中养性

孔子提倡执中养性。孔子视现实中人性的潜在同然状态为“相近”，其对个人后天德行、才能、造诣的影响并不具有决定性意义，而真正使人在道德与功业上有所差别的是个人后天成长经历中“习”的作用。因为有“习”，才会使人天生秉性中的道德与才能潜质得以发掘，同时又不至于使人的自然欲求流于放失而陷溺其中无法自拔，从而使现实人性保持中和状态。对于“习”的界定，通观《论语》，共有三处提到“习”。除了“习相远也”之外，结合另外两处“学而时习”与曾子自省己身之“传不习乎”来看②，习与学紧密关联，抑或说，习就是一种广义上的学，会意“习”字本意，即是小鸟扑打翅膀学练飞的反复过程。由此可知，习是一种反复性与实践性的学习活动。孔子将人与人在大体无甚差异的情况下，仍有人会脱颖而出，能够成为出乎其类、拔乎其萃者，归结于人后天所受教育与学习状况的区别。为了说明“习相远”观点论证

① 参见杨伯峻《论语译注·公冶长》，中华书局 1980 年版，第 47 页。子贡回答孔子“女与回也孰愈”，对比自己与颜回的闻道情况。

② 杨伯峻：《论语译注·学而》，中华书局 1980 年版，第 1、3 页。

的有效性，孔子紧接着又提到“唯上智与下愚不移”①，这就进一步从反面强化了个人自觉学习对由“愚”移“智”的关键性。对上智下愚为何不可移的问题，明代王阳明在《传习录》中解弟子疑惑，认为“不是不可移，只是不肯移”②。上智之人生而知之，在孔子意识中只是虚设一格，论而不存；下愚之人其社会地位或德行、才能状况“不移”，以孔子有教无类的教育理念以及诲人不倦的教授态度，“自行束脩以上，吾未尝无诲焉”③。对下愚之人的个人素质状况或社会背景绝非歧视，然而言其“不移”，恐怕只有如王阳明所讲，只是下愚之人自身放弃学习、接受教化提升自己，且无心肯移。因此，此处孔子意在强调个人接受教育、自觉学习的重要性。在孔子看来，通过学习掌握礼、乐、射、御、书、数等六艺技能知识抑或自古流传的经典文献还只是孔子教学内容的一部分，孔子以文、行、忠、信为四教内容，在广义程度上，“六艺”与文献内容则只属于“文”与“行”的部分。更重要的是，孔子强调文以载道，要求弟子对文的学习只有手段与工具的器物作用，而不具有最终目的性。孔子教育弟子学习应该以求道为目的，以成就君子人格为价值追求。因此，成人（成就君子与圣人的完善人格）的言行之德便是孔子讲学、教诲弟子的根本目的。

孔子主张通过学习以成就君子人格，在一定程度上则意味着对变化气质的后天实践工夫的重视。即使孔子已不自觉地将人性本然与天道联系在一起，然而其尚不曾以善恶价值论人性，更多时候孔子宁愿以“中”与“直”来说明人性的理想状态。《论语》中以“直”指论人性，主体由内在之直表现为外在的正直品性，以及人秉此品性在社会交际、治事、为政中的诸多行为，孔子对此做出德性修为与成就功业的双重价值肯定。“人之生也直，罔之生也幸而免”④，李零认为此章与人性探讨有关，即“直”作为人的自然本性，不罔不曲，如矢直行，人性之“直”内含“诚”之义。这并非无端引申，至少在先秦文献中能够与《中庸》的相关章节内容所指相互印证。《中庸》直接讲到天地之道生物

---

① 杨伯峻：《论语译注·阳货》，中华书局1980年版，第192页。

② 〔明〕王守仁撰，吴光、钱明、董平等编校：《王阳明全集·传习录》，上海古籍出版社2011年版，第29页。

③ 杨伯峻：《论语译注·述而》，中华书局1980年版，第71页。

④ 杨伯峻：《论语译注·雍也》，中华书局1980年版，第64页。

不二者，“诚也，即直也”，天地生物静专动直，而专与直皆是诚也。后儒程树德以诚训直[①]，可以说契合孔子执直秉诚而存心养性之义。孟子在谈到善养浩然之气的工夫时也强调“直养而无害”，人秉此“直”性涵泳气质，内不自欺，外不欺人，与孔子所谓质直好义前后相承。因此，在孔子看来，质直好义之士可谓达，父子相隐者却互见其直。在与他人相处中，孔子坚持以直报怨、以德报德，只有以直道事人才符合自然本性，因此，他并不赞同微生高乞诸邻之醯与之他人的刻意行径。对普通个人而言，孔子认为罔之生者只能幸而免，秉此直性方可利生不怠。对一国君主而言，秉此性者施于有政，“举直错诸枉，能使枉者直”[②]，以直施仁，可使民服而不仁者远之。当然，“直”作为人的内在本性，显现于外在行为中保持直道而行，还需要以礼节之。“直而无礼则绞”[③]，“好直不好礼其蔽也绞”[④]，因此，好学以知礼义与闻道成仁对于君子成就德性修为与建立社会功业同等重要。

“直”作为人内在心性与外在行为品行表现是否得当，当然有其判断与衡量标准，孔子称之为“中”。《论语》中孔子将“中”与“庸”二字连用仅有一次，意在强调中庸是人们在日常实践中很少能完全达到的循中而行的理想状态，称其为中庸至德。孔子强调“中”既是主体内心不偏不倚、静而专一的心理状态，同时也是表现于外无过与不及的行为结果。在孔子看来，过与不及的现实行为均不符合中道，为人或狂或狷者皆因不得中行所致。通观宇宙天地与人世百态，世间事与物皆有两端，势分阴阳，时历寒暑，质有柔刚，人心作为天地万物间发窍灵明处，循天道而行中亦是自然之理。因此，孔子本天道之“诚”，显人性之“中”，人立世行道，视听语默都需要合理把握适当的“度”，以符合中道而动静皆宜。《中庸》对孔子此番思想做出系统论述，将喜怒哀乐区分为“未发”与“已发”两种状态，即人性所包含的喜怒哀乐未发之时的潜隐深存状态谓之“中”，已发而皆中节之喜怒哀乐谓之“和”。单从理论而言，人性的未发之“中”与已发中节之“和”作为天下之大本与达道的理想状态，其内涵并无高下之分与优劣之别。然而孔子已经就现实状况对人性中显发于外

---

① 〔清〕程树德：《论语集释》，中华书局 1980 年版，第 403 页。
② 杨伯峻：《论语译注·颜渊》，中华书局 1980 年版，第 138 页。
③ 杨伯峻：《论语译注·泰伯》，中华书局 1980 年版，第 83 页。
④ 杨伯峻：《论语译注·阳货》，中华书局 1980 年版，第 195 页。

的诸多不合“中”之态即“发而不中节”的感情有所自觉，“鲁”“荡”“贼”“绞”“喭”“辟”“侗”“倥”“狂”“狷”等皆是不得中行的气质发显，血气心知掺杂生理感性难免有所偏倚，发显过程无有节制不免出现过与不及。反之，由于契合中和状态，孔子评价《诗经》其旨思而无邪，赞赏《关雎》“乐而不淫，哀而不伤”①，喜怒哀乐皆是人之常情，若非有度，一切合理感情的表达都将变得于情理不合。有鉴于此，孔子才会不遗余力地教导弟子好学知礼以克其私，去其蔽。孔子自称好学持礼求中，自是执其两端“无可无不可”，强调在与人共学、适道、立身过程中持中而不可无权。“可与共学，未可与适道；可与适道，未可与立；可与立，未可与权。”② 君子之时中，需要执中有权，勿执一，孟子将孔子称为“圣之时者”，就是因为孔子随时都做到无适无莫，在“可”与“不可”之间不执于一端，随时随地因势利导，察言而观色，根据环境局势变化而随时变通。孔子纠人性已然之偏以合人性本然之直，君子执中行权便成为孔子通过下学上达照察天道与人道运行所提倡的主体行为原则。

第二节　孟子以应然论性

孟子从现实人性中追溯本源，而察其所以然者谓性善，故其言良心人人固有，即仁义礼智非为外铄，主体自有，从人性本源立论，得出性无有不善之说。孟子将人人皆有的良心与善性普遍内设于主体自身，并以此作为培养道德理性的价值根据，使主体的道德行为体现不依赖于外在因素的自主与独立性格，从而论证主体的道德行为具备普遍性（人人皆有）、自足性（我固有之）与合理性（居仁由义则事备），孟子对主体依此而培养的道德力量具有坚定的信仰与十足的信心。

一、动机合义性：以良心论性善

孟子直溯人性中向善的始端，故曰可以为善。在发生学意义上，人性原初状态自是无伦理之恶，若从社会属性与群体需要方面去界定“善”的概念，人性自然具备向善的潜质与可能。

---

① 杨伯峻：《论语译注・八佾》，中华书局 1980 年版，第 31 页。
② 杨伯峻：《论语译注・子罕》，中华书局 1980 年版，第 101 页。

孟子以良心论性善。在辨析孟子心、性、情、才四个概念的具体内涵方面，徐复观与杨泽波二位先生都认为四者具体言说内容不同但其根本内涵实则为一，皆是言心的不同状态。“《孟子》中心、性、情、才，虽层次不同，但在性质上完全是同一的东西”①，以及“才与情与性与心是互为沟通，统而为一的”②，心性情才四者只是心理活动的侧重点不同，分辨其中差别但不能将彼此截然分开。从分析主体内心不同的心理状态确定孟子以心论性善的理论起点之后，还需要继续明确界定孟子论性的逻辑前提。孟子时代流行的人性论点主要着眼于生而即有的自然欲望以及心的感知活动方面，故而得出人性可善可恶、或善或恶的不同结论。孟子与告子多次进行人性之辨，即借杞柳杯棬之喻证明性本善而非矫揉所致；再以湍水之流向而言环境形势“搏”或“激”对人性改变的影响，但不能据此否定人善的本性；又对生之谓性中混淆生理属性与道德之性的意向以雪羽之白与牛犬之性反向类比而证其人性本善；还以耆炙之喻、秦弟之爱、长人之敬而驳其仁内义外，然后知本心之仁与性中之善皆在主体自身。孟子经过层层辨惑揭示其以良心论性善的理论依据与现实可能，杨泽波论证孟子强调当且仅当扩充本心四端的修养工夫的真正落实方是性善道德的现实完成，并从中得出结论：孟子人性论是“心有善端可以为善论”③。徐复观认为孟子论性从前提便已将心的感性欲望活动排除在外，乍见孺子入井的特殊情景设定，便见本性直接呈露，心摆脱生理欲望的干扰而能独立自主活动便是人的道德根据所在（良心本性呈显），由此足见人之本性即善。以良心为起点论证人本性善端潜存，从前提上摆脱生理欲望对道德之心做价值判断与善恶选择的障蔽，从而保证良心对主体的道德活动能够独立自主地发挥作用。

仁义礼智不为外铄，而我固有之，孟子肯定独立自主性的良心人人自有。凡同类者必有同心，无恻隐、羞恶、辞让、是非之四心，非人也，据此四端而成就仁义礼智的道德活动，其决定性因素便在己而不在人。圣人与我同类，因此，普通之人皆有可能与潜质成就尧舜一般的圣人人格。人性善便从原则上论证了道德主体的人格平等。既然主体实现道德人格的价值根据内铄于自我本

---

① 李维武编：《中国人性论史·先秦篇》，《徐复观文集》第三卷，湖北人民出版社 2002 年版，第 162 页。

② 杨泽波：《孟子性善论研究》，中国社会科学出版社 1995 年版，第 32 页。

③ 杨泽波：《孟子性善论研究》，中国社会科学出版社 1995 年版，第 44 页。

心，这就为人人自觉自律成就主体的独立尊严与道德人格明确了向内用功的实践导向。即道德发端于人之所以异于禽兽之“几希”处，需要主体存养其绪扩充其端，集义而养浩然之气的修养工夫。在孟子看来，命与性有别，孟子将“莫之致而至者”称为“命”，比如主体求之在外的耳目感官之欲，耳目之声色、四体之安逸的满足需要主体对外在对象有所求，而非主体能够完全自觉自已所致，因此君子谓其命不谓其性；对于仁义礼智的道德追求主体能够自作主宰，是“求在我者”，对求则得而舍则失的道德理性，孟子称之为“性”。性与命在主体生命中同存俱在，但其层次差异却是“分定故也”，孟子以大体、小体定其高下之分，并做出价值判断，主张“先立其大者”，从而使小者不能夺，保证不以小害大。针对君子之性即根于内心的仁义礼智而非其命（耳目感官之欲），孟子强调反思而诚的修为工夫。君子所性不因外在运势穷通与利禄得失而有所增减，因此在君子所欲（广土众民）、所乐（立天下定四民）与所性（仁义礼智）的价值对比中，所欲与所乐在一定程度上皆可称为“小体”范畴，而君子所性才是“大体”，小体顺于本能不具备反思而诚的自主判断能力，而极易陷溺于物欲不能自反，因此小体不能决定主体价值；君子所性之“大体”通过心之官的思虑反省能够摆脱欲望裹胁而独立自主呈现主体道德理性，大体不仅能够使小体的自然欲望得到合理满足，甚至在物欲陷溺于本心时能使主体自觉求其放心，因此“大体”才能决定主体内在价值。大体的性分自足与无待于外，为主体自强不息的关键因素，决定了主体立志追求的价值所在。道德本身即是追求的目的，由仁义而行、成道德之事只能为了仁义与道德，除此之外不再掺杂任何功利目的。在孟子看来，大体之德性与小体之欲求并不截然对立，只是相较于小体而言，更强调从其大体的价值选择，而小体自身不能成为主体价值追求的目标。孟子一向坚持的价值抉择是修天爵，同时也对人爵随天爵而至的结果充满信心，但是坚决否定只要人爵而弃其天爵之举。孟子通过寡欲与养心的道德自律工夫涵养大体，在成就主体人格的决定性意义方面，强调唯义所在的动机纯粹性，这也是由良心无待于外的性质所决定的价值取向。

二、修为工夫：性善何以成圣

孟子提倡寡欲与养心的修为工夫，主要是针对士阶层这种特定主体人群而做出的具体价值指向。孟子对士阶层提出养心工夫以寡欲为重的修为要求，对士自身来说，寡欲要求主体不陷溺于自身耳目感官之欲，体现个人境界提升的超越性，而士阶层以寡欲养心的个人修身过程展现于外，便体现惠泽于民的社会性。也就是说，寡欲主要是士阶层针对个体提升人格境界的自我修为要求，士阶层对于普通百姓的使命与责任主要在制民之产而教化人伦之义。欲之“寡”而非“绝”（或“灭”）主要是自然欲求的合理满足，对于实践道德理性不可或缺的载体而言，以利养身满足感官身体的正当欲求，这是维持主体物质性必不可少的组成部分。然而耽于享乐耳目之娱并不能成为主体追求的价值目标，因此先秦儒家一再强调欲的满足需要礼与义的节制而不使主体陷溺无度，此为“寡”。寡欲的目的在养心。对于主体而言，人之异于禽兽者“几希”只是性善的潜存之微，还尚未成为现实的善。于是，通过寡欲的工夫存养心性的道德实践对于成就主体的现实善行尤为重要。存四心之端而养之，“凡有四端于我者，知皆扩而充之矣。若火之始然，泉之始达，苟能充之，足以保四海，苟不充之，不足以事父母”①。此为孟子对存养与扩充心性工夫的现实必要性做出的价值延伸。孟子要求士阶层以知言养气为具体内容存心养性，反对主体自暴自弃的心理倾向，从而培养主体自觉自愿的道德意志，使主体不仅能够自觉摒除外界不良环境的干扰，并且能够在忧患困苦中磨炼自己的独立人格与坚强意志，“贫贱忧戚，庸玉汝于成也”②。

恻隐之心作为仁之端既是四心发端之始，同时又是包括仁义礼智之心的总德目，“偏言则一事，专言则包四者”③，仁的核心地位与主导作用可见一斑。孟子强调居仁由义，良心本心依内向外扩充，不仅使仁义礼智诸德真正呈现，而且，善性终究要通过主体尽心与践形的实践方式将自我超越的精神境界落实于现实生活，以吾之老幼及人之老幼的仁爱情怀与人不独亲其亲的人伦秩序需要统治者推恩施于仁政以泽民众而保四海。孟子循诱齐宣王以不忍人之心而推不忍人之政以保民而王；教导梁惠王以五亩之宅保证百姓养生丧死无憾为王道之始；以与民同乐正视齐宣王所虑其寡人之疾，从而使不同社会地位的价值主体仁心呈现，即统治者内圣以德而外施仁政，士阶层以身载道反思现实之失而倡导合理价值，从而保障百姓安虞、天下有道。

孟子从仁心推仁政的政治伦理化的价值倡导，不仅是对孔子仁学在修己以

---

① 杨伯峻：《孟子译注·告子上》，中华书局 1988 年版，第 80 页。

② 〔明〕王夫之：《张子正蒙注》卷九《乾称篇》上，中华书局 1975 年版，第 318 页。

③ 〔宋〕黎靖德编，王星贤点校：《朱子语类》卷九十五，中华书局 1986 年版，第 2417 页。

安百姓的社会理想更加深化与详细的方案落实，而且从人性论推导王道论，这无疑使孔子所提倡的先秦儒家仁且圣的理想人格更加丰富与充实。对先秦儒家仁学价值本体问题的系统回应是孟子“垂宪万世”堪配亚圣的不世之功。孟子上溯到价值之天作为性善的终极根据与生成本源，以天之道为诚，进而本天道而以思诚为人之道，这是以本体根据立论。又引诗论证“天生烝民，有物有则。民之秉彝，好是懿德”①。此为良心善性人人皆有的普遍性与合理性的绝对根据；又言发挥良心的反思功能，以求放失于生理物欲中的心性善端，而使其诚之本质重新呈露，“此天之所与我者”② 与尽心知性则知天的体道模式上求下落而回环呼应。杨泽波先生认为“仅仅依靠形式逻辑是读不懂性善论的”③，可谓一语中的。孟子恰恰是超越形式逻辑的表述规范，以意逆志，透过其与形式逻辑并非严丝合契的文字表述，直接以直观方式体悟孟子的论道之方。恻隐之心为仁之端，作用于向外无限扩充于个人生活与政治实践中，同时仁心体现于主体自我反思以至诚的修为过程。反思内诚与扩充外推皆是在主体理性自觉与意志自愿的前提下进行，这种修为不需要形式逻辑的推理，也无须用过多言语申辩其径，孟子只用“尽心”来称道主体之心不断扩充的无限过程。北宋张载讲“大其心，则能体天下之物。圣人尽性，不以见闻梏其心。其视天下，无一物非我”④。“尽心”从内外双向度同时展开，便能“知性”，不仅能知主体一体之性，还能知天下万物之性，以天下无外与物我无对之心便能体悟天人一体之境，从而提升主体道德人格，达到“知天”境界便能参天地而化育万物。“孟子谓尽心则知性知天以此。天大无外，故有外之心，不足以合天心。”⑤ 主体自身心性的无限扩充在精神境界中得以层层展开，即“可欲之谓善，有诸己之谓信，充实之谓美，充实而有光辉之谓大，大而化之之谓圣，圣而不可知之之谓神”⑥。孟子集义与道以充实其心，内心蕴含仁义礼智之善端，因此，主体所存养其气乃浩然无馁，践形于外则塞于天地之间且“上下与天地同流”，发于人心（仁）而践于人路（义），主体凭借自身存养之功与扩充之力不断向外直至

---

① 杨伯峻：《孟子译注·告子上》，中华书局 1988 年版，第 259 页。
② 杨伯峻：《孟子译注·告子上》，中华书局 1988 年版，第 270 页。
③ 杨泽波：《孟子与中国文化》，贵州人民出版社 2000 年版，第 200 页。
④ 〔明〕王夫之：《张子正蒙注》卷四《大心篇》，中华书局 1975 年版，第 122 页。
⑤ 〔明〕王夫之：《张子正蒙注》卷四《大心篇》，中华书局 1975 年版，第 122 页。
⑥ 杨伯峻：《孟子译注·尽心下》，第 334 页，中华书局 1988 年版。

体悟天道，重新落实到主体自身便又是“万物皆备于我”抑或是“天下归仁”的“圣”与“神”的完满人格状态。在儒家价值视域下，主体思考人性、完善人格的过程与政治实践紧密相连，主体“与天地合德”的成圣内涵既是道德人格境界也有政治理想追求。[①] 至此，价值主体修身成圣的终极根据与统治者治国安邦的内在原则在孟子人性论与王道论中均得到具体落实。

第三节　荀子之性朴致恶何以可能

《荀子》凡三十二篇只有《性恶》一篇中明确提到“性恶”，通观《荀子》全书，结合荀子整体思想架构与价值指向来看，言其性恶实有勉强，毋宁说，荀子立足当时社会流传的自然人性说，着眼于现实人性显露其外的自然属性不加节制而导致的消极恶果，意在证明社会教化（学）与制度规范（礼）对成就主体道德人格的必要性。孟子强调道德人格的内在根据，但绝不忽视现实人性中由于感性欲望可能造成的消极影响；荀子意在防范人性欲求不加节制可能造成的社会混乱与争斗，强调以礼化性，但并非否定主体成就道德人格的可能性与必要性。孟子与荀子二人都承认成就圣人人格的典范与教化作用，二者互补而非对立，只是立论的价值维度与说理框架不同而已。

一、以自然欲望所致结果而言恶

先秦儒家的人性论主要针对两个面向，即人性“其然”与人性“其所以然”。孟子关注的更多是人性其所以然何谓，于是从人性的道德善端出发，阐述人性应然向善的价值取向。与此视角不同，荀子将注意力多投注于社会现实与人性的实然层面，从耳闻目见的经验与切实观察中思考人性本然以及个人与国家主体性如何安顿的价值问题。

就人性结构而言，荀子的人性论内涵主要是指主体的感官欲望与感官能力。荀子主要是以社会普遍流行的人性观点而立论，即以人生来自然而然的状况称之为性，在承认主体的自然属性上，荀子对人性的认知接近告子生之谓性的观点。但有所不同的是，在荀子，人生之即有者包括人的感官欲求，即饥而

---

① 北京大学王博教授关于儒家对于人性与政治之间关联的论断，即“在儒家思想的展开中，人性问题的讨论与御民方法的探索是分不开的”，儒家探讨人性的哲学思辨更多时候是为政治上循化民性做思想工作。

欲食、寒而欲暖的生存欲望，以及“目好色，耳好声，口好味，心好利，骨体肤理好愉佚”① 等人的自然性情，此谓不待事而后生者，这些基于自然生命的生理本能与欲望皆被涵摄于荀子人性之中。另外，既然以生之所以然者谓性，荀子已然观察到人生而便具有目辨色、耳辨音的感官能力，此亦为不待后天所学与事而天之就于人者，因此，人的天生感官能力也在荀子对人性的界定范围之内。近年不少学者谈及荀子，已经对其人性观点多有全面性、具体性的辨析与思考，而不再笼统地抽象概括为性恶论。杨泽波在探究孟子性善问题时，认为孟子在发展了孔子心性之学的仁性层面亦不免对知性层面有所弱化，而荀子恰恰弘扬了孔子的知性层面，与此同时又相对忽略了仁性的内在价值。荀子强调心的认知功能，肯定人性中的感官能力，而能力不具有善恶是非的道德属性，因此，荀子在论及人性有可能致恶时主要是针对人性感官欲望而非能力。再进一步分析，在荀子看来，劳而欲息、好利恶害的自然欲求乃君子小人之所同，感官欲望作为维持人的物质性存在的自然表现并无道德判断，荀子并不认为人要求饱暖之欲就是恶，只是强调自然欲望若毫无节制、任其肆意发展有可能导致恶的现实结果。荀子以现实结果导向而言善恶的人性论与西方宗教的原罪说并不一致。荀子在论及欲望不加节制有可能致恶时讲道：“今人之性，生而有好利焉，顺是，故争夺生而辞让亡焉。”② 现实人性中皆有好利、疾恶、耳目声色之欲，若一味顺其性从其情，则社会中势必会出现争夺暴乱等恶的结果。简言之，荀子的人性观可概括为：任欲望自然发展的结果必然导致恶，而非人性天生就是恶抑或天生就潜存恶的本源。因此，无论是就感官欲望还是感官能力论人性，其呈现的自然状态都不可称之为恶，荀子亦从不曾将其视为恶而加以否定。性体现天所生就的自然状态是“本始材朴也”③，这种未经加工而天然朴实的材质不可学不可使而成之于天。在荀子，不以善恶动机论人性根源，人欲并不是加以否定的对象，反之却成为荀子成就主体人格、建构理想社会过程中加以范导的重要构成部分。

荀子言性，以人之本然存在的自然状态为逻辑起点，人性自然状态下生理欲望及本能虽然不言及善恶，但顺其自然发展并不能对人类生存自觉产生道德

① 〔清〕王先谦：《荀子集解・性恶》，中华书局 1988 年版，第 438 页。
② 〔清〕王先谦：《荀子集解・性恶》，中华书局 1988 年版，第 434 页。
③ 〔清〕王先谦：《荀子集解・礼论》，中华书局 1988 年版，第 366 页。

价值；反之，荀子以顺从人自然性情为假设前提推理得出结果，由于欲多物寡，社会不免出现争夺无度、贼仁乱礼、上下无分的混乱局面。悖乱偏险既不利于人类安居与社会长治，威胁人类长久生存的混乱秩序更不符合先王治平天下的价值理想。荀子为防范人性有可能致恶犯险的倾向，实现人类整体群居合一的和谐秩序，于是尤其关注人自身的主体性力量，特别注重发挥个人的认知分辨能力与群体凝聚合力的社会价值。人性无所谓善恶，善恶皆是以主体与外在社会互动关联过程中产生的行为结果而定，主体行为有益于群体和谐社会有序，此为善；反之，主体行为导致群体混乱社会无序，此为恶。

二、以心知而化性起伪

在荀子，善与恶的判断依据在外不在内，荀子以心能认知作为中间环节，"凡以知，人之性也"[①]，沟通主体内在心性与外在社会善恶结果。心为"天君"，作为人体感觉器官的主宰，耳目感官虽然具有对外物的观察反应能力，却无法保证耳所闻与目所见皆为正确认知，因此感官之"能"依然需要心之"知"做出辨别判断，"心生而有知"[②]，能思能虑能择，能够对主体人性发显于外的喜怒哀乐之情以及应情而生的感官欲望进行思虑并做出选择，进而保证以主体所知与能与外在客观之事理相互契合，使主体产生对外在事物的可靠认识，做出正确抉择，从而使本始材朴之性具备可以塑造为禹的可能性。荀子重视心的认知与分辨能力，然其最终目的并不在于倡导人认识客观事物获取正确的客观知识，而意在发挥主体之心的认知功能成就道德知识，以德性之知促使主体知恶而向善，自觉遵从心的指导完成道德行为。那么，荀子认为人体耳目感官接触外物形成的认识不可靠，"心有征知"[③]，何以保证就一定正确可靠？与孟子仁义内铄的道德之心不同，荀子重在发挥主体之心的思虑选择作用，目的在于发挥心的工具作用而非价值标准，进行是非判断的依据与标准不在主体心内而在心外。荀子认为心能知"道"，"心也者，道之工宰也"[④]，心对于主体行为具有主宰性作用，能够以"道"主宰事物且以"工"成就事物。然而心只能决定主体作为或不作为，并不能保证主体行为的善恶性质一定能够符合道德

---

① 〔清〕王先谦：《荀子集解·解蔽》，中华书局1988年版，第406页。
② 〔清〕王先谦：《荀子集解·解蔽》，中华书局1988年版，第395页。
③ 〔清〕王先谦：《荀子集解·正名》，中华书局1988年版，第417页。
④ 〔清〕王先谦：《荀子集解·正名》，中华书局1988年版，第417页。

价值，于是，荀子讲心“有中理”或“有不中理”。如何发挥心的认知能力以保证主体行为符合道德则极为关键。对此，荀子强调具备认知能力之心不可以不知“道”，“心不知道，则不可道而可非道”①。道作为“古今之正权”，是一切是非善恶的价值标准，“道也者，治之经理也”②，主体若离道而随心自择，是不辨是非对错，且不知福祸得失所托，因此主体必须保证心知道且合道进而从道。道作为荀子衡量是非善恶的价值准则，并不自存于主体之心内而是存在于主体之外的客观性标准，荀子所言之道即为礼。

孔子建构仁学价值体系，损益周礼，纳仁入礼；孟子承接孔子仁学，讲义礼智之心皆以仁之端为始为本，在孔孟看来，礼作为仪式礼俗或规范制度皆有主体内在依据，即本于人性自发的仁心自觉的情感认同。荀子论礼则不然，荀子不认为主体自然人性之朴能自发符合自觉人道之礼，人性自然欲望的现实发展具有无定向性，感官的认知能力与心分辨是非、以“道”区分善恶的主宰功能使其具有趋善避恶的价值选择倾向。在荀子看来，礼的生成不以人性自觉为内在根据，礼也并未超越经验领域而关照其道德形上学的本体意义。荀子将照察视角完全定格在人生现象界，根据对人的经验活动与社会现实的具体观察直接对礼的现实必要性做出社会历史性的发生源追溯。礼作为人道根本原则，是社会历史顺势发展至今对人类主体做出的客观性要求。人生而有欲，欲而必求，然欲多物寡，求若无度量分界，必会引发争夺，最终导致混乱穷困，于是先王制礼使欲与物二者相持而长。相对于主体欲求而言，礼作为调节利益分配的外在规范，通过有效合理的度量分界使社会上每个行为主体的个人利益得到保障，同时避免使社会陷入混乱与冲突，从而突出礼的公正性与社会必要性所在。于是，鉴于人欲无度可能致恶，以及人心具有认知分辨能力，于是将礼作为人心分辨善恶的外在衡量标准，这就为主体进行“化性起伪”提供了必要与可能。荀子主张使本始材朴之性通过接受礼义学习与教化过程而成为文理隆盛之伪，对内修身而言，主体能美其身；对外安人来讲，主体能在朝美政且在野美俗。要之，既然人皆有能知仁义法正的潜能材质，并且皆有能成就仁义法正的条件与才能，那么理所当然得出结论：“涂之人可以为禹。”③

---

① 〔清〕王先谦：《荀子集解·解蔽》，中华书局 1988 年版，第 394 页。
② 〔清〕王先谦：《荀子集解·正名》，中华书局 1988 年版，第 423 页。
③ 〔清〕王先谦：《荀子集解·性恶》，中华书局 1988 年版，第 442 页。

第四节　人性论对成仁理路的内外贯通

在先秦儒家的价值体系中，人性理论的前提意义不仅在于成就主体个体性人格完善，还指向理想人格的社会性展开过程。对主体个人而言，士阶层修身以成就完美人格，提升精神境界而成君子贤圣；同时，主体完美人格并不囿于独善其身，圣人比循善性而施教化于民。孔子认为性相近而重视主体后天接受教育与自我学习的作用，个人成德实践不仅在于修己而为君子，君子同时指向安人或安百姓的社会关怀。孔子自道平生之志在于使老安少怀而友信，便一语道出君子人格经邦济世的社会价值的实现。孟子与荀子皆承仲尼之志，对先秦儒家理想人格的内修与外事方面皆有所虑，只是立论前提与论证视角各有侧重，但就其对孔子所创仁学体系的整体发展而言，却是双蹊并径而行，最终殊途而同归。孟子以心善言性善与荀子论性朴而结果可能致恶的不同立论角度对于先秦儒家成仁价值指向而言，在整个理论体系中内外贯通，二者观点彼此补充而相互关照。

首先，就先秦儒家的价值建构整体而言，无论是主体成就自身圣人人格，还是圣人循性而施教化，其本体根据必须是性善。从孔子言性相近而习相远，到孟子以恻隐之心作为仁义礼智四端的始点，再至荀子认为人皆有可为仁义法正之质，人性论始终是先秦儒家继善成性的逻辑前提，而且本体根据意义上的性不能仅从生物学意义上来界定，更需要从价值义理上设定其当然之则，因此，本体之性必然是善的。本体之性“善”超越伦理层面的人性之善，更不与伦理之“恶”相对，本体之性善作为价值依托为人性之善提供了价值根据。孟子似乎对此有所自觉，并未止步于以“同然”论证人性善端之所然，而是继续思考人性善何以可能的“所以然”问题。因此，孟子的性善理论自然会涉及两个面向，即本体之性善的绝对性与现实人性善的可能性。孟子以良心言性，对主体之心进行道德界定，摒除了现实人心的其他非道德属性的消极影响。孟子在现实完整人性中抽离出其道德义理属性作为人之所以为人的根本特性，在此意义上言性善，并将此性作为人之所以异于禽兽的本质所在。牟宗三将孟告之辩中告子论性称之为“生物学的固有”，而将孟子论性强调为“超越意义的固有”。[①] 张岱年亦有相似议论，“所谓人之性，乃专指人之所以为人者，实即是人之特性。而任何一物之性，亦即该物所以为该物者”[②]。人之为人者，体现其固有特性与超越意义之善性，并不指称人性全部内容，而是特指其中义理当然之本性。戴震在《孟子字义疏证》卷上《理》中说到，孟子根据当时人皆以生理属性论人性，而不明道德义理之性乃人性固有，因此，依人其所知而论其所未知，以此证明圣人之心与我同然，欲求圣人之德，成就圣人之功，只要主体发明良知良能的先验直觉性，将其培养扩充为德性与德行，人皆可以为尧舜便成为有径可循的价值理想追求。蔡仁厚讲道：“儒家讲性善，是性本善。先肯定一个善的本体，再通过工夫实践，使本体的善表现而为具体的行为上的善。在行为上可以要求满全，但如果不肯定人有善（本善）之性，则所谓满全的善，必将没有着落，而失去它所以可能的根据。”[③] 在孟子的道德人格架构中，人性的善是成就人现实存在的本体先在，这是孟子建构主体道德人格与推行王道路线的立论需要，毋宁说，现实层面的必要性需要远胜于人性善本身合理性的有效论证。孟子所谓“可欲之谓善”，善是在主体自身存在自我实现的欲求，肯定此种内在欲求作为向外扩充的道德力量，“可欲”的背后潜隐的是善之本，同时又是显露义礼智信诸德的仁之端，因此，主体受本体之性善以生，充实善性、大而化之以为圣，圣以循性而教化、存神过化是谓王道。

其次，孟子所言善者之“性”与荀子所论可致恶者之“欲”并不是同一所指。孟子以人特有的道德义理属性界定人之“性”，而将现实人性中的非义理属性称之为命。在强调道德的内在根据与主体自觉方面，孟子直言性善，发展孔子的性相近说并给予价值引申。荀子以当时社会普遍流行的人性观点为前提，论证重礼、尊师、施法、崇君对社会治道的必然要求，认为自然人性不会自发向善，相反，人人皆有的生理欲求若“顺是”则势必产生恶的后果，因此需要发挥主体感官功能与心的主宰作用接受后天圣王教化与礼义规范，使个人具备仁义法正之质，成为有序社会中的群体成员。荀子重视主体的后天作为与

---

① 参见牟宗三《圆善论》，吉林出版集团有限责任公司 2010 年版，第 6 页。具体可参见牟宗三在《圆善论》第一章中对孟子与告子关于生之谓性的思辨与分析。

② 张岱年：《中国哲学大纲》，商务印书馆 2017 年版，第 302 页。

③ 蔡仁厚：《儒学的常与变》，台湾东大图书公司 1990 年版，第 16 页。

教化作用，接续孔子的习相远说而做出义理阐释。孟子以不同于当时主流人性观点而论性，荀子恰恰以主流观点为立论契机，在论证前提与问题的不同角度上，二者可谓殊途；但在最终价值指向上，孟荀二人皆以圣人（孟子言称尧舜，荀子论及禹）为理想人格追求，又可谓同归。简言之，若将孟荀二人所论问题角度归结为一，二人观点与价值认同并无本质出入。在孟子论性与荀子论欲方面，孟子以道德义理之性为人性之本，认为主体善端可扩充为善德，对于人性中义理之外的其他属性，孟子承认其存在的必要价值，因此不曾主张过灭欲；但如果物欲之心过重，就会使良心陷溺其中，会阻碍道德实践与理想人格的培养，在此意义上主张士阶层应当以寡欲养心为自身的道德修为工夫。孟子所寡之欲正是荀子专门针对自然人性中肆意无度之"纵欲"有可能招致混乱恶果，从而主张以礼所节之"欲"。孟子所肯定之善性与所寡之欲同时存在于主体自身，对主体而言，二者并不是截然对立，而是秩序先后、价值轻重的选择关系。而且，择义抑利的价值选择问题，主要针对士阶层个体修身而设；对于一般民众，孟子肯定人性正当欲求的合理满足，多次劝说君主施仁政，向君主提出"五亩之宅"的制恒产方案，在民众满足物质需求之后教以人伦。针对自然欲求"顺是"则致恶的必然趋势，荀子主张循礼而治，节用裕民，正利以养欲明礼为教。荀孟二人以不同方式正反言说，他们主张的所节或寡之欲或者所养所推之教，与孔子提倡富而后教的德治思想可谓一脉相承。对待人性中的非义理属性的态度，荀孟二人所持观点本质上并无二致。在成就主体德性方面，孟子重视主体内在心性的自觉自愿力量，主张通过扩充与涵养主体善端的修为工夫使其成长为现实善性。荀子不以主体心性为内在根据，重视主体感官能力与心的分辨认知作用，主体之心能知道明礼，一方面以礼为衡量善恶的道德标准，使主体行为自觉符合社会礼义规范；另一方面，重视礼法制度对规范主体行为的制约性，通过树立君威、明礼教化、法治刑罚等制度约束，成就主体道德品格。总之，孟子警惕人性中非道德属性陷溺于良心的影响，而荀子并不否认人性可以知仁义法正之质并且可以能仁义法正之具，二者只是关注视角不同，最终价值指向并无二致，即凡人皆可以成就理想人格。

第二章　先秦儒家价值体系的情理向度

第一节　孝：仁的情感依托

相对于人类个体生命的有限性，价值主体追求自身价值与终极理想的实现过程却是无限的。先秦儒家面对个体有限生命的不可抗拒性，主张超越个体生命的有限而实现群类价值的永恒，乐生而不畏死，对生死报以敬畏与理性态度。针对人类延续自然生命与传承文化使命的历史责任，先秦儒家重视孝亲与丧礼以及其背后衍生出的对生命的感恩与敬畏之情，并期望通过慎终追远的形式起到民德归厚的文化与政治的教化功能。

一、孝的价值起源

先秦儒家之前，孝的观念与文字渊源甚久。目前学界很多学者将孝的起源追溯到远古氏族社会时期。康学伟教授认为孝文化的产生应当具备两个条件：一是基于血缘关系而产生的亲亲情感；二是个体婚制的建立。[①] 顺此推断，孝文化至少可以追溯到父系氏族公社时期，孝文化的产生不仅能够提升族群内部子女与父辈的情感，凝聚族群力量，还形成合力共同防御与抵挡外敌入侵，从而维护族类与个体生存安全。种种来自自然或部族之外的现实威胁因素对个体构成生存压力，为人子者为了获得生存安全、维持生命延续，需要从父辈年长者那里寻求生存庇佑，从衣食来源到抵御外敌的安全依赖，均离不开族群与父辈的庇护。族群整体的合力与父辈们护卫阖族、庇护弱小的功勋与风范，遂使年少者与弱小者心生感恩与敬畏。基于阖族生存与利益的需要，乃至繁衍人口以维持族群合力的强大同样也成为整族乃至部落全体得以生存延续的重要保

---

① 参见康学伟《先秦孝道研究》，吉林人民出版社 2000 年版，第 27 页。

障。因此，孝文化的原初含义便围绕尊宗敬祖、传宗接代、繁衍子孙而界定。商周时期，“孝”字出现于金文，从爻从子，意为为人父母者效天地以生生，繁衍子嗣以使本族先祖血脉与功德得以世代承续。春秋时期，“孝”开始逐渐衍生出善事父母之义。《诗经·小雅·蓼莪》有记载，“父兮生我，母兮鞠我。拊我畜我，长我育我。顾我复我，出入腹我。欲报之德，昊天罔极!”①《尔雅·释训》延续善事父母之义以训孝。东汉许慎在《说文解字》中将“孝”的内涵阐释为“善事父母者。从老省，从子，子承老也”②，强调父母与子女之间以慈和孝而双向互动。可见，以善事父母作为孝的基本内涵便成为社会主流价值观念。先秦儒家对于早已产生并流行于世的孝观念予以重视，继承并延续社会孝文化的主流价值，同时进一步将其纳入仁的价值体系中，成为先秦儒家价值体系的伦理德目与价值规范。由此可知，远古时代，孝文化产生并作用于族群或部落内部，到商周时期，孝的规范与调节作用也首先应用在家庭或家族具体场域的内部成员之间，并未向外延伸至公共场域的其他人员之中。遂至先秦儒家，孝的此番应用范围并未出现根本性变化。孝的原初含义中无论是尊敬先祖抑或是延续子嗣，乃至后来延伸出的善事父母之义，孝的主流价值都旨在增强族群合力，凝聚同心以协力对外，核心在于实现群体内部之“合”抑或父母与子女互尽己力而谋双方之“和”，而绝非后世一些学者一味强调的一方无条件从于另一方的极端化倾向。

周部落乃商属方国，及至周武王，通过孟津观兵试探天下诸侯的人心归向，结果八百诸侯云集响应，更加增强武王伐纣克商以有道伐无道的道义信心，于是联盟其他诸侯毕其功于牧野一役，成为天下共主。商王暴虐施政，高筑鹿台以堆砌金玉，朝堂之上忠臣良将非死即逃，市井百姓道路以目，牧野之战奴隶倒戈，致使身死国灭。西周初年，统治者有鉴于商亡教训，逐渐认识到天命无常予且无常夺，天命庇佑对于政权长存并非是充分条件，只有统治者内修德性，外得民心，上赖天命所归，三者俱存方能保证政权稳定。于是为避免重蹈商亡覆辙，巩固周朝既得政权，周公思虑治理天下的战略方案并着手制定政治制度以推行于天下。天下初定，为了笼络臣服诸侯、先代贵族、灭商功臣

① 〔汉〕毛亨传，郑玄笺，〔唐〕孔颖达疏：《毛诗正义》卷十三，北京大学出版社 1999 年版，第 778 页。

② 〔汉〕许慎：《说文解字》，中华书局 1963 年版，第 173 页。

等各方势力，实现各方利益平衡的现实问题，周公在政治、经济、社会秩序等方面创制一系列制度，统称为“礼乐”制度。简而言之，依五等之爵（公、侯、伯、子、男）以土地与人口分封诸侯使其就封，形成屏障护卫王畿之地，巩固周王之天下。诸侯再以同理原则分封卿大夫、士，从而形成层层隶属的政治等级秩序。为了配合分封制的顺利实施，再通过宗法制规定嫡庶尊卑有别，在君位继承问题上规定以嫡长子继承之，以此维护天下政治稳定、社会和谐有序。西周创立的维护天下秩序的礼乐制度一直延续到春秋战国之际（春秋战国虽然礼乐废弛，但至少名义上周天子依然为天下共主，诸侯争霸称雄但并非争共主之位），同样，以区别嫡庶尊卑为核心的礼乐制度使无论是平民家族还是诸侯之国抑或是天子之天下形成同构模式。自从夏后氏开创君位世袭制度，天下便为君主一家一姓所有，在类似“所有权”意义上，天下可视为君主的大“家”。这就意味着天下政治伦理化，孝便由家族范畴扩大到整个天下范围，事亲与事君在同构模式中被相提并论。同时，礼乐制度使“家”与“国”中的伦理秩序高下尊卑、等级分明，意味着家族伦理政治化，这亦使孝亲这一自然情感的流露具有绝对性与强制性色彩。在天下与国与家的政治与伦理双重秩序的交互循环中，先秦儒家认为无论在家还是天下范围中，伦理孝亲原则相比于政治上的利益指向具有无法超越的优越性。① 孔子认为理想化的政治秩序应当以人情为基础，而不应该仅仅诉诸武力与利益。而对于人情的本源追溯便是父子间的“亲亲”之爱，孝之爱亲不仅是家族伦理可靠的情感基础，而且是向外推至国家、天下范围内施行仁民爱物的道德根据。

二、善事父母与以孝悌为本

先秦儒家“孝”理论主要围绕善事父母的基本内涵分层次而多角度展开。先秦儒家通过对社会普遍认可的善事父母之义予以价值认可，进一步对“孝者何为”的问题进行观点诠释。孔子分别从能养即“今之孝者，是谓能养”②，能

---

① 参见赵汀阳《天下的当代性——世界秩序的实践与想象》，中信出版社 2016 年版，第 85、86 页。赵汀阳认为孔子将人情作为建构天下秩序的基础，“孔子在人情中找到的无私基因是亲亲，人对亲人的爱是无条件的”，家庭作为超越人性之私的载体，有理由成为建构天下一家的原型。就可能性而言，个人在家庭关系与空间中可能出现的利益或权利之争远远小于其他组织群体，而且家族成员之间互尽义务与共同的目的追求也远大于成员间相互争斗所造成的实际危害。

② 杨伯峻：《论语译注 · 为政》，中华书局 1980 年版，第 14 页。

悦即子曰“色难”①，能敬即以敬而别于犬马之养，无违即对于事生丧祭皆无违于孝亲之礼，几谏即父有争子使身不限于不义，承志无改即“父在，观其志；父没，观其行；三年无改于父之道”② 等多维度对“孝者何为”的问题予以具体回答。顺接孔子之思，其弟子有子言：“孝弟也者，其为仁之本与。”③ 对于此论后世学者有不同理解，一说“仁”字通假为“人”字④，即有子之言可理解为孝悌乃为人之根本。另一说“仁”仅作“仁”字，有子此言表达的观点是孝悌乃推行仁爱之本，即“立爱自亲始”。有子并非认为孝悌是仁之根本，对此歧义，二程所辨甚是明确：“谓行仁自孝弟始，孝弟是仁之一事。谓之行仁之本则可，谓是仁之本则不可。”⑤ 对先秦儒家本立而道生的仁学价值逻辑可谓体贴得当。孔子之后，其弟子曾子自成一派与其门下弟子以重孝显名，率先垂范“身体发肤，受之父母，不敢毁伤”⑥ 的行孝之始，正如曾子有疾使弟子启其手足以知自己不亏其体。不辱其身、不羞其亲的孝道观念使君子战战兢兢，如临如履，顷刻不敢忘孝。赵岐为孟子所言“不孝有三，无后为大”作注：“于礼有不孝者三事，谓阿意曲从，陷亲不义，一不孝也。家穷亲老，不为禄仕，二不孝也。不娶无子，绝先祖祀，三不孝也。三者之中，无后为大。”⑦ 从归全父母所受之身，到事养尊亲而使不辱，再到承志立身扬名于后，思虑生命之本而延续生命之余，孝观念在保全且绵延人类有限生命中“孳孳无已”，同时也在保存并传承人类的无限价值生命的弘毅担当中死而后已。

先秦儒家在对孝的价值理念进行系统论证并推广到其他领域的过程中，孝亲原则势必会遭遇不同场域中的其他原则，即人情至亲与法理公正。面对情与理的价值选择，先秦儒家的态度并非一味重人情而轻法治，以个人私情破坏社会公正，而是情理兼备。在家国同构的社会模式下，先秦儒家重视人情与道德对于国家政治秩序建构的正当性与合理性所体现的价值，但是以至亲人情为价值基础建构与推行仁学与仁政理念，并非意味着孝亲原则可以逾越其他任何原

① 杨伯峻：《论语译注·为政》，中华书局1980年版，第15页。
② 杨伯峻：《论语译注·学而》，中华书局1980年版，第7页。
③ 杨伯峻：《论语译注·学而》，中华书局1980年版，第2页。
④ 〔清〕程树德：《论语集释》，中华书局1999年版，第13页。
⑤ 〔宋〕朱熹：《四书章句集注》，中华书局1983年版，第48页。
⑥ 胡平生：《孝经译注·开宗明义章》，中华书局1999年版，第1页。
⑦ 〔汉〕赵岐注，〔宋〕孙奭疏：《孟子注疏》，中华书局1999年版，第210页。

则之上而成为唯一价值圭臬。孝亲只是建构仁学价值体系的情感依托，是推演家国天下政治秩序的人情基础，而社会不同场域中自有其具体道德原则与行为规范，孝亲原则主要应用于家族范围，与社会其他法理原则使用场域不同，因此，彼此之间并不相互冲突。关于《论语·子路》中孔子回答叶公父子相隐并由此表达的儒家隐中见直的观点，近些年，学界对此颇为关注，基于观察与思考的不同角度而各持己见。[①] 对于其中孰是孰非不加妄议，只是对直躬证父的始末原委力求给予具体语境下的历史还原，从中审视孝亲原则下先秦儒家如何处理子女对待父母过错的伦理难题。

“叶公语孔子曰：吾党有直躬者，其父攘羊，而子证之。孔子曰：吾党之直者，异于是，父为子隐，子为父隐，直在其中矣。”[②] 事件大致是，有一个名字为“躬”的人具备“直”的品质，对于其父收纳误入自家的羊的行为告发于官府并使其父行为公之于众。孔子对此事件的态度是父子之间不相互公开宣扬对方过错便是直率情感与行为的表达。亲亲相隐中，需要说明几点：其一，攘羊事件在当世之时只是属于尚未触及刑律处罚的小过错，先秦儒家对此民事小纠纷的处理主张不公开告发；其二，“隐”字在此表示不外扬亲人过错，对此沉默不言而非包庇掩盖亲人罪责；其三，父子相隐中“直”不是理性思虑或人情亲疏的权衡结果而是主体之心面对特殊情景的当下自觉呈现。朱熹为此作注：“父子相隐，天理人情之至也。故不求为直，而直在其中。”[③] 并援引瞽瞍杀人，舜窃负而逃的例子说明主体之心的当下立判本就无暇理性反思而顾及其他，不刻意追求社会人心之公道而人之率真至情自然而然地直接呈现。舜窃负而逃事件出自《孟子》，桃应问曰：“舜为天子，皋陶为士，瞽瞍杀人，则如之何?”弟子以这一假设话题向孟子提问，儒家圣王如何处理人情与公理两难抉择的问题，孟子同样做出假设性回答：“舜视弃天下犹弃敝蹝也。窃负而逃，

---

① 参见郭齐勇、刘清平、梁涛等多位学者的相关论文的立论角度。刘清平在《关于儒家血亲情理学术争鸣的反思》（《江苏行政学院学报》2015 年第 1 期）一文中认为，不能为了维系“慈孝友悌”的血缘亲情，而不惜违背孔子所确立的“志仁无恶”道德标准，即突破正义底线而从事作恶行为。郭齐勇在《“门内”的儒家伦理——兼与廖名春先生商榷〈论语〉“父子互隐”章之理解》（《华南师范大学学报［社会科学版］2014 年第 1 期》）一文中强调儒家在实践理性上区分门内与门外不同场域，门内重恩，门外重义，私恩与公义有明确界限。“亲亲相隐”与“大义灭亲”皆为孔子及儒家所提倡，但把“亲亲相隐”作为传统社会立法根据，并非意味着宣扬父子之间因徇私情而隐匿错误。

② 杨伯峻：《论语译注·子路》，中华书局 1980 年版，第 147 页。

③ 〔宋〕朱熹：《四书章句集注》，中华书局 1983 年版，第 146 页。

遵海滨而处，终身䜣然，乐而忘天下。”① 舜理应以孝父为重，同时并未因此逃避法律责任，于是卸任自身所担治天下的君主之职以抵父杀人之过，以人子身份供养父亲于海滨。无论是事实分析还是假设，先秦儒家将孔子对直躬证父的态度以及舜窃负而逃的价值选择倾向纳入其仁学价值体系并流传于后世，为了使先秦儒家的真实思想与价值初衷不致被后世人所误解或误用，那么，还原到当时的社会情境与历史话语中重新审视其孝亲始末则十分必要。

三、孝亲与仁本的不同价值定位

先秦儒家将孝亲原则作为仁学价值整体架构的根据，不可能设定孝亲与仁学价值的其他德目发生价值冲突或与仁的最终旨归难能自洽，这是整个先秦儒家仁学价值体系的理论前提。孔子提出仁学思想兼顾孝亲人情（孝）与社会正义（礼），孝与礼的关系是逻辑引申而非相互冲突，孝悌是家族范围内关于父子兄弟之间具体性礼仪规范；礼是以家族孝亲之爱为基础，但其适用范围更加扩大化，适用于更多人伦关系中各种伦理要求的总称。情（孝）与理（礼）彼此关联，共同涵摄于孔子仁学之中。当然，在不同场域下各自适用的具体原则自有不同，其中体现的价值立场也会有所侧重。比如，在家族内，自然以重视孝亲体现家族正义；在社会中，以保障社会广大民众利益与维持社会整体秩序的公正大义重于个体的人情小爱。郭店竹简《六德》记载：“门内之治恩掩义，门外之治义斩恩。”王中江先生认为《六德》中“仁内义外”的理念界定主要指适用场域的不同，“义”指向外在的原则和规范；儒家主张“内外有辨”，其中内与外的关系在这里指向家庭与社会的关系，“人在家庭内的关系与在社会外的关系是有区别的，如亲疏和远近之别”②。就适用具体场域而论，家族之内的微小过失与亲子纷争可以依其孝亲原则断是非；家族之外涉及他人利益与社会公正，自是公义胜私恩。社会公共空间中不以私谊害公义，体现家族孝亲与社会公正二者在各自场域并行不悖。先秦儒家不主张用社会公理来衡量家族内行为对错，同样也不主张将孝亲原则扩大到社会中其他领域，越俎代庖地替代社会其他原则衡量是非。因此，先秦儒家并没有非要在家族私谊与社会公义之间判出高下，二者只是使用的具体场域不同而已。

---

① 杨伯峻：《孟子译注 · 尽心上》，中华书局1988年版，第317页。
② 王中江：《简帛文明与古代思想世界》，北京大学出版社2011年版，第169、170、237页。

中国古代传统社会五伦关系中，父子、夫妇、兄弟三伦皆体现家族内部成员关系，其他两伦君臣与朋友亦是父子与兄弟的关系延伸。在所有人伦关系中父子一伦是根本所在，郭店楚墓竹简《六德》指出“为父绝君，不为君绝父”便是对父子关系根本地位的价值规定。父子伦常重于君臣关系，父子之间既非利益关联亦非情义所设，而是渊源于人类历史积淀延续而存的自然血亲。父言慈、子事孝是无须任何外力使然的亲亲常态。无论是攘羊小过错而父子相隐以言其直，还是杀人大罪责舜窃负而逃以全其孝，所体现的仁爱至亲皆在父子关系的情理之中。“父子相隐”之“隐”不仅仅是隐匿，亦是恻隐，正如“王若隐其无罪而就死地”① 与“隐隐兮其恐人之不当也”② 意义相近。在传统宗法社会，君不为臣隐，而父独为子隐，因为“父子一体而分，无相离之法”③，荣耻相及父子相隐维护伦理之基，体现人伦之重。先秦儒家认为子不可证父，不仅出于维护伦常之需要，而且为人子从来不具有证父资格，黄宗羲以“父行未必尽是道，在孝子看来则尽是道”④ 诠释“天下无不是之父母”，体现了儒家孝亲规定下为人子者其立场与身份的特殊性。尽管如此，无论是养其身还是悦其心，即使认为不得顺乎亲，不可以为人子，在先秦儒家，“孝”亦并非一味顺从、不辨是非，而是要真正替父母考虑，即几谏父母之过或不得父母之意时劳而无怨自己承担。简帛《五行》篇认为隐匿父母小过虽在情理之中，但是此种护亲行为并非无条件性。“有大罪而大诛之，简也；有小罪而赦之，匿也。有大罪而弗大诛也，不〔行〕也；有小罪而弗赦也，不察于道也。简之为言犹练也，大而显者也；匿之为言也犹匿匿也，小而隐者也。简，义之方也；匿，仁之方也。”⑤ 兼顾简和匿的不同原则，以罪责轻重而权衡运用。对于攘羊的小过自是可以相隐取直；对于杀人大过，自是不可枉法。“不以小道害大道，简也”⑥，就亲亲相隐的适用范围而言，舜父杀人显然不在相隐范围之内。孟子做出兼顾情与理的回应：舜为天子，当行天子之事，于是让皋陶依法执行，同时又不泯其人子之情，弃天下而窃负逃于海滨，䜣然而忘天下。孟子并非认可亲

① 杨伯峻：《孟子译注·梁惠王上》，中华书局 1988 年版，第 15 页。

② 〔清〕王先谦：《荀子集解·儒效》，中华书局 1988 年版，第 133 页。

③ 〔清〕陈立：《白虎通疏证·谏诤》，中华书局 1994 年版，第 234 页。

④ 参见〔明〕刘宗周《刘子全书》卷四《论语学案》，黄宗羲论及“三年无改父之道”处。

⑤ 陈来：《竹简〈五行〉章句简注——竹简〈五行〉分经解论》，《孔子研究》2007 年第 3 期。

⑥ 陈来：《竹简〈五行〉章句简注——竹简〈五行〉分经解论》，《孔子研究》2007 年第 3 期。

亲大于公正，反之，正是考虑到如何能不悖于二原则，才会做出让舜“隐而任之”抵父之过而承担罪责的情境设定。从孔孟对孝亲与社会其他原则的关系处理态度与行为预设中，不难得知孝对于仁学价值建构的情感基础作用，但是对于仁的终极旨归与价值理想而言，孝仅是其所涵摄的诸德之一，其地位与价值并非越过仁而至高无上。

先秦儒家对于孝与仁的关系，主流倾向是孝为仁的情感基础，仁乃孝亲之爱的范域推广与价值提升。孔子之后其众弟子对其师思想与价值的接续与传承不少是杂糅自己见解与体验之后的价值认知，曾子重孝派对孝与仁的关系认知仅属于个别见解引申，不代表先秦儒家整体价值走向。先秦儒家对仁与孝关系的主流价值判断是仁包孝德，孝不可越仁而肆意泛化，即以孝成仁而非以孝为仁之本体。从孔子对其弟子问孝的回答来看，孔子感恩“子生三年免于父母之怀”的父母之爱，坚决维护三年通丧，并斥责欲废三年丧礼而衣锦食稻却心安的宰予不仁；在《学而》与《里仁》中多次表达服丧三年无改于父之道实为难能之孝，以此表达孝子三年居丧追慕缅怀其父之心。对于“父之道”，很多学者存有不同论见，一说“道”表示父亲行为中的合理部分；另一说“父之道”便是父生前的全部作为。从价值判断上讲，居丧期间对于父亲生前（合理抑或不合理）行为存而不改主要意在表达孝子事亡如存哀慕其亲之情，而非在经验事实上明断是非。因此，无论是普通平民敬存父之言与行，还是作为继位君主不改父之臣与政，居丧三年期间父之道无论其合理或不合理均不会改。在逻辑上讲，孔子绝非主张行孝不辨是非善恶，对于“父之道”中的不合理部分，驰小过而敬其美，大过则没有理由不去更改。即使是父在，子不得自专的时候，孔子都主张对于父母过错不能视而不见一味曲从，而是尽力几谏，若父母不听还要自己承担且劳而无怨；更何况是父没，关乎青史留名之际，孝子行孝，其无改父之道自然是合理成分而非父母之过失部分。然而，无论孔子如何强调孝亲的重要性，孝作为价值建构的基础始点不能就止步于此，孝作为具体德目终究不是最终价值目的，因此，孔子言孝的真正指向仍在于使孝亲之爱通过忠恕原则从家族亲人过渡到泛爱社会众人。孟子重视血亲情感的社会伦理根基作用，肯定守身与事亲为天下之大本；强调事亲与从兄对于充实仁义的价值意义，视孝悌为尧舜之道的前提与孔子重视孝悌取向价值定位一致。尽管孟子重视孝亲，但孝悌的基础与前提意义并未替代仁义的价值旨归。孟子言必称尧舜，但意在教导君子居仁由义；孟子盛赞舜之大孝，舜为匹夫，克谐以孝悌，怡其顽嚚父母，和其傲弟，及至居天子之位，使其父以天子之父得天下之养，甚至设定舜负罪隐匿以解决情与理的两难困境，孟子以舜帝尽孝道而能怀协顽嚚、瞽瞍而欣，意在借此使父子之道者定而化成天下。这就不难理解为何孟子一方面设计舜窃父遵海滨为全其孝亲而弃天下如敝屣这般略显荒诞的决定；另一方面却突显舜以为人子尽事亲之道而使天下悦而归己的社会效应。要之，孝亲不具有最终目的与终极价值，而以孝亲化天下归仁才是最终理想。

第二节　礼：仁的实践理性

先秦儒家仁学价值建构需要进一步落实到具体生活经验层面，主体价值的实现需要依靠礼的制度约束而进行。依礼而行意味着先秦儒家仁学理想于当下现实中实践理性的确立，使主体自我价值在自身修为以及社会功业中得以展开。在先秦儒家，礼的内容涵摄了不同主体在不同领域中所从事不同事宜的礼节仪式、规章制度、伦理规范，等等，礼一直作为先秦儒家纲领性观念在其思想中架构起仁义理想具体落实到行为实践的价值准则功能。孔子从克己复礼观念确立仁学理想指向，以及对“不学礼，无以立”的尚礼价值的肯定，坚持仁礼并重；孟子在仁本礼用、摄礼归仁的价值取向上与孔子相互承接；荀子不仅以礼作为仁的外在表现形式，而且将法的作用内设其中，从而使礼的人道价值原则与作用得到多维度重视与肯定。

一、尚礼的实质：克己复礼以归仁

中国的精神世界经历了由“巫”化“史”的发展过程，李泽厚称之为“礼”（人文）“仁”（人性）的理性化塑建①。在关于殷商早期的文献记载中，巫文化主要充当从事祭祀天神先祖进而沟通人神的媒介。无论是旱灾舞雩或者暴巫祈雨除魃，是丧事降神还是祈愿决疑，巫觋与祭祀是商周文化中礼事仪则的内容，而敬天事神的祭祀仪式与宗教情感便由礼来具体落实。周代殷兴，礼不仅体现在事天地神祇，还用以规范人事、象征权力与等级地位。礼乐制度与宗法制和分封制共同成为西周至春秋孔子之前维护政权、规范等级、确定名分

① 参见李泽厚《由巫到礼·释礼归仁》，生活·读书·新知三联书店 2015 年版，第 13 页。

的权威象征。春秋战国之际，新生的政治力量打破了传统的社会格局，致使礼乐不行，其原因可归纳为两点：一是“礼不往教”原则使礼只能正己而不能正人，学习只能自愿而不能强迫，虽曰制度但仍缺乏强制意识；二是现实实践弱于理论观念，即礼乐制度得以长久维持的现实条件并不充分具备。到先秦儒家，孔子依然维护礼制的旧有规定，孔子会因为八佾舞于庭的季氏感到忍无可忍，会不惜每月杀羊以告朔，然而，礼虽旧制，其意义却发生了变化。在孔孟，礼乐成为约束等级权力的道德力量，荀子以先王制礼论证了礼制存在的合法性以及礼对规范社会秩序、维护国家运行的必要性。

孔子认为周礼鉴于二代，决定“吾从周”，但并非对周礼全盘继承，而是根据时代需要以及周礼自身随时代变化呈现的现实问题进行损益。孔子肯定礼对政治秩序、伦理规范、文化传承、日常行为指导等方方面面的实践意义与历史价值，重视礼以成敬对人类主体的人格尊严与主体意识的价值认同，同时也针对礼乐崩坏的现实局面给予价值反思。孔子肯定不同主体之间依礼而互生敬意，根源于主体内心诚敬情感的真实表达，若是内无诚心、虚设礼乐而自是敬意不存，“人而不仁，如礼何？人而不仁，如乐何？”① 便是此意。孔子反思克己复礼的传统命题，并将仁学思想重置为传统礼乐制度的核心所在，以克己复礼告诫弟子“仁”者为何，并以博文约礼对弟子循循善诱，即视听言动皆合于礼便是仁在其中。孔子重视礼的仁学内置同时也不忽视仁的礼学外显，仁爱的内心情感需要通过理性的恰当表达方能转化为主体行为实践，仁作为主体内在价值呈现于恭、慎、勇、直等具体德目，若无礼的理性约束，很有可能不得“中行”而不免陷入狂狷状态，“恭而无礼则劳，慎而无礼则葸，勇而无礼则乱，直而无礼则绞”② 便是“道德仁义，非礼不成”的实践论证。礼坏乐崩之际，世人对传统周礼内无敬意、外无恭行，于是便出现上下无尊、内外无序、天下无道的混乱状态，诸侯对天子、陪臣对诸侯国君在礼仪规定上不自觉藐视甚至公然无视。鲁君不识礼义、虚应故事，季氏八佾舞于庭、旅于泰山到三家以雍彻等诸多僭越行径，皆显示主体精神世界不再对周礼所规定的诸多细节心存敬意，一旦内心尊敬不存，势必会演变成对周围一切人事物难以敬重。人在

---

① 杨伯峻：《论语译注·八佾》，中华书局 1980 年版，第 25 页。

② 杨伯峻：《论语译注·泰伯》，中华书局 1980 年版，第 83 页。

精神世界中失去诚敬，而孔子对主体内心荒芜也一筹莫展，只有在毫无意义留存的情况下斥责宰予居父母之丧期间衣锦食稻却心安为不仁，在鲁君对礼舍本逐末之际依然坚持杀羊告朔之礼希冀重其仪以能尊其义。

二、礼以成敬的内在根据

孟子肯定礼在个人修为与社会规范方面的价值意义，其思路与孔子前后相承，体现先秦儒家基本价值传统，诸如坚守三年之丧的孝亲传统，肯定久丧与厚葬的人文关怀。然而孟子在继承且维护传统礼义准则与行为规定的同时，对社会礼乐崩坏每况愈下的现实情景进行更多理性反思并试图寻找解决方案。孔子纳仁入礼为传统礼制找到仁的价值旨归，那么，孟子继承孔子仁礼之学所创之功便是对传统礼制的内在根据进行探讨。

孟子认为礼别尊卑、分上下是法物之常情，“物之不齐，物之情也”①，若比同等视，社会没有分工，上下尊卑不相使事，势必会导致社会混乱。顺应自然规律而制礼义是顺天道而应人事之举措。荀子也讲到“维齐非齐”② 而使有伦有要，先王制礼义以使贵贱有等而足以“相兼临者”乃养天下之本。孟荀对礼分上下的本质以及礼制存在的必要性与合理性观点近乎一致。但是孟子并无再顺此思路继续探索，在说明按礼制规定进行社会分工的天然合理性之后，却发现即使人能够认识到礼制的必要与合理，社会中人却依然不会自觉遵守礼制。观念认知并不等同于现实实践，正确认识并不足以使主体自觉做出正确选择。主体实践行为的最终落实并非由于认识到如此行事符合真理，而主要是因为利益驱使或者人情欲望。孟子深谙此理，再完美的理性原则一旦与人情无关也就意味着对生活失去价值，主体行为选择的依据是世间日常生活，而非纯粹的完美理念。于是，孟子对礼的关注视角发生了改变，在说明礼制的天然合理性之后立即转向了如何使人能够自觉遵守礼制，自愿依礼行事。

在孟子看来，能否按照礼制规定行事，根据在于主体内心。礼不仅仅是外在于主体的制度性规定，更是表达主体内心真诚情感的直接方式。主体依礼而行并非仅是遵从一成不变的外在形式，而是需要随着时移世易而因事变化。在孟子看来，舜不告而娶表面上与孝亲原则的外在形式相悖，其实质却是超越表

① 杨伯峻：《孟子译注·滕文公上》，中华书局1988年版，第126页。

② 〔清〕王先谦：《荀子集解·王制》，中华书局1988年版，第152页。

面形式规定对无后为大的孝亲原则的深层恪守，孟子通过执中折变把握礼的本质以实现这种人伦至情。因此，嫂溺而援之于手是权变，与男女授受不亲之礼制并无价值冲突。孟子主张以时中把握经与权，执中有权且执权返经，“著诚去伪，礼之大经”①，在制礼与守礼过程中如何通权达变，其最终价值根据在于主体内心诚敬。仁义礼智为主体自身固有，礼之实便在于使主体内心固有的仁义之端发用流行有所节文。礼发端于主体恭敬之心而流行于辞让之行，主体依礼行事关键在于是否遵从内心恭敬，“恭敬而无实，君子不可虚拘”② 不为“非礼义之礼义”，便顺理成章成为大丈夫人格的应有之义。孟子坚持士阶层即使面对国君乃至天子时，以非尧舜之道不敢陈于王前来表达其敬，坚持做天子所不招之臣抑或王侯所不屈之士来恪守士君子之义。基于礼制和内在之情，孟子反对舍本逐末般虚应形式，认为若爱而不敬，是以兽畜之；既然礼制根于主体之心，那么“礼人不答，反其敬”反求诸己式的思维定向则意味着肯定主体内在价值的存在。孔子提出为仁由己，孟子坚持反求诸己而无待于外的价值倾向，将礼制根据导于主体之心，强调主体自我价值与人格尊重的实现对外在无所依附，而全赖主体自身努力，使其自觉自愿成为主体遵守礼制规范、实现礼制协调功能的价值前提。

三、明分使群的外在规范

孔子以仁为轴心诠释礼制的外在形式与实践原则，孟子将礼制价值根据内化为主体之心，荀子将礼作为人道之极，无论是在主体之外寻求礼的价值根据，还是将礼的功能范围由以个人主体为核心转换为以群体主体为重心，皆表现出与孔孟以礼协仁致思迥异的外向思路。

“存在先于价值，只有能够存在，才能够更好地存在。”③ 在荀子，主体个人的生存问题与社会初始存在状态密切关联，一方面，由于独立个体维持生存异常艰难，力不若牛、走不若马，实难应对自然环境的险恶丛生，因此，众人结成群体凝聚合力成为维持生存的必要；另一方面，“人能群”，个体具备结成群体组织存在的潜质与能力，这为众人形成社会组织提供可能，“多力则强，

---

① 王文锦：《礼记译解》（下），中华书局 2001 年版，第 546 页。

② 杨伯峻：《孟子译注·尽心上》，中华书局 1988 年版，第 318 页。

③ 赵汀阳：《天下的当代性：世界秩序的实践与想象·前言》，中信出版社 2016 年版，第Ⅶ页。

强则胜物”①。凭借群体组织使人类与天地并立，参天地而育万物，彰显人类最为天下贵的主体力量：“水火有气而无生，草木有生而无知，禽兽有知而无义；人有气有生有知有义，故最为天下贵也。”② 在荀子看来，保证个体生存并实现自身价值需要置身群体之中，荀子从逻辑上证明群体先于个人而生。“群”作为社会组织形式并不是无序的混乱状态，恰恰相反，为了保障人类群体的有序存在与延续，这就势必要保证群体有序的和谐状态，有序则“和”而无序致“乱”，“先王恶其乱也，故制礼义以分之”③。面对欲多物寡的社会冲突，礼作为度量分界的标准保证群体利益分配的合理与公正，从而使群体中人与人之间形成分工，相互协作，上下有等而社会有序。主体之间以礼定分且明分使群，突出礼维护群体存在的规范调节功能。由于个体只有置身有序的群体之中方能保全生命，因此，有序的群体组织则成为个人生存的前提所在。

在荀子看来，礼的本体根据不在主体人心之内，而是外置于天地万物生生之序以及群体主体存在的历史性社会意识中，即效法自然之天与先王之道为礼寻求合理性根据。“礼有三本：天地者，生之本也；先祖者，类（族类）之本也；君师者，治之本也。”④ 礼之本在于上下事天地，并与尊先祖而隆君师有机结合。“有天有地而上下有差，明王始立言而处国有制”⑤，天行有常，人应之以治则吉，思慕天地生生之序，先王循顺天地万物“维齐非齐”之道而成人道之礼，遂使“贵贱有等，长幼有差，贫富轻重皆有称者也”⑥。礼的度量分界功能内含公正合理性，荀子将礼法沟通，并重而用，“怒不过夺，喜不过予，是法胜私也”⑦，虽然礼被赋予社会规范性的制约力量，然而，先王本于天地之序制定礼义，隆礼重法并不与主体人心相悖。荀子并未将善与恶的争议停留在人性方面，“凡古今天下之所谓善者，正理平治也；所谓恶者，偏险悖乱也”⑧，善与恶是相对于社会群体的治乱结果而言，荀子基于生之谓性强调化性起伪，

---

① 〔清〕王先谦：《荀子集解·王制》，中华书局 1988 年版，第 164 页。
② 〔清〕王先谦：《荀子集解·王制》，中华书局 1988 年版，第 164 页。
③ 〔清〕王先谦：《荀子集解·王制》，中华书局 1988 年版，第 152 页。
④ 〔清〕王先谦：《荀子集解·礼论》，中华书局 1988 年版，第 349 页。
⑤ 〔清〕王先谦：《荀子集解·王制》，中华书局 1988 年版，第 152 页。
⑥ 〔清〕王先谦：《荀子集解·富国》，中华书局 1988 年版，第 178 页
⑦ 〔清〕王先谦：《荀子集解·修身》，中华书局 1988 年版，第 36 页。
⑧ 〔清〕王先谦：《荀子集解·性恶》，中华书局 1988 年版，第 439 页。

防范人性生理属性不加节制而导致的混乱后果，因此强调以礼节之的必要性。人的自然属性不具备礼制内生机制，但这并非意味着礼制悖逆主体人性的道德理性，恰恰相反，荀子认为先王制礼正是为了成就主体道德人格，实现王制理想的社会价值。对个人而言，礼以修身，“为之，人也；舍之，禽兽也”①。人之为人不在于其与禽兽同的生理属性而在于学礼积善成德而备圣心，于是对不同阶层做出各自要求：士阶层以上必以礼乐节之；众庶百姓必以法数制之。对国家而言，礼以正国。国无礼不正，群无分则乱，礼对于国家群体犹如衡之于轻重、绳墨之于曲直、规矩之于方圆，“既错之而人莫之能诬也”②。不仅如此，礼制作为度量分界的标准其公正性更在于人道之明辨有分，“无分者，人之大害也；有分者，天下之本利也；而人君者，所以管分之枢要也”③。人君作为明分使群的主体，制礼使人与禽兽分，从而实现人伦有则、尊贤有等而社会有序，即社会各阶层之人有礼得生、事有礼得成而国家有礼得宁。

四、群居合一的价值目的

先秦儒家赋予礼诸多内涵，包括礼节仪式、人伦道德以及国家与社会制度等，其本质意在强调亲亲、尊尊、长长以及男女有别的差别秩序。从礼的内涵与本质得见，先秦儒家礼学的价值关照既在个人又在群体，关照主体个人自身同时也并未忽视他人；主体自我与他人依礼行事从而保障群体组织和谐有序。个人与群体在先秦儒家礼学视域下对立且统一，在忠恕之道的一贯原则下，立己与立人、达己与达人价值并非彼此对立而是二者互得。“匹夫不可夺志”的意志自由或是“富贵不能淫、贫贱不能移、威武不能屈”的大丈夫气节所指向的独善其身并非是囿于主体自身的个人之事，君子德风更指向对群体百姓的循性教化，兼善天下的价值目标指向群体和谐。成就社会功业是先秦儒家一向致力实现的群体价值，孔孟荀一脉相承，一概以安百姓、实现天下有道为社会价值旨归。孔子损益周礼，以从周、学周公为己志，欲以克己复礼而归仁整饬礼坏乐崩、天下无道的混乱局面，使天下重新归于大同的王道之治。先秦儒家重视群己关系，将个人定位于群体关系中而非原子式的独立个体，发挥主体人性中的道德理性，使其自觉克制人与禽兽同的自然属性，使“顺是”状态的自然

① 〔清〕王先谦：《荀子集解・劝学》，中华书局1988年版，第11页。
② 〔清〕王先谦：《荀子集解・王霸》，中华书局1988年版，第210页。
③ 〔清〕王先谦：《荀子集解・富国》，中华书局1988年版，第179页。

人性向道德理性自觉的社会群体状态转变，因此，礼作为约束主体行为的规范准则一开始便具有私德与公德的双重性格。

礼对于个人修身与公共秩序维护的双重功能，即以私德推衍公德的价值定位。① 先秦儒家认为个人皆是群体组织与关系中的个人，对于个人价值的实现，独立人格的挺立是一个方面，更重要的是维护群体的和谐秩序，因此，对于价值目标的追求与实现而言，个人的群体性重于个体性。俞荣根认为荀子礼学的主体不是礼节仪式，而是人伦道德与社会制度。俞荣根此观点不仅仅限于荀子，对于整个先秦儒家未必不是如此。孔子倡导以仁义修身，修身成君子以安百姓，始终以“老者安之，少者怀之，朋友信之”为己志。孟子对孔子修己安人之道始终秉承，不然不会不远千里而来将尧舜之道陈于王前，对君主循循善诱与民同乐之道，耐心劝勉为长者折枝的仁心仁政之理，尽管也曾告诫君主，天子尚有不招之臣，以此表明士君子主体尊严与独立人格，君主若不以礼相待，士君子必将舍高爵厚禄而去。孟子要求士君子穷则独善其身，然而，穷且益坚，所赖君子达人知命，始终坚持君子以达明时而兼善天下的社会群体导向。相对于己而言，“群”是指包括个人主体在内的社会成员之间发生一定的社会交往行为而结成的特定社会关系，比如家族、群团乃至国家等社会共同体，突出主体超越自身痴嗔怨念等个人欲望而关注他人与群体的利益与需求的社会属性。荀子不仅明确提出“人能群”的主张，而且就人何以能群的可能性与必要性做出一系列具体论证，进而表达先秦儒家“群居合一”的社会理想。

在先秦儒家，“群”并非是因一些偶然因素集聚而成的人群，并由此造成的毫无秩序且混乱不堪的无组织性的乌合之众，毋宁说“群居合一”意味着个人主体秉持明确的道德认知与共同的价值导向积礼义而结成的有序社会关系。在荀子看来，“群居合一”的实现有赖主体“明分使群”的礼义认知与自觉贯彻。对于个体而言，礼作为私德以修身，士大夫阶层以上积礼义而成君子，从个人私德到社会公德的逻辑推衍与价值转换，荀子与孔孟一脉相承。孔子讲主

① 在中国古代传统社会谈不上西方现代意义的社会公共性，简单来讲，社会成员之间的关系只是儒家五伦之义的扩大化。从来不去也无须去明确界定公与私的范围，甚至一些特殊群体有些时候在一些事情上还会故意将私与公混淆为一，比如专制皇帝的身份与专制国家的性质。因此，笔者所论私德与公德并非西方现代意义上基于契约关系对公民权利与义务的法律概念，仅以“公德”一词表述个人在社会群体中为了维护群体利益而约定俗成的道德意义上的公序良俗。

体个人以德修身，做到非礼勿视听言动，目的在于达到克己复礼以归仁。在孔子的逻辑推衍中，社会中人人遵礼而行，各司其位，各守其分，君要像君，臣要像臣；家族内父像父、子像子，社会群体自然实现和谐有序。因此，孔子主张为政必先正名，确立君巨父子名分，因为名不正则言不顺，言不顺则事不成，事不成则礼乐不兴，最终导致民无所措手足、君臣上下不分、群体秩序混乱的结果。孔子从反面论证假使名分不正有可能造成的一系列负面影响，以此说明正名对维持社会整体秩序的重要性与必要性。对荀子而言，“群居合一”意味着先王制礼义而确立的和谐有等的理想秩序，不仅使贵贱之等、长幼之差、知愚、贤不肖之分得到合理界定，使“人载其事而各得其宜”①，同时也体现于个人利益的公正分配，使“悫禄多少厚薄之称”②，群无分而乱，义分则和，因此，和谐秩序的实现前提在于主体依礼而“分”。先王恶其乱而确立礼义使社会成员之间的地位、身份与利益各得其宜，礼顺理成章地成为主体“明分使群”的原则性根据。人性中有可能致恶的生理欲望为以礼化性提供必要，同时主体感官认知能力与心的主宰功能为以礼明分使群提供可能。“分”不仅意味着诸如士农工贾之类的社会职业分工，同时也是君臣父子人伦关系的名分之差，这种人伦等级区分对建立群体社会的和谐秩序具有基础性意义。维齐而非齐，两贵不能相事而两贱不能相使，因此需要明确不同群体的名分以及与其名相应的责任与义务。礼与法在价值内涵上相互沟通，在功能保障上相互关照，群体之分以礼为原则根据同时以法为制度保障。礼与法不仅有各自侧重的教化功能，仁义之礼只能对待仁义之人，至于不善教者，只能待之以刑；礼与法各自适用不同主体人群，士大夫阶层以上以礼规范，社会下层民众则依法约束与威慑，所谓刑不上大夫而礼不下庶人。荀子隆礼重法将个体价值与群体价值实现有机统一，个人身为群体成员，其自身价值的实现必须以群体和谐即社会有序为前提，个人价值只有在依附群体并且自觉认同、维护群体秩序过程中得以实现，因此，群体价值便自然先于且高于个人价值。

---

① 〔清〕王先谦：《荀子集解·荣辱》，中华书局1988年版，第70页。

② 〔清〕王先谦：《荀子集解·荣辱》，中华书局1988年版，第70页。

第三章　先秦儒家价值体系的践行原则

孔子罕言仁，《论语》中却记载诸弟子多次问仁，这就恰恰印证仁乃孔门分量极重又极难实践的思想核心。孔子深知其分量之重，于是在理想追求上实言其难；而为仁始自孝悌之亲，并逐步扩展为社会其他领域的诸多条目，因此在为仁方法与原则上举重若轻，随即指点。当然，孔子一直对为仁工夫之难、主体意志之坚、付出代价之大保持理性的认识，从不轻易以仁自诩或许人，只是教人以忠恕原则立足当下日常，一点一点朝着仁道理想不断努力践行。一方面，忠与恕作为实现仁学理想的价值原则需要以仁为最终目的；另一方面，在行仁实践过程中，先秦儒家对忠与恕自身思想内涵也做出相关价值规定。孔子提出通过“克己”符合社会普遍伦理原则之礼，为了凸显主体追求“成仁”理想的义无反顾，必要时候甚至以“杀身”这种否定自我生命的方式为代价。当然，先秦儒家仅以此阐明为仁向道之志，现实中主体秉忠恕以成仁的实践活动面对更加普遍性的价值判断是义利选择。

第一节　忠与恕的立达之道

先秦儒家践行仁学的一贯之道，即忠恕。忠与恕作为仁之方，体现为尽己与推己、立人与达人的双向原则。行忠恕之道以达仁，在尽己与推己的实践过程中，主体并无私心所虑，也无私利所谋，物我对立、人我之分皆得以消除。主体所行忠恕是主体道德理性的挺立与德性之己的外显过程，肯定他人主体存在的价值同时也是对自身生理本能要求的抑制。“忠”与“恕”两字连用出自曾子之言，认为孔子之道实则忠恕一以贯之，这在《论语》中仅此 1 处。另外，“恕”单说亦仅 1 处，即孔子回答子贡所提有一言可终身行之者之问；而《论语》中“忠”单说次数较多，共有 17 处。当然，忠与恕两原则作为行仁之方，其价值分量轻重并非仅仅体现在出现次数上，而且二者可分可合，并不影响实现仁学之用。

一、诚敬尽心之忠道内涵

先秦儒家重视忠道并对此做出多维度的价值阐述。首先，界定忠的诚敬尽心的一般含义。忠不仅仅是作为事君之道而言，而是主体处理自身与他人关系的一般性原则，所谓受人之托而忠人之事。《说文解字》中以敬训忠，即“忠，敬也，尽心曰忠”①。从字源来看，忠乃上中下心，即主体待人做事把中放在心上不偏不倚，朱熹解释为“尽己之谓忠”②。可见忠是一个主体内心秉持中道并据此处理自己与他人之间关系的价值范畴。作为人际关系范畴，主体以忠所待的对象可以指包括主体自身、他人、家国百姓等以任何形式存在的主体。一是主体忠于自身。主体以诚敬之心对待自己喜怒哀乐的真实情感与是非对错可谓对己之忠，孔子多次言以“忠”行仁，以“出门如见大宾，使民如承大祭”③回答仲弓问仁，主体待人如宾、使民如承的恭敬与慎重的行为恰恰是忠于自己内心情感意愿与道德理性的真实反应。二是主体忠于他人。除了主体以诚敬对待自身之外，忠表现在主体与他人之间是忠信做事待人。孔子教育弟子“与人忠”④“主忠信”⑤，曾子将“为人谋而不忠乎”⑥ 作为每日反省自身的条目之一。与主体发生关联的“他人”主体指称很宽泛，即在家父母兄弟夫妇之亲，出门邻里乡党朋友之众，在朝君主臣下之属皆可称之为他人。主体受他人所托，尽心竭力为其操劳便是忠，因此，在为人谋以忠的对象范围中，君主仅仅是忠的所指对象之一，而不是唯一，忠于君主并不具有排他性，与忠于其他人并不产生冲突。三是主体忠于家国百姓。忠不仅体现在对人，还体现在做事，是否谓忠，其权衡标准在于主体行为是否有益于主体所在家族整体或国家百姓。作为家族一员，主体做事应当忠于先祖与整个家族，立身行道以扬名后世；作为一朝之臣，应当忠于国家社稷，上不欺国君，下以惠国民，忠于职守，敬业奉公；作为一国之民，应当忠诚待人，为别人所谋之事而尽心尽力。

---

① 〔汉〕许慎：《说文解字》，中华书局 1963 年版，第 217 页。
② 〔宋〕朱熹：《四书章句集注》，中华书局 1983 年版，第 72 页。
③ 杨伯峻：《论语译注·颜渊》，中华书局 1980 年版，第 130 页。
④ 杨伯峻：《论语译注·子路》，中华书局 1980 年版，第 147 页。
⑤ 杨伯峻：《论语译注·颜渊》，中华书局 1980 年版，第 135 页。
⑥ 杨伯峻：《论语译注·学而》，中华书局 1980 年版，第 3 页。

其次，设定忠于君主的前提性条件，区分忠君与爱国。先秦儒家并未将忠君与爱国当作一回事，忠于君主个人是有前提条件的，而爱国存百姓是无条件性的价值所在。忠用作事君之道的条件性。“君使臣以礼，臣事君以忠”①，鲁定公认为君主使唤臣下，臣下为君主做事是理所当然，孔子纠正此论，坚持臣下对所事君主尽忠并非无条件，而是以君主之德礼贤对方为前提。孔子曾多次表达类似观点，比如，居上之宽、为礼以敬才会使居下以忠事上；以君臣之德相互对等回答齐景公问政。孟子告诫齐宣王：“君之视臣如手足，则臣视君如腹心；君之视臣如犬马，则臣事君如路人；君之视臣如土芥，则臣视君如寇仇。”② 君上与臣下虽有地位上的高下之别，但是二者在各自权利与义务上却是双向对等、互为前提的。臣下事君以忠需要君主以对等德行礼遇来使下，先秦儒家一向认为忠君并非一味顺从君主所为，“君君、臣臣”是正向引导，君臣上下以礼正名，为君者正己以正人；反之，当君主有过，臣下事君以忠的作为应当是忠实以告而勿欺宁犯。“君有过则谏，反复之不听，则去。”③ 孟子以“去”谏君与孔子所谓臣下应当“以道事君，不可则止”的“止”皆为忠君之道。在先秦儒家，对于君主之忠属个人之间私恩小义，一般是对方知遇之情或尊贤之礼以待自身在先，主体才会还其尽忠之义。士为知己者死，侯嬴为报信陵君礼贤之遇助其窃符救赵而自刭谢主；韩信感念刘邦“遇我甚厚，载我以其车，衣我以其衣，食我以其食”，觉得理应“乘人之车者载人之患，衣人之衣者怀人之忧，食人之食者死人之事”④，忠刘而不背汉。对于国家百姓之忠是大忠大义，是不讲任何条件的价值所在。当忠于君主个人与忠于国家百姓发生冲突时，先秦儒家的价值立场是毫不犹豫地选择后者，甚至是为了国家民族大义杀身舍生也在所不惜。为臣者忠于君主是小，而忠于天下百姓才是大。秦汉之际君臣分治天下，丞相作为臣属之首，被赋予封驳谏诤之权，君主的决策与行为确实有利于国家百姓，为臣者自是事之以忠；若君主作为与国家大利民族大义相悖，为臣者自会舍小忠而全大义，选择国家百姓而放弃忠于一家一姓的王朝。魏徵本是太子李建成近臣，却二事唐太宗恪尽职守，直言敢谏甚至与皇帝

---

① 杨伯峻：《论语译注·八佾》，中华书局1980年版，第31页。
② 杨伯峻：《孟子译注·离娄下》，中华书局1988年版，第186页。
③ 杨伯峻：《孟子译注·万章下》，中华书局1988年版，第252页。
④ 〔汉〕司马迁：《史记》卷九十二《淮阴侯列传第三十二》，中华书局1999年版，第2035页。

廷争面折，这不能不说其深受儒家忠于君主与忠于国家社稷孰轻孰重的价值取舍的影响。

再次，先秦儒家肯定孝与忠的义理相通之处，但并未做出在家孝父出门必须忠君的必然推论。在先秦儒家，大夫之家、诸侯之国与天子之天下存在一定程度的结构相似性，然而普通百姓的五口之家或八口之家与大夫之“家”有不同所指。普通家族里父子之亲乃源于天然血亲，父子之伦无所逃于天地之间，与此不同，国家内君臣之义却是君臣双方互相选择与对待的人为结果，忠与孝并非能够简单类比。一是就君上与百姓而言，孔子虽然拿慈孝与忠进行对比，并认为父子之孝与君臣之忠在伦理规范与价值原则上并不对立冲突，但从未做出孝与忠二者之间由因导果的逻辑推定。季康子问如何使百姓对君上恭敬、尽忠，孔子回答：“临之以庄，则敬；孝慈，则忠；举善而教不能，则劝。”① 有若也认为：“其为人也孝悌，而好犯上者，鲜矣；不好犯上，而好作乱者，未之有也。”② 由孔子师徒之言可以看出先秦儒家肯定忠与孝之间存在相互关联，即君主需要率先垂范，首先做到对父母尽之以孝，对子女授之以慈，然后君子德风上行下效，从而使家族和睦，百姓自然不会叛逆其君，从而实现社会安定。父子之孝与君民之忠并非是由先后顺序而推导的因果关联，也不是在家孝父而出门视君如父的简单类比，而是由君主孝以持家，进而影响社会更大范围中的其他家族，使其各自和睦，从而使由无数家族小群体构成的国家大群体最终得以安定。二是就君上与臣下来讲，《礼记·祭统》记载：“忠臣以事其君，孝子以事其亲，其本一也。”③ 关于事君事亲二者“其本一”的“一”，结合《祭统》上下文可理解为主体感念报恩之心，孝是感激父母给予生命，忠是回报对方知遇之恩，二者在主体回报感念之心的层面上异曲相通。又或者如《孝经》所言：“君子之事亲孝，故忠可移于君。”④ 后世关于儒家所谓“移孝作忠且忠于君主个人”等类似观点大抵皆由此出，然而这种经后世演绎出的忠与孝简单类比推论并非先秦儒家思想本意。先秦儒家在事君与事父的行为动机与价值立场上本就不同，相对于事亲有隐而无犯而言，事君则宁犯而无隐。“爱之，

---

① 杨伯峻：《论语译注·为政》，中华书局 1980 年版，第 20 页。

② 杨伯峻：《论语译注·学而》，中华书局 1980 年版，第 2 页。

③ 王文锦：《礼记译解》（下），中华书局 2001 年版，第 705 页。

④ 胡平生：《孝经译注·广扬名章》，中华书局 1999 年版，第 31 页。

能勿劳乎？忠焉，能勿诲乎？”[①] 可知忠的内涵并非一味顺从，而含劝教之义。鲁穆公问子思何为忠臣，“恒称其君之恶者，可谓忠臣矣”[②]，以恒称君之恶言忠之教诲义。因此，孝亲有隐而忠君宁犯是先秦儒家关于孝与忠的本意表达，这与后世所谓移孝作忠的推论存在本质差异。

二、视人如己的恕道原则

先秦儒家教育弟子诚于自身且忠信于人，这种将心比心、由己及人的推导过程谓之“恕”。孔子认为“恕”是“己所不欲，勿施于人”，将心比心而推及他人，此推己之“恕”甚至可以作为终身行之者而贯彻于语默言行。

恕作为仁之方。恕作为行仁的价值实践原则，孔子称之为“仁之方”。对于子贡“如有博施于民而能济众”是否可称得上仁的问题，孔子回答，若实能如此可谓圣，只是恐怕像尧舜此般圣王都不能完全做到；而所谓仁人，只是需要贯彻以近取譬的行为方式，做到“己欲立而立人，己欲达而达人”[③] 而已。根据朱熹所诠释，孔子所言立己与立人，达己与达人则是恕之事而仁之术。“譬，喻也。方，术也。近取诸身，以己所欲，譬之他人，知其所欲亦犹是也。然后推其所欲以及乎人，则恕之事而仁之术也。”[④] 此番解释可以算是贴近孔子本意，在孔子看来，主体以恕之事而行仁之术并贯行终身就可以无限接近于仁。子贡曾问孔子：“有一言而可以终身行之者乎？”孔子答：“其恕乎！己所不欲，勿施于人。”[⑤] 这便是能近取譬，以主体自身感受而推知他人：以己所欲而推知人亦有其所欲则施于人于同情与肯定；反之，由己所不欲而了解人亦有所恶者而毋强加于人。

恕包含推己与及人。与先秦儒家“忠”其尽己之义相对而言，恕更强调推己与及人的价值倾向。先秦儒家能近取譬以恕作为行仁工夫，即以主体自身作为价值衡量根据，将己所欲的同理心“推”及他人，孟子所谓“善推其不忍人之心”之“推”便是承接孔子恕道原则进一步做出的价值引申。推己与及人的一贯执行需要同时具备两个前提条件，即主体尊重对方作为独立主体的意志自

① 杨伯峻：《论语译注・宪问》，中华书局 1980 年版，第 155 页。
② 汤一介：《“恒称其君之恶者，可谓忠臣矣”》，《群言》2000 年第 10 期。
③ 杨伯峻：《论语译注・雍也》，中华书局 1980 年版，第 68 页。
④ 〔宋〕朱熹：《四书章句集注》，中华书局 1983 年版，第 92 页。
⑤ 杨伯峻：《论语译注・卫灵公》，中华书局 1980 年版，第 176 页。

由（价值差异性）以及主体以对方的价值实现为目的（价值普遍性）。因为由己推人总不免会产生一种价值张力，即己之欲与人之求是否契合的问题。若一味以主体自身为价值准则，实践仁学价值过程不免陷入单向性与抽象化，与先秦儒家所倡导的天下归仁的价值关怀导向相悖。因此只有以上两个前提同时具备，恕作为行仁之方才能将仁学价值真正贯彻。对每一个价值主体给予独立人格的尊重，主体个人通过忠恕之道以修身成仁，同时不妨碍其他个人主体完善自身的过程，如此方能实现个体求仁而天下归仁。

恕可以作为主体个人终身行之者的价值原则。西方基督教《马太福音》告诫世人：无论何事，你们愿意人怎样待你们，你们也要怎样待人。对比于此，先秦儒家的忠恕之道同样被视为伦理学的黄金法则，二者用不同的语言形式表述了相同的道理，即以对待自己之心对待他人，将他人视为与自己同等价值的主体看待，也就是德国康德所说的"始终把人当作目的，而不能把人当作工具"①。对此也有学者提出质疑：既然视对方为目的，那么主体根据自己的意志依从自身意愿做出的决定何以能够保证一定会符合对方意志与意愿？试想一下，黄金法则所遭遇的情况是否存在这样一种假设：己所欲正是他人所不欲，己所不欲恰逢他人之所需。在这样的情况下，道德黄金律显然与其价值初衷相悖。简言之，此谓自由与平等二者价值能否兼顾实现的问题。先秦儒家的忠恕之道与基督教的道德律意在强调自我与他人同样作为价值目的具有主体性平等；而对此质疑的假设情况恰恰体现实现主体之间的平等能否以不尊重主体个人的意志自由为前提。在先秦的历史语境与具体论域中，儒家并未涉及西方现代语境中自由与平等的政治与法律概念，毋宁说，先秦儒家的为仁之学主要是针对主体个人修身、完善主体人格的道德学问，个人完善人格并不囿于自身，还需要恰当地对待自我与他人、群体、社会、国家之间诸多关系，而忠恕之道只是主体用以思考个人如何明智地在诸多社会关系中展现自我的基本原则而已。

---

① 赵敦华：《西方哲学简史》，北京大学出版社2001年版，第324页。

第二节　义与利的价值取舍

对义与利的取舍态度与选择倾向一向是先秦儒家仁学价值的重要指向。先秦时期，主体对义利关系的态度与行为选择体现衡量是非、评判得失的价值原则已经在社会上普遍流行。辨析具体语境下义利范畴所涉及“公”或“私”的性质成为当时儒、墨、道、法等诸家学派各自提出自家思想见解、政治主张以及相关价值观念的理论前提，其中先秦儒家也不例外。

一、公私内涵的历史界定

当世之时，关于公与私的社会主流观点主要体现在非道德性方面，人们对其见解与认知尚未体现公与私在道义方面的优劣判断。先秦儒家在认可社会普遍流行的公私观念的基础上，将其与义利范畴的价值取舍进行思想整合、观念继承与价值创新，并逐渐形成有别于其他学派的价值观念。先秦语境下社会流行的公私观念其内涵体现如下：

其一，界定人的不同社会地位与身份。“公”指称人的社会地位与政治身份的含义在《诗经》《尚书》《礼记》等典籍中有多处记载，比如，伴随分封制而划分的第一等级爵位之称。“王者之制禄爵：公、侯、伯、子、男，凡五等。”① 天子之下设五等之爵，“公”是天子制定的分封诸侯国君的爵位之一，公爵乃五等之爵中等级最高，非威望之高、功勋卓著、身份尊贵者（诸如微子启封宋或文王之弟封虢）不能获此殊荣。此外，对具有一定社会地位与威望的人的尊称。“周公”“齐桓公”“滕文公”等，称“公”者未必皆是公爵国之君，只是臣下对其上者的尊称，直至后世臣属幕僚对其效忠的主人称“主公”便是由此引申而来。有别于“公”而言，“私”主要指不居官在朝、无官职在身的个人身份。《诗经·小雅·大东》中记载，“私人之子，百僚是试”②。或者《诗经·大雅·崧高》：“王命傅御，迁其私人。”③ 相较于“公”的社会身份，“私”

① 〔汉〕郑玄注，〔唐〕孔颖达正义：《礼记正义》卷十五，上海古籍出版社2008年版，第449页。

② 〔汉〕毛亨传，郑玄笺，〔唐〕孔颖达疏：《毛诗正义》卷十三，北京大学出版社1999年版，第785页。

③ 〔汉〕毛亨传，郑玄笺，〔唐〕孔颖达疏：《毛诗正义》卷十八，北京大学出版社1999年版，第1212页。

更多体现个人之间的亲密关系，或者体现行为活动不公之于世的私下之义。《诗经·小雅·楚茨》："诸父兄弟，备言燕私。"① 即古代祭祀之后同姓宗族的私家宴饮。《论语·述而》与《礼记·仲尼燕居》中均详细记载了孔子退朝而处燕居之私的诸多细节，与夫子人前持重或在朝之恭的状态对比，鲜明表现出孔子在私人空间中的私下自我之态。

其二，区分公家与私处的不同场域以及物事的所有权归属。日本学者沟口雄三在其著作《中国的公与私·公私》中，对"公"的含义做出独特理解，即沟口雄三从《诗经》所记载的相关事例推证出，中国先秦时期的"'公'是对'共'所表示的众人共同劳动、祭祀场所——公室、公堂以及支配这些场所的族长的称谓"②，乃至秦汉之后国家实现统一，"公"成为与君主、官府等统治机构相关的指称概念。有别于"公"所代表的公开场所，"私"便是不具备完全公开性质的个人私有的场所及其物事，即官府为公而个人为私。比如，《诗经·国风·豳风·七月》中将"公"与"私"对比而言，"言私其豵，献豣于公"③，指的是小民猎到的小兽归自己，大兽献王公，这里的"私"指所得猎物一部分归属于自己。再比如，周朝制定的井田制度中关于土地的公田与私地的划分，《诗经·小雅·大田》："雨我公田，遂及我私。"④ 关于占有物其公与私的区分并非一成不变，而是具有很大程度的相对性。周朝推行的井田制度将土地划分为九块，中间一块为公田，由周天子所有，周围八块为私地，分别由八家所有，田中所获归个人所得；公田则由八家共耕，收货其物归天子所有。推行井田制必须以土地国有为前提，而政治上采取的分封制又以分封土地与人口为内容，这就势必造成原则上的国有土地实质上归周王所有。"溥天之下，莫非王土。率土之滨，莫非王臣。"⑤ 如此一来，天子及以下才能名正言顺地施行

① 〔汉〕毛亨传，郑玄笺，〔唐〕孔颖达疏：《毛诗正义》卷十三，北京大学出版社 1999 年版，第 821—822 页。

② ［日］沟口雄三著，郑静译：《中国的公与私·公私》，生活·读书·新知三联书店 2011 年版，第 6 页。

③ 〔汉〕毛亨传，郑玄笺，〔唐〕孔颖达疏：《毛诗正义》卷八，北京大学出版社 1999 年版，第 500 页。

④ 〔汉〕毛亨传，郑玄笺，〔唐〕孔颖达疏：《毛诗正义》卷十四，北京大学出版社 1999 年版，第 851 页。

⑤ 〔汉〕毛亨传，郑玄笺，〔唐〕孔颖达疏：《毛诗正义》卷十三，北京大学出版社 1999 年版，第 797 页。

分封之事。那么，无论诸侯国君还是卿大夫至少在名义上皆是封地与人口的所有者。因此，在天子、诸侯、卿大夫乃至士、庶民上下隶属的等级序列中，上级相对于下级则为公，同理，下级相对于上级则为私。对于这个序列的两端而言，天子无上，大公无私，毋宁说，更凸显作为天下共主的天子身份的公共性，而对于其私人身份的自我方面不予强调，后世所谓天家之事无私事便由此引申而来；庶民百姓无下级可比，只有自己私我的身份。然而，天子至公的抽象价值指向往往容易使理论形式与现实内容相互剥离，出现后世如黄宗羲所论及的“以我之大私为天下之大公”而最后造成“我以天下之利尽归于己，以天下之害尽归于人，亦无不可；使天下之人不敢自私，不敢自利”① 的恶劣后果。

二、公与私的道义褒贬

先秦时期，公与私的价值内涵从非道德性质到道德化转变经历了一个逐渐演变的过程，公与私分别由各自中立的性质产生出道义性与非道义性的不同走向。其中，公的道义性与私的贬义化不仅有其价值根据还有历史来源。

其一，公的道义性价值根据。战国末期的《吕氏春秋》对公的价值释义以自然之天不私一物而万物得长为根据，“天无私覆也，地无私载也，日月无私烛也，四时无私行也”②。圣王效法此道，行其德而万物遂得其长，接着由此推定，天下非一人之天下而是天下之天下，天地之大，为而弗有，长而不恃，遂使万物皆被其泽而得其利，此为三皇五帝垂衣裳而天下治之帝德。从《吕氏春秋》中《贵公》与《去私》两篇不难发现，君王效仿自然天地之德而公行天下的主旨显然是一种近似道家式清静无为、无所偏私的玄德之“公”，在老子《道德经》或庄子《南华经》中有不少关乎天地均化而万物治——天地无私的自然本性的表露。同样，自然之天化育万物的至公之本也成为先秦儒家诠释“公”的道义价值来源之一。孔子告诫弟子天无声息而使四时行、百物生，圣人效法天地之公心亦应当行不言之教；孔子时遭弟子误解，便指天辩惑，“予所否者，天厌之!”③ 显然，在孔子看来，天是一种大公至诚的价值所在，是评判自己所为是否公道的准则，因此借天之公义来表达自己心志。孟子与《中庸》都将天的公义表述为“诚”，“诚者，天之道”，人对天道至诚的思慕便是

① 〔明〕黄宗羲：《明夷待访录·原君》，中华书局 2011 年版，第 7 页。

② 许维遹：《吕氏春秋集释》，中华书局 2009 年版，第 29 页。

③ 杨伯峻：《论语译注·雍也》，中华书局 1980 年版，第 67、68 页。

"人之道"。[①]《易·系辞》便有"大人者与天地合其德，与日月合其明，与四时合其序，与鬼神合其吉凶"，圣人法天道之公以显人事之明，需要做到"先天下而天弗违，后天而奉天时"[②]。因此，尽人事之诚以俟天命之安便成为先秦儒家人道之"公"的价值根据。

先秦儒家法天道至诚而成人道之公落实到现实社会制度中便表述为天下之"共"。《礼记·礼运》开篇便是对先秦儒家天下之"公"的大同社会秩序的价值发挥。"大道之行也，天下为公"，其中"人不独亲其亲，不独子其子，使老有所终，壮有所用，幼有所长，矜寡孤独废疾者皆有所养"[③] 与孟子所言"老吾老以及人之老，幼吾幼以及人之幼"[④] 的王道社会理想可谓论述无二。在先秦儒家，"公"的义理价值首先是关于天下的社会制度安排，即天下非一人之天下，而是为天下人所共有。东汉郑玄解释此处之"公"为"公犹共也"，认为"选贤与能"的历史证明是"禅位授圣而不家之"[⑤]。三代之时，尧舜寻贤禅帝位而不传子嗣，弃丹朱、商均而用舜、禹。参看汉代注疏者对先秦儒家《礼运》中天下为"公"的理解可得知，"公"天下便是天下为天下人所共有，作为一种政治共同体，"天下"不是为一家一姓所占据的私有物事，而是一种社会全体人员共同参与的"大同"状态。另外，许慎在《说文解字·卷二》中以平分释"公"，即"平分也。从八从厶"[⑥]。依据许慎对"公"的释义，能否就此推论"公天下"就是平均天下？从现存的先秦儒家相关文献中并未发现有关此论的可靠记载，可见，许慎以均平释"公"的说法并不符合先秦儒家以"公"表示国家政权来源的公道与正义性所在。在当时社会经济与政治文明发展状况的历史背景下，无论是对于天下政权还是公有之物的分配不分大小、不别高下的一视同仁是没有道理可言的。荀子说"两贵不能相事而两贱不能相使"，维齐而非齐。对于天下之"公"的理解也是一样，孟子指出，尧舜之后，天下诸侯不奉子而奉贤，这是民心所向的天意所在，即尧舜正君位不是将天下

---

① 〔宋〕朱熹：《四书章句集注》，中华书局 1983 年版，第 31 页。
② 李振纲：《老庄易"三玄"浅解》，人民出版社 2016 年版，第 321 页。
③ 〔汉〕郑玄注，〔唐〕孔颖达正义：《礼记正义》，上海古籍出版社 2008 年版，第 875 页。
④ 杨伯峻：《孟子译注·梁惠王上》，中华书局 1988 年版，第 16 页。
⑤ 〔汉〕郑玄注，〔唐〕孔颖达正义：《礼记正义》，上海古籍出版社 2008 年版，第 875 页。
⑥ 〔汉〕许慎：《说文解字》，中华书局 1963 年版，第 28 页。

据为己有，而是顺应民心，代表天下人公意的公共意志，这与“公”的均平意义并无直接关联。毋宁说，先秦儒家所谓人道之“公”是一种基于天下人共同利益而言的公共正义。

其二，私的贬义化历史条件。相比于“公”的道义性，“私”的非道义化与其相对而存，即背公为我而排他成为私的贬义化的基本来源。春秋时期，王纲解纽，权力下移，从天子到诸侯再至卿大夫，象征共同体的天下其公权力式微，五霸群雄假借仁义之名，张尊王攘夷之帜而窃天子之权，公然抢夺土地与人口以归私有，将王权窃为己用（礼乐征伐出自诸侯），取百姓利益收为己有（庖有肥肉，厩有肥马，民有饥色，野有饿莩，率兽而食人），以僭越尊上之礼遇而自享（季氏旅于泰山），诸多此般践踏礼乐制度的为己行径被斥为不义，根源在于这些行为在谋己私利的同时与他人利益或群体公利相互冲突。私己行为本来是个体维护自身生存而尚不具有道德色彩的中性行为，然而，一旦个体用以维护自身的行为危及周遭他人或所在群体之利，此番行为便具有排他性，即谋己私利之举极有可能会导致他人利益受损，甚至危及更大范围的群体利益，进而引起群体组织的整体动荡，结果造成秩序混乱。《左传》中记载，僖公元年（前659），齐桓公召集诸侯军队讨伐狄人以救邢国之围，行军过程中将邢人遗留器物收集起来俱还邢人而不藏留己用。若士兵敛集他人器物留为己用，那这种利己行为则不利于齐桓公与所救邢国之间的友好邦交。若以个人之私而害国家公利，显然被视为不义。相反，成公十六年（前575），子叔齐婴奉国君之命去晋国从事外交，在完成国家使命与谋取个人私利之间选择了前者，“奉君命无私，谋国家不二”① 被范文子极为称赞，子叔齐婴得以享有“无私”的道德美赞。妨害国家公义而谋个人私利是一种带有道德上不正义性质的行为，被世人所不齿。因此，处于与他人、家族、国家或天下相对而存的利益关系中的“私”己行径，双方出现利益冲突时，若主体个人做出为“私”而舍公的行为选择，“私”己行为便理所当然被界定为非道德性的不义色彩。

战国时期，群雄四起，政治上，天子权力被诸侯架空，同样，诸侯权力也逐渐旁落陪臣之家，天下无道，礼乐制度彻底崩坏；经济上，井田制难以为

① 〔周〕左丘明传，〔晋〕杜预注，〔唐〕孔颖达正义：《春秋左传正义》卷二十八，北京大学出版社1999年版，第790页。

继，公田荒废不耕，私地开发日盛，鲁国的“初税亩”与齐国的“相地而衰征”以及魏楚变法改革等诸侯各国相继出台的各种政策均默认土地私有。权力层层下移，从天子象征天下至公的制度设计演化到土地个人私有的实际现状，在这个权力与利益不断“私”化的历史过程中，私与公之间的差异不仅限于地域空间或物事所有权，更体现在双方利益关系的相对存在中。“私”现象的普遍出现，不可避免地与公权力的所有者以及原有既得利益者发生利益冲突，于是，在道德上区分公与私，以道德规范私有行为的必要性就变得非常突出。众所周知，并非所有“私”己行为在道德上都不被容许，“私”并不必然导致邪恶与悖乱，只有私己行为在妨害他人或群体利益时才会被斥为不义。因此，私己的普遍化与其被赋予道德属性是同一历史过程的两个方面。在道德化过程中，“私”逐渐摆脱特定情境中的具体指向，成为单纯用来指称道德的抽象概念。对个人而言，为公是一种被动性的责任担当与义务规定，私己却是一种利益驱使下的生存本能与权利，因此，为公是需要主体不断强化理性意识而被迫付诸实践的符合道德的行为，私己则不需要如此复杂的心理酝酿，在生存意念驱使下便会自发完成。《荀子》中《不苟》《修身》《儒效》《君道》《臣道》诸多篇章里将公私并举，强调君子不以私欲害公义，忍私然后能公；君主做到公义明而私事息；将不恤公道通义却以环主图私为务视为篡臣者行径；等等。从这些相关表述不难看出，荀子已经将私与公视为一组相互背反的道德概念，而且无论在个人修身还是国家治世中，明确表现出以公克私的道德要求。至此，私在很大程度上被定义为不道德的存在，进而成为被公义所贬损或否定的对象。

三、利的公私双重内涵

就性质差异而言，利分公与私。先秦儒家对待公利与私利的态度虽有差别，但是并未使二者处于非此即彼截然对立的状态。在先秦儒家，公利与私利之间的差异主要体现在不同主体对二者选择的先后之序、轻重之别或主次之分上。

对国君来讲，相对于君主个人私利而言，民之利与国家社稷之利便是公利所在。先秦儒家对君主提出择利要求：一国君主应当以公利为主，以百姓之利为先，国家大利重于君主个人私利。孟子明确指出“民为贵，社稷次之，君为轻”的价值选择秩序。国君明确了价值轻重之后，便以此作为基本原则制定国策方针并且在具体行为中切实践行。孔子主张君主应对诸事皆应当“因民之利而利之”，治国施政以德治为主刑罚为辅，对百姓推行什一税，做到轻徭薄赋，重视生产，贯彻富而后教原则，务必使百姓首先实现足食，同时君主做到足信，国家才有可能达到足兵。民富国乃强，无论是作为国家社稷长久之计还是君主巩固政权的统治之方，富民以利都是必要性的前提所在。“百姓足，君孰与不足”①，民富则君不至独贫，因此，为保障民与君、国家与个人各方正当利益均不受损，即使君主站在维护统治阶层长久利益的立场，坚持先公后私、重民利而轻君利的价值原则亦为先秦儒家所接受。在先秦儒家，只要统治者所施政策能够保障惠泽百姓与社会秩序稳定的效果，那么君主维护私利与保证国家公义就能够实现统一互存。按照先秦儒家的价值理论，即使是出于维护利益的现实需要，也要求君主承担惠养百姓的道义担当。诸侯君主作为一国之君，维护国家与百姓利益要重于满足个人一己之私。封邦建国制度下，诸侯之国内土地、人口、钱粮、税赋等全国财货，其占有权与使用权名义上都归国君所有，实质上尽出百姓之身，百姓一旦难以为继，国家利益则无疑会受损，君主之利更是首当其冲。另外，在国与国之间利益交锋时，君主维护并争取本国之利既是护其百姓社稷的当然之责，也是全其私利之举。且不说覆巢之下无完卵，国破则民遭殃，国中君主又岂能独保完身？《左传》记载，定公十年（前 500），在齐鲁夹谷之会上，孔子正义以屈齐国，以礼而正典仪，捍卫定公之誉不致遭夷辱，使鲁国百姓免遭战祸涂炭，并迫使齐退还鲁国之地，维护了国家与君主之利。由此可见，争取国家之利于君于民的重要性自当不言而喻。

在不损害公利的前提下，鉴于求生动机，个人以合理方式谋取正当利益，先秦儒家对此持肯定态度。对于普通百姓而言，身不在其位，对于肉食者所谋之公利自是无从涉及，只要是为保自身生存而所求之利正当，求利方式合理，逐个人私利便不存在价值优劣评断。先秦儒家对个人正当私利给予充分肯定，饮食男女作为人之大欲所存，先秦儒家并不避讳言此利与欲，只是要求谋利与养欲方式合理正当。“富与贵，是人之所欲也。不以其道得之，不处也。”② 若是所求富贵合理应当，个人取当得之利并且求之有道，那么，求利行为本身并

① 杨伯峻：《论语译注·颜渊》，中华书局 1980 年版，第 134 页。
② 杨伯峻：《论语译注·里仁》，中华书局 1980 年版，第 37 页。

无道德判断的价值优劣之分，“富而可求也，虽执鞭之士，吾亦为之”[①]。先秦儒家出于维护普通百姓个人生命或财产权的立场，直接面对人的生命本身，视主体感性生命自身为目的并给予价值尊重，既然人的生命自身构成价值目的，那么维持人感性生命的物质利欲便因此而体现其工具价值的意义。在孔子，利益财货始终体现实现主体目的的工具性质，处于为主体服务的地位，而不能本末倒置将人降至达到其他目的的工具或手段的位置。孔子退朝回家，得知马厩失火，首先关心是否伤及人的生命，而不是房屋马匹等物质财货的利益损失。先秦儒家不仅针对百姓个人不讳言利，而且直接对话诸侯君主，对上提出诸多安抚百姓、惠养众民的仁政主张。儒家一向反对苛政虐民，告诫统治者在经济上关心百姓生产，劳役百姓不违农时，站在劝勉统治者施德政的惠民立场，孔子坚决反对上位者以权谋私，甚至直接将为季氏聚敛而附议的冉求逐出师门，以此表明道不同不相与谋之志。因此“小人喻于利”并非是站在价值立场上对小民逐利的道德贬义，同理，“小人怀土；小人怀惠”[②] 是对民众生存状况的事实描述。《诗·小雅·天保》中的“民之质矣，日用饮食”[③]，又或是《书·泰誓上》中所言“民之所欲，天必从之”[④]，皆表明先秦儒家肯定民利，于是遂民之欲进而保民而王，理当成为儒家仁政王道的价值指向。

士君子阶层作为社会地位不同于普通百姓的一个特殊群体，在维护人之为人的生存需求方面依然具有同样的要求。饥而欲食、寒而欲暖乃君子小人之所同，但是，这种维持个人生存的利益需求对于士君子阶层与普通百姓却体现出完全不同的性质：对普通百姓来讲，逐利而存，追求安稳生活便可以作为目的；对于士君子阶层而言却并非如此，个人利益的求取只能作为维护自身生存的手段而不能视求利为目的，士君子阶层的价值目的应当超越个人逐利，去追求更高的道义。先秦儒家对士君子阶层关于利的价值设定是物质财货的工具价值对于主体本身的目的实现仍然发挥应有的实用功能，然而这也仅仅具有单纯的工具性质，个人之利确实不作为主体追求的价值目的而存在，即士君子应当

① 杨伯峻：《论语译注·述而》，中华书局 1980 年版，第 73 页。

② 杨伯峻：《论语译注·里仁》，中华书局 1980 年版，第 39 页。

③ 〔汉〕毛亨传，郑玄笺，〔唐〕孔颖达疏：《毛诗正义》卷九，北京大学出版社 1999 年版，第 586 页。

④ 〔汉〕孔安国传，〔唐〕孔颖达疏：《尚书正义》卷十一，北京大学出版社 1999 年版，第274 页。

追求道义而不应当以逐利为目标。

一方面，从士君子阶层所具备的现实条件来看，逐利并非为生活所迫的必需性活动。士君子作为贵族阶层，跻身上层之位，享贵族之权，衣食租税作为维持自身生存的手段自然不在话下。孔子曾言："邦有道，贫且贱焉，耻也。"①一个知识分子在国家承平岁月既不去做官为国家效力，又身处贫贱窘境使自己衣食无着，此种境况并不值得同情。仕而受禄与农耕而得食、商人经营而得利之间异业而同质，并不与道相悖。然而，若身为士却以逐富贵保利禄为目的，则为先秦儒家所不齿。较为典型者莫过于后来官至秦国丞相的李斯，他以国家为官仓，甘为硕鼠，认为"诟莫大于卑贱，而悲莫甚于穷困"，于是得出结论，"久处卑贱之位，困苦之地，非世而恶利，此非士之情"。② 李斯为保高官享利禄甘受赵高指示，以致后来被赵高所构陷而腰斩弃市，临终悔悟而喟然长叹。李斯行事无关是非对错的价值标准，不计国家百姓的道义所在，甚至谈不上个人人格操守，终其一生只有急于用世以谋个人利益，终究落得身死族灭的悲凉下场。孟子对士提出特殊要求，即使处在无恒产境遇下，士阶层也应当保持恒心，更何况在现实情况下，绝大多数士人都是社会中有恒产者。因此，在有恒产前提下，士更应当将道义内化为恒心，不该与小民争利，而应当追求更高的道义。

另一方面，从士君子阶层的社会使命来看，追求道义则是应然性的价值所在。可以肯定的是，虽然先秦儒家并非完全道义论者，孔孟荀在肯定利对于人生存的必要性与条件性方面表现出一脉相承的价值取向，但是对于士君子阶层确实提出更高的道义要求，即君子行义以求公利而不以逐私利为目的。对于君主而言，这种道义要求便转化为以仁义实现国家公利，因民之利而利之是应当所为之事，君主若过于追逐个人私利则不予提倡；若因追求私利而导致公利受到损害，则理应受到道德指责或价值评断。士君子阶层作为社会良知，应当将四体之逸、视听之娱视为小体所欲，将主体心之所思、志尚仁义作为大体主宰，士君子理当在尚大体之志与全小体之安之间做出价值判断，即从其大体者为大人之事而使小者不能夺。不难看出，孟子针对当时重利轻义的士人之流，

① 杨伯峻：《论语译注·泰伯》，中华书局 1980 年版，第 87 页。

② 〔汉〕司马迁：《史记》卷八十七《李斯列传第二十七》，中华书局 1999 年版，第 1977 页。

表现出先秦儒家以仁义超越功利的价值倾向。

四、目的与手段：义与利的价值定位

在先秦儒家，义与利的选择性张力并非表示两者之间的价值对立与矛盾，而是价值判断上的主从之属、轻重之差与先后次序之别。义包含形式与目的的双重价值指向。一方面，义作为规范利益的形式原则，指向利益谋求与存在的应当性与合理性。儒家义利之辨就主体的道德意识与经济状况的关系而言，制民之产以之维生在行为动机上不存在道德优劣，先秦儒家肯定经济上的物质需要相较于道德意识的基础作用，主体道德的涵养与提升需要以一定的物质条件为前提，即有恒产者有恒心。据此逻辑，先秦儒家得出富民而后教化的价值推论，告诫统治者首先做到制民之产以满足百姓的物质需求，使百姓能够乐岁终身饱而凶年免于死亡，此谓王道之始；在对谋求物质利益以满足生存所需给予肯定的同时，先秦儒家对所求之利当得与否，以及取利形式是否合理方面给予义的规范。维持生存需要的取利行为动机并无道德性，但是主体求利所涉及行为对象与具体方式却体现道德性质，于是，主体求利行为便具有应当与否的价值评判。孟子明确讲过“非其有而取之非义也”①，取不应得之利则属于非义；而且求利方式需要合理恰当，做到取之有道，“非其道，则一箪食不可受于人”②，即使财货如万钟者，若不辨礼义而受之，万钟之货于主体并无增益；反之，如其道，即使如舜受之天下亦不以为泰。

另一方面，义作为独立的道义追求具有目的指向，即超越私利而独立存在的价值追求。先秦儒家并非纯粹道义论者，承认利对于主体物质性的存养功能，却坚信义与利不具有同等价值，相对于利以养小体的工具性质，主体高扬道义以全大体，义是价值目的，无论何时，义都体现主体应当追求的绝对价值而存在。德国康德将道德实践的基础界定为纯粹理性，纯粹理性完全脱离经验领域的条件限制，不受任何外在因素约束，并且认为人作为理性存在者，只有基于纯粹理性自主自觉地去行善才具有道德价值，被迫于任何外在目的或条件做出的事情则属于非道德行为（既不是善也不是恶）。康德对经验世界与理念世界进行严格划分，并在不受任何经验干涉的理念世界，设定主体完全自由的

---

① 杨伯峻：《孟子译注·尽心上》，中华书局 1988 年版，第 316 页。
② 杨伯峻：《孟子译注·滕文公下》，中华书局 1988 年版，第 145 页。

道德行为。与此不同，先秦儒家对道德行为（义）的设定与经验领域密切相关。杨泽波将孟子的道德伦理归结为仁性伦理，认为其与康德以纯粹道德律为基础的理性伦理存在本质差别，其见解不可谓不深。先秦儒家的道德活动一向与感性情感、现实幸福或社会关怀密切相关，无论是孔子坚持造次颠沛不违仁甚至以生命为代价的成仁理想，孟子高扬大丈夫舍生取义的人格自尊，抑或是荀子坚守不避义死的君子德操，先秦儒家成仁取义的道德行为一向都是从未脱离世俗社会的现实环境的目的追求。道德意识（义）与现实幸福（利）始终都是彼此关联，当然，义与利二者并非地位并列或价值等同，如前所述，利只有维持生存、满足感官需求的工具价值，而义却是主体实现自身价值的目的追求，目的支配工具，义的地位实优先于利。先秦儒家对士君子个人道德行为的设定是唯义所在。义之所在便能保证大丈夫心志不被贫贱所移、不受富贵所淫、不屈从威武权势。

孟子视义为价值目的并非意味着要求主体完全舍弃个人之利，而是对义与利进行不同价值定位，即两者之间地位上义主利从，逻辑上义先利后，价值选择上义重利轻，义与利相辅相成，绝不是截然对立。广义上讲，孟子通过区分天爵与人爵、大体与小体以及君子所欲、所乐与所性来阐述义利，耳目感官的视听之娱只能满足小体，但是心志主宰之大体决定小体，因此需要先立乎其大者为大人之事；广土众民为君子所欲，立天下之中而定四海之民为君子所乐，但此番诸事皆不为君子性之所存者。“君子所性，仁义礼智根于心”[①]，在孟子看来，君子所欲与所乐之事是“求在外者”，即求之有道而得之有命。既然是求无益于得者的命定之事，那么对此所采取的态度就应当是顺受其正。孟子将君子所涉猎社会领域的功利活动视为主体无法左右其行为结果的“求在外者”，一切结果皆受制于命。君子自身所能决定的是所性之事，即“求在我者”，“虽大行不加焉，虽穷居不损焉”[②]，求则得，舍则失，因此主体之求有益于其得。孟子将天爵设定为君子主动追求的价值目的，人爵是天爵实现过程中附加与从属的结果。尽管君子所修“仁义忠信，乐善不倦”的天爵与“公卿大夫”之人爵所涵摄的荣誉爵禄二者性质、地位与主体选择次序实属不同，但是天爵与人

① 杨伯峻：《孟子译注·尽心上》，中华书局 1988 年版，第 309 页。
② 杨伯峻：《孟子译注·尽心上》，中华书局 1988 年版，第 309 页。

爵绝非彼此对立。君子应当修其天爵，则人爵自然从之，而绝不能本末倒置，将修天爵作为要人爵的手段，在达到权势富贵的目的之后而弃其天爵。

五、道义性目的与功利性手段之间的选择张力

义与利之间相辅相成，利的价值在于主体获取生产或生活资料以存养小体，为主体“由仁义行”的道德活动提供物质基础，义作为主体追求的价值目标并非只存在于远离现实经验的抽象理念世界，主体道德活动的开展必须以主体基本感性需要的满足为前提。那么问题是，个人为了实现道德理想，国家为了谋求公共利益是否可以借助非道德手段？换言之，价值目的具有合乎义的正当性，由此构成主体行为动机，其正确性毋庸置疑，那么实现正义目的的手段或途经是否要求必须与目的性质保持一致？还是说目的符合道义而实现目的的途径能否可以是功利性的？就好比为了达到平息一场战争恢复社会有序的目的，试图通过和平方式解决而无效，因此不得不采取发动另一场战争的暴力方式，以战止战的目的无疑是为了结束前一场战乱以求和平，那么采取发动后一场战争的方式是否具有正当性？此问题属于无解难题，预设方案无非两种：和平方法与武力方式。第一，采取前者，上兵伐谋，其次伐交。要达到止息战乱恢复和平的动机与目的无疑具有正义性，若要求行为目的与手段必须性质一致（要达到和平目的必须采取和平方式来解决），那么前提已经表明以和平方式解决问题的尝试无效，因此，此路不通。第二，采取后者，再次伐兵，其下攻城。要解决战乱问题达到和平目的就必须诉诸武力手段。这就被迫刀兵四起而大动干戈，其间难免死伤无辜，百姓再遭涂炭之苦，无论是否能够平息前场战争，就为止战所平添新的战火本身而言，就已经与和平目的相悖。所以，以战止战，于理不通。

在先秦儒家看来，目的的正义性只能依靠正当性的手段来成全，同理，完满性道义的价值实现只能依靠同等完善性道义的手段。然而，功利性手段与道义性目的本质不同，二者不具备同等价值，利的手段只能达到利的目标，体现相对正义性的价值，而永远无法完全实现义的绝对价值。面对“乍见孺子将入于井”的突发情况，无论是谁，皆会生怵惕恻隐之心，救人并没有任何功利动机，只是恻隐之心的自然流露，并非是与其家人交好、要誉邻里乡党，或是担心非如此则有损自己名声，救人是唯一的目的与动机，为完成这一目的所采取的具体行为则是手段，目的与手段都具有正义性。反之，若是救人之人对人

际、名誉、利益等诸多因素思量再三后再采取行动，表面上此时救人举动与前者并非二致，但其实质已发生根本变化，即使最后达成了救人目的，先秦儒家对此行为的道义性也并不认可。在后者，救人并非自觉自愿去完成的事，虽然表面上这种行为合乎道义，但其实质已经成为实现求名要誉得利的工具，义与利本末倒置，得利成为目的，救人反而成为实现此目的的手段。同样是救人之举，但利的动机与手段无疑减损了义的价值完满性。按此逻辑推理就不难理解为何孟子会在一次次与他人辩义利时，即使一再肯定利对于主体生存的合理正当的基础与前提，但同时绝不将利的价值与地位提升至与义并列的高度，严格区分二者性质，为保证义的绝对性价值以及道义价值的完满实现，在义与利二者中择义不择利，无丝毫妥协。无论是在梁惠王前对比直陈以仁义治国或以利治国的利弊，或是与时人辩是否能枉道见君，再或劝秦楚罢兵的方式以利还是以义，等等。孟子坚决认为致君尧舜的王道理想属于义，而以枉道见君、急于用世则属于求利，按照义的目的只能通过义的手段来实现的逻辑推理，“枉尺”手段与“直寻”目的之间根本无法跨越，功利性手段只能达到利的目的而无法实现义的价值理想。

第四章　先秦儒家价值体系的本体之思

中国传统文化向来对天充满敬意与畏惧。自远古三代时期乃至夏商两朝，天在中国文化中一直以超自然力的自然造化之神的面貌出现，无论是古人对风雨雷电等自然现象的超验想象，还是主宰国祚兴衰、帝王命运的人格神力量，天的神秘性质决定了人与天的沟通途径自然也是充满神秘性的宗教仪式，比如占卜决疑与祭祀典礼。周原小邦以附属方国而得殷商天下，统治者便对天命不易的宗教信仰进行自觉反思。因此，对于国家政权存亡兴衰而言，“惟德是辅”在重视天命作用的同时已经开始凸显人自身道德素质的重要性。至先秦儒家，继续延伸对天的理性思考，在其价值体系中重新界定“天”的价值和义理内涵，并且以尊天命而不轻人事的理性态度挺立主体自身的地位。以“内圣外王”作为先秦儒家圣人人格价值指向，从道德成就与社会功业两方面肯定主体价值。当先秦儒家成就主体价值的理论遭遇现实中的诸多外力因素，产生的现实后果与其理论初衷发生明显偏离，即成就主体价值的学问落实到现实中却最终成为主体价值实现的桎梏。先秦儒家以义理之天为价值本体，据此建构主体价值的理论动机与现实后果何以会出现背反，对此问题的思考便是本章主旨所在。

第一节　价值本体的形上建构

《周易》以八卦为基准，取象天地中风雷水火等八种自然现象加以相摩相荡、相生相合，遂至重新衍生出六十四种宇宙生命时空中的变化图景。在国之大事在祀与戎，或是以祝蓍钻龟以决疑的人事判断中，六十四种不同卦象分别被赋予人生各种不同的生存境遇变化，并针对每一种具体变化处境，分别给予相对理性的发展趋势预判以及主体对此理应持有的冷静态度与合理性的行为决策。先秦儒家《易传》将《周易》这种认识与指导日常经验的作用进行系统化、哲学化的义理发挥，并且从价值维度对义理之天进行形上界定，在价值本体上强调天与人之间彼此关联，以天道作为人事推衍的价值本源与根据，从而使先秦儒家道德理性原则与主体人格建构的价值本体得以确立。

一、价值本体外设：援天道以明人事

其一，形上天道的价值照察。先秦儒家在《易传》中所涉及之“天”体现双重含义：一是指包括天地万物在内的自然之天及其宇宙生成法则；二是指推衍人道价值原则的性理之天，即“形而上者谓之道”①。自然之天作为独立于主体的客观存在，不仅体现主体向外认知与效法的具体对象，还包括主体透过种种浮生事象的生成、变化、存在、寂灭的过程所得出的宇宙生成演化规律。人通过仰观俯察而知幽明之故，通过原始反终得知死生之事。主体通过对自然之天及宇宙之理的理性认知，便逐渐建立起人与天之间的历史性关联，而不再将天与人之间的关系仅仅囿于人盲目听从上天指示的宗教性的神秘之见。在人文价值生成的意义上，人以天为价值根据与效法对象，开创并造就人类文明史的灿烂与辉煌。《易·系辞下》回溯了人类始祖创生文明的历史开端与发展过程，从伏羲氏结绳为网、神农氏斫木作耒耜，到黄帝创舟车、尧舜造宫室等上古圣王近取诸身，远取诸物，仰观俯察始成卦象以至渔耕舟楫、车书文轨，无不效法于自然天地之具体物事，以至圣人以八卦卦象象征万物之态，以三画六爻推演人事物理、事态吉凶之变。圣人本天而画卦，凭卦而演人事，《易传》中卦象本于天且察于人，圣人通过推断卦象吉凶与宇宙天地进行沟通，从而确立自然天道对于现实人伦价值原则创造的本体意义。

天人之辨一向是先秦儒家极为关注的价值命题。在先秦儒家，天已经褪去夏商时期宗教性的神秘色彩，从而表现为主体建构人道价值原则的本体根据以及主体追求人道价值关怀的终极归宿的性理之义。孔子赞美尧“则天”圣德与功业，借天道以喻人事，以天道无声而化生万物为其行“不言”之教寻求终极根据。孟子所言价值之天是赋予人性善的恒常法则，因此，人扩充善端、培养现实善行提升主体人格境界就需要“知天”与“事天”的涵养工夫。荀子从天人相分的立场凸显人“与天地参”进而“制天命而用之”的主体创造性，天并

① 陈鼓应：《周易今注今译》，商务印书馆 2005 年版，第 643 页。

非是人一味盲目思慕的神秘对象，而是需要主体发挥自身力量去认知其造化之功以成人道之则的客观存在。孔孟荀肯定天与人之间的圆融整体性，表达对天命的敬畏或知天的理性立场，在价值取向上自觉侧重于人的向度，凸显主体价值的人文关怀。《易传》强调对天进行价值本体界定，形上天道不仅体现于宇宙万物的生生大德，还是人文价值创生的普遍必然法则。天道是人道所本所体的形上根据，是先秦儒家确立道德理性原则的价值本源以及道德理想的终极归宿。先秦儒家将天演创生作为人文化成的价值本源，并以"与天地合其德"作为衡量道德行为与伦理规范的终极标准，在继善成性的道德修为中对天人之间的价值关联给予深度照察。

其二，效天道以明人事。形上天道作为先秦儒家对日常生活经验中具体事物发展变化的思想提炼，固然具有抽象性和超越性，但是天道本体并非脱离人事物而单独存在，恰恰相反，而是作为具体价值原则体现于主体人格建构与社会担当的实践过程。在主体人格建构方面，天道刚健转化为君子自强，"天行，健。君子以自强不息"①。自强不息与"仁以为己任"的"弘道"精神一脉相承，君子刚健有为更体现其自觉担当使命、成就一番作为的大人气象。"地势，坤。君子以厚德载物。"② 君子效法地道稳健厚重以涵养德性、宽阔胸怀而承载万物。君子承担历史使命、肩负社会责任也就意味着不能急躁冒进、气量狭小，而更应该成就海纳百川的博大胸襟与非凡气度以容人量事。人作为类主体，效法天地之道以体现辅相天地、参赞化育的群体功效；作为个体，人类的历史使命与社会责任便具体化为个人的道德理想和人生信念。自强不息与厚德载物作为儒家君子的人格理念逐渐成为中国历史上传统知识分子道德修为的基本价值准则。自强不息与孟子所提出的大丈夫人格正相辅成，"富贵不能淫，贫贱不能移，威武不能屈"③。当独立自强的人格信仰为君子所笃定，便能够激发主体内心力量与强权暴力、富贵诱惑或贫贱困苦等外力相抗衡。中国历史上无数仁人志士不为功利所诱、临大难而不惧、处逆境而不辱的节操便是先秦儒家君子人格的具体体现。在社会担当方面，刚健有为的行为意志与积极达观的心态融合为一，从而成为主体奋发有为、建功立业的内生动力。天地氤氲，万

① 陈鼓应：《周易今注今译》，商务印书馆 2005 年版，第 9 页。

② 陈鼓应：《周易今注今译》，商务印书馆 2005 年版，第 41 页。

③ 杨伯峻：《孟子译注·滕文公下》，中华书局 1988 年版，第 141 页。

物化醇，刚柔相济，阴阳交感，《易传》中天地恒常转化为人道流转，在天则体现宇宙绵延不绝的生生演化，在人便是人类社会的历史延续与文化传承，个人作为历史发展中的有限存在，实现自我价值体现于积极有为的社会担当。先秦儒家将个人置身于家族、社会与国家天下等不同场域中思考如何明智地处理各种人情物事，个人超越小我之见而成就大我境界的主体人格完善过程便体现于主体在社会领域的功业担当。天地万物的交感之序为现实人伦之间感而遂通提供生成根据，“天地感而万物化生；圣人感人心而天下和平”①。人同此心而心同一理，于是，圣人以人心之感化成天下；君子通天下之志，以弘毅胜其任而致其远，由主体感通至群体认同突出主体的社会价值，由人与人之间彼此沟通而最终实现社会和谐之序。先秦儒家在群己关系上一贯坚持超越自我、认同群体的价值原则，在家国天下的社会担当上，《易传》与先秦儒学的群体价值传统一脉相承。

二、与天地合德：道德境界的价值超越

历代学者对《易传》非孔子之作的存疑与解惑各执一词，目前学界根据成书年代、事物记载与行文风格等相关对比分析，大体形成主流观点，认为《易传》确非孔子本人亲作，甚至不单一人一家独立所著立说，大约是战国末期或秦汉之际儒家学者采众家之长尤其是对儒道两家思想进行兼容互通的综合性发挥，不仅扬弃了《周易》中的原始宗教色彩与神秘附会内容，而且以古经为蓝本，自觉对其中内含的宇宙生成、人生之道进行形上高度的哲学义理建构。如果说《周易》主要作为世人占卜吉凶、预测福祸命运的实用之策，那么《易传》则体现了先秦儒家建构价值本体、完善主体人格的道德理性自觉的高度哲学概括。

《易传》对价值本体的关照，意不在单纯追问关于天道物理的哲学真理，而是援天道以推人事，假借关照天道超越性的本体之思，激发人的道德意志、培养人的道德理性、发挥主体自身的创造力量，同时尽人事以俟天命，实现与天地合德道德境界的价值超越。《易传》使天道超越性与人事现实性相与为一，人类文明的价值创造被视为效法天道大德的必然结果，万物存于天地之间得盈虚消长之道，人亦无不然。因此，人秉受天道以成性，率此天命之性以成道，

① 陈鼓应：《周易今注今译》，商务印书馆 2005 年版，第 288 页。

落实于人心的必然天道赋予主体心性以道德纯粹性与完满性，为主体成就理想人格提供可能与内在根据。无论是人类文明的演化抑或个体人格的塑造，都以承天命所授的主体心性为逻辑前提。《易传》中先秦儒家所言天命不再指向隔空玄远的神秘力量，也不再如《周易》占卜预决中符验附会的实体显象，而是先秦儒家以自觉理性的哲学态度解读人生存在本质、赋予人生意义的价值根据。于是，在先秦儒家价值视域下，主体亦赋予本体之天以人文价值关怀，以刚健厚德为天行地势之态，以尊卑高下定乾坤之序，均是在价值视域下仰观俯察天地之道的人文色彩。《易传》对价值本体进行天人合一的双向论证，主体将尊卑贵贱的人文价值赋予天地秩序，又视天尊地卑之序为自然合理存在，以此作为确立人事价值原则的根本依据。此外，形上天道还是个人完善主体人格的终极价值归属。个人成就圣贤人格不仅仅局限于自身，“成己”只是君子成就盛德功业的道德前提，“成人”是在群体范围内个人的社会价值的实现。成己成人之后，先秦儒家将视域进一步扩展到天地之间，个人超越群己范围，与天地大生命息息相通，成为参赞化育的宇宙力量。君子理当顺时应天，乐天知命，将个体有限生命自觉融入宇宙流行中，超越死生限制以实现价值永恒。“与天地合德”即德配天地是先秦儒家完善主体人格的终极价值，为实现个人道德完满提供终极归宿。《易传》界定价值本体的超越性始于人事之源，终于人道归属，整个过程皆体现天道生生与人文化成的互通与交融。《易传》以人道本于天道辨析天人关系，杨国荣认为：“以一统众的本体，始终是《易传》的关注之点，而价值本体也正是在这种形上的关注中得到确立。”①

不仅如此，与《易传》照察形上天道的致思理路不同，先秦儒家在另一著作《中庸》中，着重将价值本体内摄于主体心性，使形上天道成为从主体心性出发不可须臾离的百姓日用之道。

第二节　价值本体内铄主体心性

《中庸》以主体之性乃天之所命为逻辑前提，为先秦儒家价值体系确立心性本体，在“极高明”与“道中庸”的双重维度上对本体之思进行价值定位。

① 杨国荣：《善的历程——儒家价值体系研究》，华东师范大学出版社 2009 年版，第 106 页。

伴随对哲学本体的双重界定，在道德修为工夫上，主体个人在日用常行中以“诚”与“明”的双重修为而见道，中庸价值取向遂使主体内在超越人格逐渐形成。

其一，主体心性沟通天与人。《中庸》开宗明义：“天命之谓性，率性之谓道，修道之谓教。”[①] 以主体心性作为沟通天命与人道的中介，将天的普遍必然性力量界定为天命，天命下落到人心体现主体之性，主体循命率性谓之人道，个人依道修为的涵养工夫展现于外即是循性教化的现实实践过程。道德主体以自身心性为中间环节，将天道与人道进行上下沟通，使外在天道内化为主体之性，因此主体本性内铄普遍必然之天命，显然与主体感官需求的生理属性或后天善恶杂糅的伦理之性的价值界定存在本质不同。作为承应天之所命的主体本质所在，主体心性是个人道德实践的价值真源，为完善理想人格提供内在根据。纵观《中庸》整体思想架构，朱熹将其总结为始末言其一理，而中间散为万事，显然此为理学理一而分殊的注释思路，借子思之名而立已言“首明道之本原出于天而不可易，其实体备于己而不可离，次言存养省察之要，终言圣神功化之极”[②]。于是，儒家《中庸》提出道德主体以反求诸已的工夫自得其道，去除外诱之私而扩充本然之善，将本原天道内摄到主体己身，使之日用常存而须臾不离，此为“道中庸”，然而中庸之道肇端平民百姓，百姓日用而不知，及其察于天地之至，主体自身修为则达到圣人之同天境界，这就使《中庸》的价值本体具有“道中庸”与“极高明”的双重界定。在先秦儒家的道德学说中，中庸至德的道德本体义一方面体现于日用伦常中的实践理性原则，另一方面则转化为个体道德修为的内在心性根据。先秦儒家对“道中庸”的界定，主要指恰到好处的日用常行之道；“极高明”主要是作为一种至上的道德理想境界。“极高明而道中庸”[③]，即儒家主张主体身处现实经验层面的庸常喧嚣之中而涵养崇高的道德境界。同理，主体提升自身人格境界也不需离群索居或刻意隐身避世，而是在日用之间自得其道。

《中庸》强调价值本体植根于人伦日用之间，倾向于追求价值主体的内在超越，有别于从形上天道出发统摄主体内心的外在理路。因此，中庸本体将超

① 〔宋〕朱熹：《四书章句集注》，中华书局1983年版，第17页。
② 〔宋〕朱熹：《四书章句集注》，中华书局1983年版，第18页。
③ 〔宋〕朱熹：《四书章句集注》，中华书局1983年版，第35页。

然物外的形上天道对形下的外在统摄以平易切近的姿态落实于百姓日用之中，通过自圣人以至平民百姓的日常生活而展现为由近及远、自卑而高的境界提升过程。中庸本体在主体内外与形上形下之间的双向回旋过程主要体现为：首先按照由外向内、由形上到形下，最后落实到主体心性的秩序循此致道；再则以自我心性为价值起点，主体在庸言庸行之间体察、觉解，逐步上升到极高明的道德理想境界。

其二，“诚”“明”工夫的双向修为。《中庸》从天道本体与人道原则双重维度界定“诚”。天道之“诚”体现实然性指向，即宇宙恒转的自然法则；人道之“诚”指向应然性判断，即价值主体应当具有的内在德性。先秦儒家重视体悟天道之“诚”，主张循此自“诚”而“明”所性而有之的天道路向，将外在本体内化为主体心性，诚则无不明，以“诚”之本体为准衡，修为工夫自然明晰不乱，“德无不实而明无不照者”[①] 乃圣人之德，以本体提挈工夫即“诚则明”。同时，不忽略修为工夫之“明”，天道本体融入现实人伦日用，由此凸显主体由“明”而“诚”的修为必要性。于是圣贤之学按照先明乎善而后充实其善的教化路向由“明”而至“诚”，在现实生活中实现精神世界的内在超越，于工夫上达本体即“明则诚”[②]。人道之“诚”以主体内在德性彰显本体，圣人充实其德而尽其性以至天下至诚，同时主体道德修为以尊德性为价值目的。因此，以择善之明重视道问学的修为工夫，通过博学、审问、慎思、明辨、笃行的涵养工夫最终达到道德理性自觉。

中庸之道以主体理性自觉作为从天道本体转向主体心性的关键因素，无论是不思不勉上达天道至诚的圣人之德，还是依实然之诚转化为人道当然之则的问学工夫，主体根据自我心性做出的道德选择与行为，实质上皆自觉体现道德理性原则的普遍制约。本体之诚与修为工夫二者相辅相成，缺一不可。无论是圣人充实其德还是君子问学致道，本体之诚必须落实到现实日用而不能隔空玄远；同样，道德修为工夫也不耽于庸常琐事，必须以超越本体为价值旨归，以此确保道德主体始终呈现一贯明觉的精神气象，“明则诚”与“诚则明”二者展开为主体同一道德修为过程的两个指向。主体以“诚”与“明”工夫贯彻中

---

① 〔宋〕朱熹：《四书章句集注》，中华书局 1983 年版，第 32 页。

② 〔宋〕朱熹：《四书章句集注》，中华书局 1983 年版，第 32 页。

庸之道，展开为自内向外、由己及人的现实过程，在日常经验中上达天下至诚，体现经纬天地、参赞化育的教化力量，由主体自身、社会他人乃至天下物事的尽性过程，最终实现与天地参的境界与功效。“诚”与“明”相对而设，《中庸》对圣人与庸人提出不同路向的修为工夫与衡量标准。先秦儒家认为只有极少数圣人才能体天道之“诚”，不思不虑而从容中道，绝大多数人均属于庸言庸行之人，中庸至德即使贯彻于日用常行也不得而知，这种双重区分于后世儒学道德路向的引申发展影响重大。

其三，主体人格的内在超越。《中庸》将主体道德修为工夫与人格提升境界的过程设定于日用常行之间，个人在庸言庸行中体悟须臾不离之道，于庸常物事中进行涵养修身以明善致和。天道本体行于人世体现为不同伦理规范与道德原则，朱熹将此人道原则称之为日用事物所当行之理，无物不然且无时不有。主体体察事事物物之理乃性之德而具于心，因此涉于日用而不可须臾离。与价值主体的日常性相对，《中庸》对主体素隐行怪之举不以为然。道不远人，相反，若主体厌弃卑近以为不足而偏务高远难行以之为求道中事，以求道之名而难得其实，此不为先秦儒家所称道。先秦儒家坚持按照日用见道的理念将价值本体具体体现为“道中庸”的思想倾向，因此，主体崇其德而弘其道的价值追求普遍展开于日常生活中，其修养工夫也相应具有内在超越的精神特质。先秦儒家所追求的理想人格一向是温柔敦厚的仁义君子，不似道家老子所言隐而不露、神鬼神帝的智慧人主，也不是庄子笔下超凡脱俗、身心不为形役的性情真人，先秦儒家的君子之道既费且隐，夫妇之愚或不肖，可以与知或能行，及其至，圣人亦有所不知与不能。因此，儒家并非要求主体只身逃脱方内，而是主张忧乐天下、在家国百姓的责任担当中追求自身可欲之善与充实之美，无论是疏食饮水还是珍馐美馔，是居庙堂之高抑或是山林之野，主体涵泳理想人格，明斯善以大而化之，遂至高山深谷境界，令百姓难以名状的圣贤气象。

尽管《中庸》仍然强调天命乃主体心性所本，但其注意力确实由扬弃自身有限生命融入宇宙大生命之流而转向强调日用即道的内在超越，通过主体心性沟通天道与庸言庸行，将置身日用伦常关系与现实庸常活动视为主体价值的现实展开过程，在个人的平凡生活中获得生命的永恒意义，追求“极高明而道中庸”的人格境界。《中庸》使先秦儒家价值本体彰显现实性格，其内在超越的主体精神与庸德之行的现实观念融会贯通，进一步确立现实作为与责任担当的价值指向。价值主体不离日用的内在超越过程体现现实性和亲近感，使人的现世意识能够不断得到强化，但也容易狭隘人的视域，长此以往，不免局限主体的创造性发挥与独立人格的培养。不同个人主体自身意志不一、资质各异，长时间忙于应对当下现实事务，不免使主体心志与精力分散。主体一旦长期沉浸于庸言庸行，过于计较是非得失，也就容易囿于现实荣宠恩爵等功名事业，逐渐失去对“极高明”境界的内心向往与自觉追求。价值主体一旦将日常性固化为一种精神常态，便会使合乎传统与现实规范的庸言庸行形成习惯，表现出一种仅仅安于既往与现实的片面性价值取向。不难发现，在主体所持心态上，《中庸》的朴实与保守完全不同于《易传》的刚健自强与锐意进取；《易传》中开拓、宏博、进取的大人气象在《中庸》中则被谨守、朴素、拘束等现实观念所掩盖。先秦儒家对“道中庸”的再三强调以及对庸常行为模式的价值认同，最终使“极高明”的境界成为人人不敢问津甚至无心企及的悬置理想。

第三节　从外设到内铄的价值转化

先秦儒家思想就其价值体系整体建构而言，先秦儒者已经开始在本体根据与终极理想层面对主体人格境界的完善给予价值关照。从先秦儒家价值本体的形上建构与内化转向来看，《易传》重视价值本体的建构，侧重于主体尊严与人格独立的凸显；《中庸》关注主体心性，于百姓日用中体察中庸之道，提升自我人格境界。《易传》对价值之天的本体建构以及《中庸》首章对天、命、性、道、教的双向论证在逻辑推演上与孟子关于主体心性学说相互承应。就先秦儒家价值理论发展脉络来看，《易传》与《中庸》对孟子的学思义理有所深入发掘，同时也彰显出孟子道德学说的内圣偏向其得失利弊的进一步强化趋势。

一、主体人格的双重演化

其一，先秦儒家价值本体的内化转向对于主体自觉自律地完善道德人格，维护独立尊严功不可没。在道德领域，主体心性以天命为终极价值依托，因此具有不证自明的先天本体之义，主体完全以自我内在心性作为成就道德的根本依据。这就意味着主体心性成为完善道德人格的决定性因素，因此，主体道德修为工夫则随之指向反求诸己、不假外求。孟子将先秦儒家道德修养工夫明确导向内圣理路，使孔子为仁由己而非由人的内在价值指向日趋强化。孟子对主体心性之道德属性的功能肯定与价值发挥，对先秦儒家价值主体自我完善与人格尊严的进一步凸显功不可没，《中庸》关于主体心性、诚明、慎独等内在超越的致思路向可视为先秦儒家关于主体道德人格建构其内圣理路的深度发挥。主体尊严与人格独立作为先秦儒家价值学说的重要方面对中国历史上传统士大夫人格特征的形成至关重要。纵观中国历史，先秦儒家孟子的内圣理路、《易传》的刚健人格与《中庸》的心性涵养对于士大夫阶层独立人格的塑造起到关键性作用。后世宋明儒者对心性之学进行精致思辨，在“中庸”现实经验层面提升“极高明”的道德理想境界；主体在涵泳心性中寻觅“孔颜乐处”，孜孜追问令颜子所乐者为何，以心性修为之德来践行“大学之道”，在道德领域鸢飞鱼跃，察乎天地之昭，可谓近乎光风霁月般至臻之境。

其二，先秦儒家过于相信主体自身心性力量对成就社会公德与现实功业的决定性作用，同时对社会公共领域中制度规范与法治约束的重视有所不足，这就可能导致主体道德走向两相分化趋势。一是遗世独立的孤独者，道德操守完备无缺，然而由于奸佞当道，君主受谗蒙蔽，忠良之士难振朝纲，自我道德高标难敌尔虞我诈的权欲场，最终于社会事功方面实难有成。屈原欲驰骋骐骥以导路，使君王再得尧舜之耿介，然而香草美人不遇，君主不察中情反而信馋齑怒，终究謇謇为患而空余身之殚殃、徒叹皇舆败绩。二是趋之若鹜般与众合流者。在世俗权势下，世人或是主动逢迎强权，或是被迫摧眉折腰，导致自我道德平庸化。在先秦儒家，主体心性的内在价值在孔子为仁由己的道德选择与修己安人的社会理想方面皆得到充分肯定。孟子以尽性知天提升主体人格境界，使孔子修己安人的双向价值旨归逐渐趋向于单一性的内圣理路。孟子以居仁由义来成就主体一身浩然正气，其气至大至刚充塞天地之间，这种精神修养对于涵养人格境界的意义不言而喻。然而，孟子却过于自信地认为只要主体成就自身道德，面对任何困境皆可迎刃而解。于是，孟子坚持主张士君子不为贫贱移志，不为权势屈尊；君主以仁心行仁政，便可无敌于天下。《中庸》使价值本体内摄于主体心性，主体行为与价值选择皆以自己之心为道德根据与价值准衡，于是，主体心性涵养便成为先秦儒家道德学说的关键所在。先秦儒家价值体系的建构以修身为本，以道德为要，毋宁说，这是一套关于主体自我人格完善的价值理论，当然，主体完善人格的活动并非仅囿于自身，而是展开于自我与亲人、他人、群体不同伦理关系，置身于家、国、天下的不同领域。价值理论的最终指向决定了主体成就自身道德的目的性，而事功仅作为完善道德的实践环节，往往不具有必要性的目的性质；事功结果必须符合道德性且要体现涵养道德的价值所在，即事功本于道德而终于道德，先通过道德修为而后取得，然而道德修为工夫无止无休，外王事功往往空设虚悬而实则难副。历史上以儒家思想为价值信仰的传统士大夫为捍卫人格尊严或去或留，极少数走出庙堂者独守山林，自是保留一身高洁操守，虽毕生追求立德、立言与立功，然大都在德与言上成就非凡，而事功方面却稍显逊色。尽管如此，绝大多数儒家传统士大夫还是会选择居庙堂之上，尽己之力以先王之道淳化风俗，辅拂君主。然而士大夫凭道德力量栖身于皇权庇佑之下，不免受其掣肘，与皇权的强制力量或社会中异己势力相互冲突与妥协在所难免；士大夫受限于政治领域，视、听、言、动不得自由，仕途官场中代天子牧守不得自主，对于官场中党同伐异、钩心斗角的腐败与倾轧事态亦无能为力。身处官场，政治上不得自持自专，“格君心之非”不是从建构制度以限制皇权方面入手，只是依靠道德约束去化解君主专制造成的各种矛盾，而缺乏有效的外在建制，士大夫不仅于外王事功成效甚微，甚至于自身道义操守亦难能自持。

二、德治理想的现实遭遇

从《易传》到《中庸》来审视先秦儒家的价值指向，价值本体从绝对至上性内化于主体意志自觉，必然之道与当然之则统一于主体道德理性，无论是对于个人还是国家，道德于何时何地都凸显其必要性。但是对于治国而言，社会公共领域需要制度建设，规范社会成员权利来源途径与使用权限，明确其所需承担责任与义务，法治约束对于国家秩序的有效维护确实必不可少。因为不能指望社会上人人都有条件、能力与志向做圣人，对于作奸犯科者，道德教化往往也无能为力，因此，对于治理国家与安治百姓来说，提倡道德与推行法治都是必要性所在。将德与法的政治功能进行对比，先秦儒家孔子强调德治，但是并不完全否定法治。“道之以政，齐之以刑，民免而无耻。道之以德，齐之以礼，有耻且格。”① 孔子以此表明道德与政刑对于国家治理的优劣所在，并非表明自己的治国主张为用德不用刑。德刑相辅、宽猛相济的施政方针为春秋之际

---

① 杨伯峻：《论语译注・为政》，中华书局1980年版，第11、12页。

许多诸侯国执政者所采用，对此孔子也曾多次表达赞许。因此，根据先秦儒家相关文献记载，从孔子杀少正卯以及孔子杀齐伶以正礼的相关事例①可推知，孔子并非偏于道德而弃法治于不顾。孔子之后，先秦儒家思孟学派强调主体心性力量，以仁心推导仁德乃至仁政，将国之治乱的决定性因素寄希望于统治者自身道德水平，人存政举或人亡政息的逻辑关联落实于治国策略层面，自然出现重德而轻法的价值倾向。

另外，先秦儒家作为有德无位的君子，欲使自家思想主张真正推行于政治层面并取得实际效果，就必须说服统治者采纳并切实推行。秦汉之后，现实统治者独尊儒学，推行“德治”，但这并非意味着先秦儒家德治理想得以真正实现。首先，统治者歪曲了先秦儒家德治的价值义理。孟子对主体内在价值的尊重与强调以及《中庸》关于主体心性修为的涵养工夫切实贯彻于自我道德实践，或是体现在人伦秩序的维系，先秦儒家如和风细雨般的道德说教比法治规范的强制律令更能收服人心，这也是统治者之所以会选择儒家德治巩固政权统治的现实因素。但是，统治者推行的所谓“德治”是以维护自身利益和巩固统治为宗旨的专制说教，只关心统治效果而仅将道德说教作为御用手段，这就完全歪曲了先秦儒家的道德本质与价值初衷，将自觉自愿的道德行为扭曲成要求百姓被迫接受与无条件执行的强制性义务。其次，统治者巧妙利用先秦儒家道德理论为贯彻君权说教而张目。按照《易传》，主体心性力量以天道作为本体根据与终极价值依托，统治者自称天子，以天命所归解释其掌握国家政权的合法性，象征自己君临天下乃正统在身。掌握国家政权的君主，已然是国家神器在手，是现实社会中的王，利用孟子与《中庸》关于内圣而外王的思想倾向，由果溯因，以自身君王的身份合理推断出自己乃圣人之德完备于身。然而，“现实的情况是，有‘德’无‘德’没有关系，只要掌握了权力，成为统治者，自然就成为了有德之君，成为了圣主”②。

对于价值主体心性修为的过度推崇，使先秦儒家过于强调道德的教化力量。无论从个人角度思考治身，还是从国家角度衡量治世，主体的道德修养都是先秦儒家的首要选择，这一价值选择可视为先秦儒家建构价值本体并内化于

---

① 记载孔子以法正礼之事的相关文献主要包括《荀子·宥坐》《说苑》《孔子家语》《史记·孔子世家》等。

② 陈鹏：《君权牺牲品：先秦儒家道德的变异》，《思想战线》2014 年第 4 期。

主体心性的逻辑引申。但是，将德治思想贯彻到现实政治运行中，其客观效果与理论初衷却难能一致，结果与动机的相互背离追溯到价值本体上，便是形上天道的外在统摄力量内化为主体心性的自觉约束，与此同时，普遍必然的天道之理内铄为价值主体的自我权衡。然而主体的心性力量毕竟是一种柔性的自我约束，这种道德软约束并不能解决社会诸多领域中的所有问题。先秦儒家非常重视主体心性涵养，对道德力量充分自信，然而在外在具体制度的建设方面略有欠缺，关照度有所不足。这并不是说道德于政治领域不重要，但绝非重要到决定国家治乱兴衰的程度。政治的核心是公权力的合理运转，社会良好秩序的维系需要民众自我约束，同时也需要法律制度的有效规范。

第五章 先秦儒家价值体系的主体人格

现代西方哲学中现象学一派提出主体间性的概念，认为主体是由其自身存在结构中的主体间性所界定。① 转换成中国哲学儒家的话语，即君子进行道德修为总会处在一定的历史境遇中，而这种具体际遇却不能由主体自身所决定与自由选择。个人主体不仅于生活中的遭遇无法支配，即使主体自身做到了道德高尚，仍然不能保证自我进行道德修为就一定会得到他人的尊重。尽管其道德修为中自由选择的本质具有抵抗来自外部世界的改变力量，然而具体历史境遇的不可选择性，在一定程度上意味着主体依然成为一种被决定的存在。因此，面对不为自身所能左右的外在力量，主体必须在两种决定中选择其一：一是坚持在道德领域中自主选择的主体意识与自由；二是迫于现实生存环境，主体逐渐丧失自主选择的能力而无法自由做出道德决定。在先秦儒家，主体人格便存在一种从“君子”到“文人”相异衍化的历史现象。

第一节 君子圣贤：价值主体的人格理想

一、主体完善自身的价值依据

在西周宗法社会与分封制度中，士阶层作为天子—诸侯—大夫—士政治层级结构中的末等贵族，是接受礼乐教化或掌握专门技能，拥有一定社会地位的文化阶层。西周国乱，平王东迁，天子与各方诸侯之间的政治力量发生变化，维系天下体系与社会秩序的政治阶层出现权力倾斜，士阶层亦随之发生了身份变化。一部分士在社会动乱与战争中失去了先前的固定职守与受封爵禄，成为

① 参见海德格尔对主客对立模式中主体的解构，以“在—世界—中—存在”的“此在”对主体存在进行重新界定。陈嘉映：《海德格尔哲学概论》，生活·读书·新知三联书店1995年版，第56页。

居无定所、职无所封的四方游士。至先秦儒家，“士”被赋予承载思想与价值的历史使命，逐渐转变成社会良知的文化承担者，孔子界定了士维护社会良知的文化使命，即“士志于道”①，曾参对此进一步发挥：“士不可以不弘毅，任重而道远。”② 后来孟子也将“尚志”作为士的职事，而士志于何，孟子回答，士志于仁义。先秦儒家以志于仁义之道作为士阶层的价值追求，使士阶层成为与农工商不同的劳心者，而且对其寄予“自任天下重”的文化使命与历史担当的特殊期许。当士阶层承担起先秦儒家此番价值期许，士俨然就成为先秦儒家致力追求的君子人格理想。于是，士君子从原来社会结构中具有贵族身份的政治阶层转变成先秦儒家语境下被赋予道德内涵而非专指身份象征的道义担当者。先秦儒家并未对士与君子的概念与意义进行严格界定，当曾子说士以弘毅为己任，孟子要求士志尚仁义，荀子讲君子不避义死之际，毋宁说，先秦儒家以君子理念赋予士阶层担当道义的文化使命。孟子说：“无恒产而有恒心者，惟士为能。”③ 这种身处贫而不能自存的境地却依然保持不失道与义的人格自尊显然并不是士阶层所有个体呈现出来的普遍现象，而只是孟子对尊德乐义的君子理想人格的应然性判断。因此，士无恒产是社会势力变迁所致；士有恒心是先秦儒家赋予士阶层的道义要求，此番独立精神的挺立与坚守遂逐渐成为先秦儒家成就主体人格的价值要义。

先秦儒家君子人格具有超越性与现实性双重设定。其一，士阶层完善自身其价值根据本于道义自身。毋庸置疑，道义的绝对完满性只有在纯粹理念中才能充分体现，即理念自身价值的完全实现不受任何来自非自身因素的外在制约。康德在其批判哲学语境下从本体论意义上以纯粹理性诠释自由的无条件性，即自由作为不受任何外在东西决定的存在，以自身为目的而不是作为追求其他目的的手段。无独有偶，先秦儒家对士君子的人格要义亦做出目的性规定，而并非只是追名要利的假借性工具：“士而怀居，不足以为士矣”④，“君子喻于义，小人喻于利”⑤，“君子怀德，小人怀土；君子怀刑，小人怀惠”⑥，等

① 杨伯峻：《论语译注·里仁》，中华书局 1980 年版，第 38 页。
② 杨伯峻：《论语译注·泰伯》，中华书局 1980 年版，第 85 页。
③ 杨伯峻：《孟子译注·梁惠王上》，中华书局 1988 年版，第 17 页。
④ 杨伯峻：《论语译注·宪问》，中华书局 1988 年版，第 153 页。
⑤ 杨伯峻：《论语译注·里仁》，中华书局 1988 年版，第 40 页。
⑥ 杨伯峻：《论语译注·里仁》，中华书局 1988 年版，第 39 页。

等。即使身着敝衣缊袍而立于鲜衣怒马的显贵之间，士志于道而不以恶衣恶食为耻；身居陋巷疏食饮水而不改其乐，因为世间的荣辱穷通并无损人格独立，无亏道义所求。反之，若因身外功名与利禄而患得患失，那便是本末倒置，主体之德反倒降为要名求利的工具性手段，此为先秦儒家追求的君子所不齿。

其二，兼顾现实因素。孔子主张“君子不器”①，尽管士本身就代表具有一定专门技能的文化阶层，然而在先秦儒家，君子既以志道为己任，那么在明道济世过程中，士阶层就不应当拘泥于专门的特殊技艺中。樊迟向孔子请学稼学圃，孔子认为自己学生作为士阶层的文化承担者应当以君子为志事，而稼穑之事自当有小人所从事，当以君子为志却欲求小人之事，孔子显然不予提倡。然而，君子志道据德的价值选择并不意味着先秦儒家的君子人格追求可以完全脱离现实条件的限制，更不是说成就君子人格就意味着对现实利益完全放弃。从理念上来看，君子主体人格作为无条件性的以自身为目的的纯粹理念，自然可以不受任何外在因素的限制或现实利益的驱使，经过一番符合逻辑规则的演绎与推导，当然最终可以达到自身的完满性。然而，当主体性理念一旦落实到具体个人身上，则不得不受具体的历史与社会以及个人自身条件的制约。因此，社会历史环境中个人主体性的完全实现只能作为一个理想典范而存在，对现实中具体个人的主体活动起到理性指导作用。先秦儒家深谙于此，所以从未将主体人格的理想追求与当下现实的具体事实混为一谈。春秋时期管仲相齐国说到，“仓廪实而知礼节，衣食足而知荣辱”②，考虑到现实物质利益对个人主体性完善的制约，先秦儒家并不否认人对物质利益的现实需求，只是要求君子见利思义，求利有道。因为人之所欲于富与贵，只有以其道得之，才能处之泰然。

二、主体完善自身的践行路径

先秦儒家关于君子人格的修为途径有一个相异衍化的发展过程。从《论语》中的相关记载来看，孔子以君子何谓以及君子修为活动作为教学内容教育弟子，主张仁礼并重，内外兼修而成君子。杨国荣教授认为“孔子的价值体系以仁道原则与理性原则为主干”③，仁道与理性二者具体展开于天人、义利、群

---

① 杨伯峻：《论语译注·为政》，中华书局1980年版，第17页。

② 〔汉〕司马迁：《史记》卷一百二十九《货殖列传第六十九》，中华书局1999年版，第2462页。

③ 杨国荣：《善的历程——儒家价值体系研究》，华东师范大学出版社2009年版，第46页。

己等诸多关系命题之中。当然，君子人格作为仁礼原则展开的重要方面更是在先秦儒家价值体系中成为个人完善主体性的理想目标，“仁之难成久矣，惟君子能之”①。孔子之前，“贵仁”思想早已有之，孔子承接其绪，进一步将“仁”提升为先秦儒家一以贯之的普遍价值原则。在孔子，仁表现为爱人的朴素情感，朴实的爱人原则以父子兄弟之间的血缘亲情为基础，以孝悌为行仁之本，奠定其对众人之爱与尊重的逻辑前提。因此，基于人类自然情感的仁体现在外的爱人与尊重人的实际行为便已内含着人是目的而不同于工具的本质特征。从为仁由己到三军不可夺帅，先秦儒家强烈突出人作为道德主体的自主力量。在孔子看来，君子去仁，何以为君子之名？君子于仁，无终食之间违之，造次、颠沛必于是。仁作为内发于心的爱人原则，外化于主体与他人、群体之间的交往行为便体现为礼的理性原则。君子作为主体自我完善的道德人格追求，实现自我价值与涵养德性的同时也是且应当是尊重他人实现自身价值的过程，这就需要依礼而行。在孔子博文约礼的君子修为活动中，主体通过忠与恕兼顾人己之间的立达原则，体现其理性的自觉意识与道德实践。

孔子之后，孟子强化了孔子的仁道原则，在价值理论上使先秦儒家对主体自觉性的道德力量进一步得到确证。孟子寄予士阶层担当天下存亡、道之兴废的自觉意识与历史使命，这种欲平治天下的淑世情怀并不外在于主体道义上的自我完善，而是以主体自身的道德意志为内在根据。主体的道德情感与道德意识人皆有之，孟子称之为善端，此本善之心乃人性中先验存有，主体完善自身只需要将内存于心的先验善端进行扩大充实，发明本心，反身而诚，以存心养性的涵养工夫获得安身立命的终极依托。以人皆有之的善端为逻辑前提，孟子对君子人格与大人之事充满信心，“人皆可以为尧舜”② 便是这种道德自信的逻辑推论。至此，孟子专注于存心养性为主体内在德性的涵养修为工夫，使先秦儒家君子人格的内圣倾向有所强化。另外，与先秦儒家思孟一派从主体自身寻求君子人格的价值根源不同，战国末期作品《易传》将君子人格的修为本源外设于大化流行的自然天道，即君子效法天道以成其事。再者，先秦儒家荀子也从天人相分的维度提出主体“制天命而用之”的命题，使主体自身的自觉性与

① 王文锦：《礼记译解·表记第三十二》，中华书局 2001 年版，第 808 页。
② 杨伯峻：《孟子译注·告子下》，中华书局 1988 年版，第 276 页。

能动性在天人之辨的维度上得到价值确证，鉴于人性中的自然属性任其妄为有可能导致恶的结果，荀子将外在礼法的节制与约束作为君子修为的必要所在。

第二节　价值主体人格的理想典范与历史事实

不可否认，君子人格作为先秦儒家为士阶层设定的理想人格典范，其自身理念的完满性不容置疑。在东周王权式微、官学下移的社会背景下，士阶层作为此番社会变迁中的文化力量也随之发生相应变化。士阶层自身身份与社会地位的转变，或是出于自身考虑而做出的主动调整，抑或是迫于生存时务而不得不裹挟其中的不自觉变迁，无论出于哪种情况，士阶层都不再拥有如往日般固定的权势与地位。社会地位高下无常，但士作为曾经受过专门教育与培养的社会文化力量，拥有诗书礼乐或弓马骑射的专门技艺，自身掌握一定的文化资源，这就为整个阶层担负维护社会价值与传承文化的历史使命提供了先决条件，同时也为其自身的主体性完善活动提供了可能。先秦儒家根据时代需要，对君子理念重新进行意义诠释与内涵创新，如此一来，君子便由原来社会贵族的身份象征转变为先秦儒家主体人格的理想典范。孔子最先在纯粹理念上对君子人格的道德完满性做出界定：士非怀居之士而志于道。这完全剥离了君子理念中任何非自身因素的限制，从而保证了士君子人格理念的绝对完满性。主体以抵抗外在因素左右自身的道德力量彰显其自由意志，这种自由意志在主体对超越之道的原则坚守与终极追求中就体现得尤为关键。

然而，秦汉之后，儒家君子人格体现于具体每一个人身上，其理念自身的合理化与真实性却不得不受社会历史条件的影响而呈现出历史特殊性。随着历史不断发展，士阶层自身出现不同以往的阶段性变化。先秦时期，士阶层凭借自身掌握的专门技能，自然能够得到各诸侯国君的赏识而施展抱负，君主与士之间的关系，上则为师，其次为友，再则为臣。即使双方是君臣相对，也是君择臣，臣亦择君，意气相投，来去自由，“学成文武艺，货与帝王家”便是当时士阶层表现出来的自由气象。秦汉之后，随着统一中央政权的建立，士与公卿大夫身份逐渐合而为一，于是“士大夫”就成为在朝参与政事与国家治理的文人官僚阶层。就文化的传统性继承而言，士大夫阶层依然是深受儒家君子人格教化与思想熏染的主要文化群体。随着历史上中央专制政权的巩固，君权不断得到强化，与此相对，臣下权力则是一个逐渐弱化的过程，君强臣弱与先秦时期道尊于势两相对照，其中差异则显而易见。不仅如此，专制君主限制臣权的历史过程对于以宰相为首的在朝文人官僚阶层而言，无疑更是整个士大夫阶层实现主体君子人格的致命限制因素。另外，科举制作为一种将读书与做官相结合的选官制度，其滥觞可以追溯到秦汉时期选拔官吏的相关制度，诸如汉武帝在中央设置五经博士，兴太学为读书人出仕做官提供条件，而科举制度的确立恰恰与士阶层参与“治天下”的政治诉求相互契合。因此，科举制的发展在很大程度上决定了士阶层的政治地位与文化贡献。士通过科举考试步入仕途，成为国家官僚政治体系的直接组成部分，对于个人而言，无疑使其仕途前程有了制度保障，自身拥有爵禄与社会地位自是不同往昔，而且还意味着从此跻身统治阶层，与无爵无位的普通民众在职事与追求上更是差异明显。毋庸置疑，科举制为士人参与政事大开方便之门，不仅为先秦儒家君子人格的历史展开与主体立身行道提供途径与可能，而且士大夫作为追求君子人格的文化群体，在政治领域的主体意识逐渐得以觉醒，这无疑为先秦儒家君子人格内涵得到进一步扩充与深化提供了实践可能。于是，士大夫与皇帝坐而论道乃至共商国是成为整个文化群体的普遍愿望，北宋程颐甚至发出“天下治乱系宰相”的呼声。此外，士大夫持守儒家君子人格，秉承行道原则而来，绝不仅仅为爵禄之故而如奴仆一般供帝王召唤。然而，在统一中央集权的君主专制政权结构中，科举制的创立虽然为士阶层进入权力结构提供机会，但是相对于先秦时期君臣之间双向选择的自由去留而言，士人明显失去了政治上的择君权利。与士阶层个人遭际同时发生变化的则是整个阶层也被迫成为可供君主任意挑拣、取舍甚至玩弄的相对弱势群体，从而使“士贱君肆”的局面长期存在。

第三节　君子理念倡导与文人历史现象的差异

先秦儒家君子人格的理想典范绝非等同于具体历史事实的真实存在。余英时先生讲过：“也许中国史上没有任何一位有血有肉的人物完全符合‘士’的理想典型，但是这一理想典型的存在终是无可否认的历史事实。”① 先秦儒家君

① ［美］余英时：《士与中国文化·自序》，上海人民出版社 2003 年版，第 10 页。

子人格的理想典型与具体历史事实二者不可等同，毋宁说，君子人格的理想典范体现于为历史中无数个人主体提供价值范导，让更多的个人主体清楚追求的目标，坚定前进的方向。超越性理想虽不能至，然心向往之。因此，这绝不等于说作为历史上任何一个具体的个人之“士”都做到了超越于个人私利的主体君子人格的完全实现。历史阶段中君子人格的完满性实现程度不可避免地会受到当时社会中政治、经济、思想、科技等诸多外在因素的影响，因此，处于不同历史发展阶段中的儒家君子人格也会随之呈现出与此相应的具体特征。

一、从主体君子人格到文人依附性格的相异衍化

士君子之“道”难能与大一统专制政权之“势”相提并论。先秦时期，面对礼坏乐崩的社会无序状态，先秦儒家秉持君子仁道，试图重新建构现实社会合理秩序，因此，关怀政治从一开始便不自觉地成为中国士阶层的文化特征。孟子认为士精神应当以尊德乐义为价值旨归，为士设定“以其道易天下”的人格理想，从而在理念上形成“道”尊于“势”的价值观念。而且，当时各方诸侯争霸也需要思想上有至尊之“道”作为道义支撑，如此一来，道与势分庭抗礼的态势曾一度被社会普遍认同并接受。“道”的现实存在凭借士君子的人格尊严来彰显，因此，士人拥有人格自尊，士阶层得到诸侯国君的礼遇，便是势对道予以尊重的现实体现。然而，先秦士阶层以道自重与抗礼君王的主体意识对秦汉以后士大夫阶层在国家政权中的职事功能所产生的影响却逐渐下降。虽然秦廷中博士议政之风尚存先秦士君子的自由意气，但博士淳于越的个人遭际以及焚诗书坑术士事件无不使天下士人满腔愤懑，迫于帝国淫威，无奈之下又不得不噤若寒蝉。此后，在专制政权之“势”面前，士大夫所持之“道”既尊且贵的气象便急转直下，曾试图驯服权势，两千年来却不得不在现实政权下屈尊以存。唐宋时期，士大夫一度曾想均衡道与势的力量对比，然而却苦于种种强大的外力阻碍而难行其志。专制君主一心只想加强君权而分化相权，抑或君主基于自身利益考虑，对外臣不自觉便产生一种本能的不信任，加之藩镇势强、武将专权等诸多现实因素，专制君主对士大夫阶层表现出一种若即若离的态度，威逼利诱，极尽笼络之能事。对士大夫而言，富贵利禄与生杀予夺如白云苍狗，瞬息万变。天下士人迫于生存，枉道屈身，不得不于朝堂之上依附君权，甚至不少人只为功名利禄计，即甘于供君主驱使。专制社会后期，读书人生存环境更为艰难，士大夫处境每况愈下，在君主面前战战兢兢，君权的绝对强化使多数文人沦为唯唯诺诺之辈。至于少之又少的尚存君子气节的士大夫，不甘枉道从君，便退而求诸己，居敬涵养，潜心著学。宋明内圣之学骤盛与清代乾嘉之学的沉寂现象皆表明，无论是作心上工夫还是文字钻营，终将与士大夫念兹在兹的外王理想正相背离。险恶的政治环境使儒家君子之道得不到现实确证，现实中士人对君子人格的追求逐渐不以为意，主体性人格弱化甚至丧失，取而代之的是专制君权衍生出的文人依附性。

二、“权”与“贵”催生文人的依附性

君子的主体性人格逐渐被“权”与“贵”剥离，文人群体的依附性随之产生。由于现实因素所限，历史上具体的士人主体特征与先秦儒家理想的君子人格并非一致，科举取士的创立使读书人一心以著文取胜于科举，君子视义与道为尊的主体性逐渐丧失，围绕科举与功名的文人群体却应时而生。从本质上讲，专制君主对于极具个性、才华出众与气节凛然的正义君子仅止于个人内心的欣赏而断然不会重用，君主更多考虑的是政权巩固与为我所用，用人标准中忠君与听话自然是第一位的。正人君子往往眼高于顶且倾心向道，不屑做君主座下之犬马，自然不符合现实君主的择人标准，因此，轻者被君主弃之不用；重者被君主挫其锋芒，身心遭到打压；更有甚者，被君主辱其信仰，摧其意志，溃其精神，不杀其身而诛其心，从雍正帝赐匾“名教罪人”给钱名士就可见一斑。士大夫坚持君子人格操守，在现实政治环境中寻求得君行道的机会，希望渺茫，愤懑不得志者无须多言；更有甚者，君主只考虑自己君位与自家政权是否巩固长久，一旦察觉臣下有一丝威胁自己皇权的气息，便杀念即起，士大夫片刻便有性命之忧。自古以来，对于“武死战”，君主尚念其军功也许会封妻荫子，而“文死谏”只会激怒君主进而惹祸上身甚至殃及亲族。事实上，即使士人自弃操守甘为专制政权与君主所用，也未必能讨得君主所喜，实则皆被君主以弄臣蓄之。士大夫阶层沦为御用文人，这本就是整个文化阶层的人格悲哀。更无奈的是，士即使沦为文人，牺牲掉原本属于整个阶层的君子人格与高贵尊严，甘为君主所用，也并不能取得君主信任而得以善终。历史上皇权专制时代始自秦而终于清，从秦相李斯参与政变而欲牵黄犬逐狡兔于上蔡东门不可得的凄惨下场，到明朝于谦丹心抗节，虽有力捍京师之功，以经世之略辅助朝纲而保社稷无虞，却于夺门之变中被坐以谋反，判处死刑。文人士大夫的命运起伏伴随皇权专制的始末，即使甘为君主鞠躬尽瘁，换得一时位高权重与富贵荣华，但是文人之功与罪、所受赏或罚都在君主一念之间，士大夫的是非善恶标准不是君子操守与圣贤教诲，而全赖君主个人昏明、喜怒甚至好恶。

一方面，“道”除了君子人格之外再无外在凭借；另一方面，君子人格能否完全体现道的尊严或者能够体现何种程度的道之尊严，主要是由特定的社会历史条件所决定。士不仅有主体性一面，同时作为生存者，还有其物质性一面。“士无恒产”表明其经济上缺乏独立性，在此情况下而“有恒心”则只表明主体性操存的可能与可贵。至于士主体性的真正实现，不是无须现实条件，恰恰相反，而是需要现实条件的足够完备。孟子就一直担心士人枉道而从势，事实上，这种担心并非多余，曲学阿世在先秦时期便不乏其人。隋唐以后科举取士恰恰击中士人实现主体性需要却无现实凭借的最大软肋，导致天下读书人视朝廷科举指示为圭臬，与其说这是实现君子人格的条件限制，毋宁说这更是一种扭曲文人性格的异化过程。科举取士导致士人读书的目的本末倒置，功名利禄成为士人读书的最大功利目的，圣贤教诲与道德人格却反而成为牟利工具与附属品，甚至修身成为读书人要誉的手段，读书人出现其文则是、其人则非的人格分裂，先秦儒家君子之学流于形式，伪道学相衍而生。唐太宗睥睨天下士人为科举穷尽毕生心力，洋洋得意地道出天下英雄尽入彀中的真实心态；北宋真宗御制劝学歌，以富贵利禄、香车美人为书中诱饵，将士人的君子气节消磨殆尽。然而，读书人皓首穷经，即使通过科举成功跻身于朝，也不免彻底沦为御用文人之辈。太史公因为李陵事件，惹怒汉武帝而受宫刑遭巨大耻辱，司马迁说道：“文史星历近乎卜祝之间，固主上所戏弄，倡优畜之，流俗之所轻也。”① 清朝乾隆皇帝待文臣如倡优般蓄养，公开呵斥纪昀乃一介词臣，实不过以倡优蓄之，供皇帝娱乐而已，岂容尔辈妄谈国事。② 二者之间相互间隔将近两千年，和司马迁的处境相比，纪昀面临的精神遭际并无二致。在专制皇权面前，读书人难有尊严，主体君子人格更是妄谈。

文人依附性到君子主体性的复归。君子修为一旦为求功名利禄计，势必流

---

① 〔汉〕班固：《汉书》卷六十二《司马迁传第三十二》，中华书局 1962 年版，第 2732 页。

② 参见《清高宗实录选辑》，台湾大通书局印行。另参见周英杰《大历史的小切面：中国近代史的另类观察》，广西师范大学出版社 2011 年版，第 8—11 页。作者对比司马迁与纪晓岚的平生遭际，认为专制皇权剥夺知识分子独立、自由的思想能力，对其进行精神层面上“阉割”，结果造就肢体强健的奴才和愚民，不但更具隐蔽性，而且更加彻底和行之有效。

为虚伪，“士处卑隐欲上达，必先反诸己。上达有道，名誉不起而不能上达矣”①。修身沦为要誉手段，名誉则能使处卑隐之士闻达于上，于是，士人则完全依附于君主，丧失其自身的主体意识与自由意志。然而，与此不同，先秦儒家君子主体性体现为学以明道济世。修己安人的君子人格模式对内而言，保证主体自身的道德完善性，即修身；对外来说，主体道德完善性活动的内涵扩展于他人与物事，即明道济世。在先秦儒家看来，士人出仕必须以行道为最终目的，绝不能为了要誉求利全其身而摧眉折腰。先秦儒家以道源于天而禀于心为根据，坚持以修身存心而立道，并以超越之道抵挡现实权势的诱惑。实际上，主体君子人格的现实确证与文人依附性格的彻底剥离是同一个过程，这个过程就体现于个人修身活动中，“志意修则骄富贵，道义重则轻王公，内省而外物轻矣”②。为贫穷怠乎道则不足为士君子。道与势的博弈无疑可视为主体实现君子人格的核心所在，明儒吕坤认为，天地间唯道与势为最尊，而道仍乃势之尊，即使庙堂之上天子以势压道，而道则常伸于天下万世。坚守道的最高原则不为权势所夺，是先秦儒家君子修身进行内在超越的终极追求，亦是君子人格主体性复归的关键所在。

① 〔汉〕刘安编，何宁撰：《淮南子集释》中册，中华书局 1998 年版，第 704 页。
② 〔清〕王先谦：《荀子集解·修身》，中华书局 1988 年版，第 27 页。

第六章　先秦儒家价值体系的外王功业与终极归属

第一节　平天下的价值功业

先秦时期，天下既是疆域范围中的空间概念，又是文化层面的价值理念，这两种内涵往往交互存在。西周以降，随着天下共主即周天子政权确立以及武王大肆分封诸侯，“四方”或“万邦”作为蕴涵“普天之下”萌芽意义的天下，其地域空间概念便早于文化理念应运而生。周的封建制度与宗法体制使天子之天下、诸侯之国与大夫之家形成层层隶属的异体同构形式，家国同构的社会组织使先秦儒家以天下作为文化共同体的价值理念逐渐被人所认同并接受。在先秦儒家，天下的地位与理论意义至关重要。先秦儒家将平天下纳入自身价值体系的建构中，并赋予其价值理想与文化导向的普适意义。

一、家、国与天下衍生的等级与义务观念

先秦儒家将天下观念界定在文化价值层面，这就在天下的地域空间概念中衍生出文明价值理念的另一重含义。在价值视域下，天下既包括中原九州，还囊括了周边四夷所象征的不同种族与民族，在这种扩大了的地域界定中，更突出的是先秦儒家对中原与周边民族的文明教化义理。

先秦儒家对天下之教化义理的内涵增加其来有自，可直接追溯到西周初期以宗法制与封建制为基础所建立的天下体系。宗法制度是以血缘关系来确定宗族成员之间的亲疏远近关系，并以此为根据来决定权力与财产的继承问题，主要内容包括两方面，一是确立嫡长子继承制，二是宗族内明确界定大宗与小宗。宗族内嫡长子作为王位继承者是为大宗即天子；其余子弟则按照血缘远近亲疏受封诸侯为小宗。所谓封建制，即周朝统治者在以周原小邦克商之天下后，对于如何维护天下稳定的长久局面做出的理性思考与制度创立。周武王克

商后大肆分封诸侯，《史记·周本纪》记载："武王追思先圣王，乃褒封神农之后于焦，黄帝之后于祝……于是封功臣谋士，而师尚父为首封。封尚父于营丘，曰齐。……弟叔度于蔡。余各以次受封。"① 封建制度，即天子裂土封侯，受封诸侯到其封地建国称君，诸侯国君同样采用嫡长子继承制确立君主，并将受封土地与人口分封卿大夫；大夫所受封地为采邑，确立嫡长子为家长，其余弟子不得继承者为士，士只分得禄田，但仍位列贵族阶层之属。一方面，国家确立宗法制度作为区分宗族成员之间尊卑高下的伦理原则；另一方面，伴随封建制度的施行，周天子使天下秩序得以重新确立。这样一来，宗法制与分封制彼此关联，互为表里，即分封制使宗法制中嫡长子继承制得以维护，确立国家政治秩序的层层隶属关系；宗法制在天子所分封的各诸侯国内顺利实施，由此进一步稳定分封制下的天下秩序。

自西周以来，由分封制而形成天下—国—家—身（士）层层隶属的社会治理序列，宗法伦理与国家政治合而为一，使身在这个序列中不同位置的社会成员产生两个最基本的价值观念，一是上下有序、尊卑有别的等级观念。以血缘亲疏定地位高下与身份尊卑，并依此决定拥有政治权力大小的等级秩序得到认可后便不容破坏，否则便是逆礼。二是伦理关系中互以对方为重的义务观念。天子、诸侯、卿大夫与士分别占有天下、封国、采邑与禄田，与此同时也承担相应的责任与义务。相对于身处社会隶属序列而不同社会等级的人而言，每个人都同时体现权力和财产给予或获取的双重性质，因此，获利者向施利者承担相应的责任与义务被视为理所应当。一般来讲，这种义务观念不仅是对某一个具体对象而言，而往往是对自己所存在其中而超越个体之上的共同体而言。比如，对兼有宗法与政治功能的家、国抑或是天下负有责任；或者继承其精神理念；或是维护其实体存在。周人的尊卑等级观念与道德责任意识对先秦儒家的天下观念影响甚深，但是春秋战国之际，政治权力下移，社会时局动荡，先秦儒家基于道德前提而思考社会秩序如何合理有效，于是，沿用周人的天下概念同时重新增益其价值内涵，使天下观念在先秦儒学视域下形成时代性的变迁与发展。

---

① 〔汉〕司马迁：《史记》卷四《周本纪第四》，中华书局1999年版，第92页。

二、“天下”的教化内涵

先秦儒家的天下观念与传统意义的根本区别在于天下的论域是超越地域空间的文化价值层面。在先秦儒家文献中“天下”一词频繁得见，《论语》中“天下”共见23次，《孟子》中共见其172次，以此可见先秦儒家对天下意识的重视。基于当时所处的政治背景与社会环境，先秦儒家对天下的既有内涵进行充分反思之后，增益其空间概念与政权象征之外的文明教化之义。

从价值理念来看，先秦儒家的天下观念所涉及范围由“中国”向周边四方扩展。从先秦相关文献得见，周天子所辖的天下范围，理论上是指其所分封的诸侯国所及的疆域空间，而实际所控制范围主要在中原地区即“中国”。简言之，就疆域而言，天下概念理应包括天子所封诸侯国所在地区；就政治而言，天子所辖天下近乎“中国”。历史上古汉语中的“中国”并非国家名称，而是相对于周边四夷而言的居天下之中央的中原之国的简称。古人囿于有限的地理认知，通过仰观俯察，认为黄河中下游的河洛中原地带居天地之中，因此谓之“中国”。因此，天子所辖制之“中国”即是天下中心，“中国”在政治意义上自然可视为天下的象征。在先秦儒家视域下，“中国”逐渐成为先进文化与价值观念的文明象征，依托地缘中心的基础，中原之地形成的华夏文明之教相对于四夷野蛮状态而言彰显其自身先进性。《礼记·王制》中记载：“中国戎夷五方之民，皆有性也，不可推移。东方曰夷……南方曰蛮……西方曰戎……北方曰狄，衣羽毛穴居，有不粒食者矣。”① 又或者依《新唐书》所记载，亲披王教，习俗孝悌，居身礼义，谓之中国。无论是习性习俗之异，还是文明教化之别，在“中国”指称文明价值内涵的概念中，其外延显然不包括四夷在内。关于中国与四夷之间关系，西晋江统在《徙戎论》中写道：“夫夷蛮戎狄，谓之四夷……《春秋》之义，内诸夏而外夷狄。……与中国壤断土隔，不相侵涉，赋役不及，正朔不加，故曰‘天子有道，守在四夷’。”② 自春秋之际，历史上四夷与中国分别作为相互独立的政权长期并存，无论四夷之地统治者其种族与民族如何变迁，中国始终作为聪睿者所居而物财所聚之地，是圣贤教化、仁义所施、诗书礼乐所用的文化价值象征。

---

① 王文锦：《礼记译解·王制第五》，中华书局2001年版，第176页。

② 〔唐〕房玄龄等：《晋书》卷五十六《列传第二十六》，中华书局1974年版，第1529页。

如果说周天子辖制中国通过分封诸侯代其戍守疆域以实现对其天下的统治，那么，相对于此，先秦儒家从文明教化角度使天下范围有所扩大，不仅包括“中国”及天子所封诸侯地区，还涵盖了四夷之地。孔子就曾在捍卫华夏文明立场上肯定管仲辅助桓公成就霸业，一匡天下而“嘉左衽之功”，使华夏文明存亡继绝。《中庸》第二十章讲道：“凡为天下国家有九经，曰：修身也，尊贤也，亲亲也，敬大臣也，体群臣也，子庶民也，来百工也，柔远人也，怀诸侯也。”① 先秦儒家经略天下的政治主张不仅对统治阶层提出修身尊贤的道德要求，还包括将道德教化由己及人、从内向外扩展开来，使中国礼乐文明教化四方。在价值理念上，将天下、中国与四夷的概念做对比分析即可得知，若中国与四夷是小圆，天下是一个大圆，那么中国与四夷这两个小圆彼此之间并无重合，但却完全内含于天下这个大圆之中，即中国与四夷的概念内涵各异、其外延亦呈相离之态，而天下概念则完全将二者包含其中。天下对中国和四夷的内在包含关系显然不是指政权统治的疆域范围，而是体现在文明教化层面，《诗经·小雅·北山》中“溥天之下，莫非王土”② 便是在文化意义上昭示出诗书礼乐的强大感召力。

三、平治天下的道义自觉

就文明教化而言，先秦儒家教化所至的天下指向一种价值信念与道德理想。既然文化所及的天下已囊括进周边四夷，那么“平天下”必然使文明教化力量泽被四方。在应然价值层面，“平”体现先秦儒家平治过程知难愈进的道义自觉；然而，在现实经验层面，先秦儒家以均平为价值指向的社会责任却于历史实践中无从落实。

先秦儒家“平天下”之“平”以平治释义，先秦儒家平治天下的道义担当在于以文明教化四夷。西周末年幽王烽火戏诸侯，为博美人一笑点燃烽火，结果招致犬戎攻破镐京，幽王被杀，西周灭亡。幽王身死，镐京残破，平王在诸侯国军队护送下东迁洛邑，东周列国时代由此开始。西周被犬戎所灭，这是中国历史上华夏民族建立的王朝第一次被游牧民族所灭亡，自此以后这一幕在春秋战国几百年间甚至以后的历史上一再上演。山戎交战于燕，狄人建国中山，

---

① 〔宋〕朱熹：《四书章句集注》，中华书局 1983 年版，第 29 页。

② 〔汉〕毛亨传，郑玄笺，〔唐〕孔颖达疏：《毛诗正义》卷十三，北京大学出版社 1999 年版，第 797 页。

绵诸、义渠犯边秦境，骊戎兵败献女于晋，等等，中原华夏文明遭遇异族入侵，自身处境岌岌可危。有鉴于此，先秦儒家毅然自觉承担起捍卫华夏文明的使命，尽力使“中国”所象征的先进文明不被异族武力所替代，而且坚信华夏文明对周边四夷具有不可抵挡的文明教化力量。基于对华夏礼乐所持有的文化心理与价值信念，在先秦儒家，天下的概念囊括周边四夷，平治天下也自然指向华夏文明对周边四夷的文明教化。基于此番文化价值信念，先秦儒家一向不以血缘与种族设夷夏之防，而是以是否接受诗书礼乐教化为判断标准。孔子感叹“夷狄之有君，不如诸夏之亡也”①，孟子说“吾闻用夏变夷者，未闻变于夷者也”②，唐代韩愈在《原道》中提出“孔子之作《春秋》也，诸侯用夷礼，则夷之；进于中国，则中国之”③。在价值视域下，先秦儒家赋予天下观念以文明教化内涵，这种价值内涵以个人道德修养为逻辑起点，一步步展开于具体场域情境之中，最终达至天下，即明明德于天下而止于至善之境。先秦儒家坚信基于内圣修养的道德实践对家国天下等外王事业的决定性影响，简言之，先秦儒家基于道德以治平天下的圣王理论本身彰显其价值应然性。

先秦儒家身处变革之世，面对华夏文明的存亡处境，保存中原文化尚且不易，更不必说以华夏文明教化四夷。然而，先秦儒家知识分子平治天下的困难程度与笃定信念恰恰体现出知其不可而为之的道义担当。生当“中国如累卵”的文化存亡之际，先秦儒家的知其不可而为之并非迂阔，而是一种有足够理由坚持下去的必然信念与必须要完成的使命感。一个人若知道自己所为之事有望成功，于是坚持做下去而取得成功，这是顺理成章之事；然而若一个人明知自己所为之事成功概率很小，甚至是几乎不可能之事，却依然坚持下去，这是信念笃定且使命使然。明末张岱在《四书遇·论语·宪问第十四》中讲“知其不可为而不为，贤人也；知其不可为而为之，圣人也”④。张岱以知论贤，以仁论圣，可谓契合先秦儒家平治天下的价值宗旨。先秦儒家圣人何尝不知不合时宜之事费力不讨好，却依然以仁为己任，即使任重而道远，也始终抱定死而后已的坚定信念。这是因为“不可为”不是不能去为，而是在别人看来，于个人自

---

① 杨伯峻：《论语译注·八佾》，中华书局 1980 年版，第 25 页。

② 杨伯峻：《孟子译注·滕文公上》，中华书局 1988 年版，第 125 页。

③ 〔唐〕韩愈著，马其昶校注：《韩昌黎文集校注·原道》，上海古籍出版社 1986 年版，第 17 页。

④ 〔明〕张岱著，朱宏达校：《张岱著作集·四书遇》，浙江古籍出版社 2014 年版，第 303 页。

身没有功利可言，别人不屑去为。先秦儒家之为以行其义，知晓道之行与废皆由命。于是，拯救华夏文明于将坠，不在于如此做可否成功；以华夏礼乐教化四夷，也不在于这样做能否带来利益，只是根据道义，应当如此而已。

四、均平天下的责任落空

先秦儒家平治天下，除了自觉担当以华夏文明教化四夷的使命之外，其“平”还内含均平之义，以此表明先秦儒家均平天下的价值指向。在价值维度，先秦儒家以均平诠释平天下之“平”，一是欲使社会秩序合理有序的社会理想，二是先秦儒家知识分子欲平天下不平之事的社会责任。

就社会秩序而言，先秦儒家欲使天下均平，并非一般意义上所理解的平均主义，而是指向社会秩序合理而有序。合理，内含公平与正义；有序，社会各阶层上下有等而各安其位。思考社会秩序的合理性及其可能性并致力于重建合理有序的社会秩序是贯穿先秦儒学始终的基本命题。基于当时社会背景，先秦儒家面对社会上诸多不公、不平、不正、不义之事，再三提倡重建社会的公平与正义。当季康子向孔子问政，孔子脱口而出“政者，正也”①，并明确表示为政之要首在正名，当时乱名非分之事甚多，以致孔子弟子都认为老师此言实属迂阔之论，然而，孔子坚持认为名分之正对于言语举事、礼乐刑罚、教化百姓实为关键。孟子将大禹治水、周公兼夷狄与孔子作《春秋》相提而论，肯定远古先圣的历史功绩，认为禹治水而天下平，周公兼夷狄使百姓宁，接着讲到儒家孔子的盖世影响，即孔子作《春秋》而乱臣贼子惧。司马迁在《史记·太史公自序》中记载：“春秋之中，弑君三十六、亡国五十二，诸侯奔走不得保其社稷者不可胜数。……君不君则犯，臣不臣则诛，父不父则无道，子不子则不孝。此四行者，天下之大过也。”② 当世之时，社会上臣弑君、子杀父等悖乱礼义、不公不正之事被先秦儒家口诛笔伐，《春秋》笔法让乱臣贼子感到理屈而恐惧以致难以言对。明代王守仁以正训格，正其不正以归于正，可谓契合先秦儒家对于社会秩序合理性的致思理路。

就社会责任而言，先秦儒家的均平指向士君子对现实社会的价值反思与批判意识，但是，先秦儒家反思与批判现实的社会责任却历经穷年累世而无法落

---

① 杨伯峻：《论语译注·颜渊》，中华书局 1980 年版，第 136 页。

② 〔汉〕司马迁：《史记》卷一百三十《太史公自序第七十》，中华书局 1999 年版，第 2492 页。

实。天下有道，天子决定礼乐征伐的社会秩序一直为先秦儒家所期待，然而先秦时代，王纲解纽，礼坏乐崩，天子政权下移至诸侯，诸侯国命亦多陪臣执掌。天下无道的社会现实迫使先秦儒家反思其根源，并试图以均平天下作为解决这一时代主题的理想方案，现实权力结构的改变致使先秦儒家不得不以“得君行道”作为均平天下这一理论方案的实践主张。但是，对于统治阶层而言，先秦儒家平治天下的政治理念与现实君主争霸称雄的政治企图并非一致，这就使先秦儒家不得君主赏识，无法“得君”也就更难行道。对于平民阶层来讲，国家政治为肉食者所谋，是王侯将相应该考虑的事情，因此对先秦儒家的政治理念亦不甚关注。孔子为得君行道，在父母之邦遭排挤以致流亡他国奔波十余载，穷困落魄如丧家之犬，被城门小吏所讥讽，被狂者接舆所不屑。孔子自是初心不改，“君子之仕也，行其义也”[①]，在坚守道义的同时亦自知道之不行乃由命不由己。君子所为，并非在意自己是否获益，而是在意能否使天下苍生免于涂炭之苦，无序乱世重归承平之治。但是，若不能将平天下理论落实于现实，君子纵有经纬天地的满腹韬略也是徒劳，孟子对士君子的社会责任和文化使命寄予强烈的理性自觉，以此表达心声，“思天下之民，匹夫匹妇有不被尧舜之泽者，若己推而内之沟中”[②]。然而纵有兼济天下的宏愿与豪情，“如欲平治天下，当今之世，舍我其谁也”[③]，终究也不免王顾左右而言他的政治冷遇。

五、从平天下到天下平的“道”与“势”博弈

历史往往对儒学极尽戏谑之能事。先秦儒家平天下的价值理念与社会责任其主观动机与历史上儒家平治实践的现实结果差距甚大，这是因为当先秦儒家平天下的超越性价值遭遇现实中政治与军事等外力因素，思想家追求价值理想与政治家谋求现实利益之间势必凸显张力。理想与现实的冲突，往往使儒家为了整个学派的生存与延续，不得不一次次向现实妥协。

道与势的两相博弈。面对现实中的政治强权，儒家默认现实对自身理论原意的改造要求，结果则使“平天下”的价值理想与文化使命成为专制君主争霸称雄的权力欲望。先秦之时，齐桓公张尊王攘夷之帜肆意开疆拓土，宋襄公假借仁义之名以图霸主之业，孟子看清了春秋无义战的现实真相，即使诸侯国君

---

① 杨伯峻：《论语译注·微子》，中华书局1980年版，第208页。

② 杨伯峻：《孟子译注·万章上》，中华书局1988年版，第225页。

③ 杨伯峻：《孟子译注·公孙丑下》，中华书局1988年版，第109页。

祭出仁义大旗，也不过是为了争权夺势以其作名义上的幌子而已。西汉以降，国家政治格局渐趋稳定，董仲舒应运而生，他抓住历史机遇使儒学在诸子百家中脱颖而出，取得独尊地位并成为国家官方意识形态。与儒学独尊相应，儒家思想体系也随之发生价值改变，平天下的价值理念自是不免其殃。董仲舒将平天下的根据追溯到先王之道，董仲舒对王道进行思想发挥，将王道的完满至善上溯到天道，并以天道唯一与至上性质直接推导出权威主义与王权专制。“道之大原出于天，天不变，道亦不变。”① 这样一来，先秦儒家原出于天的王道无形中被偷换成了专制君主之道，于是，专制君主上承于天便直接取得了君权正统性。现实君主作为奉天应运的王者乃天之子，天子作为人世间代行天道者，上承天意，下驭万民，王权至高无上，直接以天道恒常为法理根据，天道一旦落实到君主，就转变为君主所行之道即君道。于是在君主权威下，先秦儒家平天下的价值指向自是以专制君主的个人意志为最终依据。

另外，先秦儒家“天下平”所指向的社会合理有序的理想状态也转换成君主统治下四海无事、百姓顺服的专制局面。外在权威一旦确立，对其服从与依赖便成为必然要求。董仲舒以天道恒常性为专制君主之道确立形上根据，至上君权无疑又是现实社会秩序存在的决定力量，表面上社会秩序本于天道至善原则，实则赖于现实君主权威，于是，君主的个人意志在很大程度上便成为既定社会秩序的合理性所在。宋太祖赵匡胤针对“自唐季以来，数十年间，帝王凡易八姓”的天下长久战乱局面，与宰相赵普商议：“吾欲息天下之兵，为国家长久计，其道何如?”② 赵普分析唐末五代战乱的原因，认为是藩镇太重导致君弱臣强，并以“稍夺其权，制其钱谷，收其精兵”作为强化君权的策略，进而达到天下自安的目的。显然，专制君主凭借强势权威、通过高压力量所实现的“四海升平”与先秦儒家“天下平”理念中公正合理而有序的价值指向大相径庭。如果说先秦时期天下、国、家、个人之间形成层层隶属关系，上下之间各有权利，互尽义务，双向对等，那么，在专制君主统治下，在社会等级结构的上下从属关系中，随着王权不断强化，作为从属且依附于王权一方的臣民其自主性必然被相应弱化。在阳尊阴卑、君为臣纲的价值原则下，个人主体的自由

---

① 〔汉〕班固：《汉书》卷五十六《董仲舒传第二十六》，中华书局 1962 年版，第 2518—2519 页。
② 〔宋〕李焘：《续资治通鉴长编》卷二《太祖建隆二年》，中华书局 1979 年版，第 49 页。

意志与独立人格便不具有目的性，臣民的存在价值在很大程度上体现于君主意志，即执行君主意志的手段或工具。专制社会君权至上的权威原则体现在思想文化领域，政权大一统趋势与专制本质必然要求单向性服从的思维方式，这不仅限制多元文化并进，而且文化专制政策只允许臣民服从与信守权威，由不得自主选择。意志自由与人格独立的相对弱化迫使士大夫摧眉折腰，士君子的人格尊严与社会担当甚至其对现实的反思、批判意识所剩无几。于是，儒家知识分子从推行王道变成捍卫君道，反思与批判现实的社会良知以及平治天下的社会责任更是变成粉饰太平与歌功颂德的无奈心声。

六、价值理念中平天下的逻辑合理性

《大学》首章开宗明义："古之欲明明德于天下者，先治其国；欲治其国者，先齐其家；欲齐其家者，先修其身。"① 进而"身修而后家齐，家齐而后国治，国治而后天下平"②。由格致诚正的个人修身工夫到修齐治平的社会治理模式，不仅一直是儒家知识分子进德修业的个人理想，而且作为中国几千年传统社会的主流价值观念被广泛认可与接受。先秦儒家这种将道德、学术与政治糅合为一体的思维方式，由个人内圣修养而层层推演出外王事业的逻辑进路，围绕修身这一核心环节，以格致诚正的工夫完善主体人格为道德前提，同时修身又并非隔绝于现实经世活动之外，而是展开于家、国与天下的具体场域之中。先秦儒家提倡齐家、治国、平天下，毋宁是表达一种知识分子的文化担当，寄托一份文化价值理想。在文化价值维度审视先秦儒家的平天下，就不难理解无论历史上政治环境多么不利于儒学生存，儒者对内圣开外王的逻辑理论依然表现出坚定的决心。

历史上儒学一向是知识与道德二者合一的学问，尽管在某一时期也有一些儒者对闻见之知予以关注，但是更多时候大部分儒者主要在思考如何明智地做人与待人的智慧，儒学本质上还是关于道德的学问。先秦儒家平天下以道德修养为逻辑进路，以个人德行教化为起点来追问社会理想秩序何以可能。理论上，先秦儒家以德性认知为起点的平天下理念兼具现实性与超越性，既可以为现实政治有效运行提供理性指导，为建立合理的社会秩序提供价值导向，以此

① 〔宋〕朱熹：《四书章句集注》，中华书局 1983 年版，第 3 页。

② 〔宋〕朱熹：《四书章句集注》，中华书局 1983 年版，第 4 页。

形成对现实社会的反思与批判意识；同时又可以不囿于社会具体领域，超越特殊社会形态，提供具有普遍意义的文明教化理念。抛开儒学始终无法以内圣开出外王的历史尴尬，单纯从文明教化维度来审视平天下的价值理念及其“明明德”的逻辑前提，不难发现，这种基于个人修身的道德前提而得出明明德于天下的道德结论的逻辑完整性是不言而喻的。王夫之以《大学》“言教不言养”来诠释“平天下”：“盖养民之道，王者自制为成宪，子孙守之，臣民奉之。入官守法，仕者之所遵，而非学者之事，故《大学》不以之立教。”① 相较于微观上具体的治理措施，儒学更多是从文化理念上阐明养民于天下的价值导向。

教人如何做人与如何待人一直是儒学的立意宗旨，先秦儒家通过对主体自身的审视，从文明教化与价值认同方面来论证平天下何以可能。“足以化民易俗，近者悦服而远者怀之，此大学之道也。”② “大学之道”从个体到国家乃至民族来诠释平天下的教化内涵。儒家一直对内圣外王笃信不疑，这并非意味着历史上儒者们不知人心抑或无视现实因素而始终一厢情愿，而是儒家一直从教化意义上思考这个命题，平天下并不仅仅是一种针对政治领域而言的社会理想状态，还是在更广阔范域中关于文明教化的价值视界。尽管先秦儒家平天下的价值指向与历史实践效果发生偏离，但文明教化与价值认同始终是先秦儒家平天下的应然之义。就概念外延来讲，先秦儒家所认知的文明教化之天下要大于政治统辖之天下。先秦时期天子所辖九州，不包括周边四夷，至于海外邦国更是互通甚少；然而先秦儒家平天下理念中则包括抚四夷、怀远人等教化理念。当然，先秦时人对中原九州与四夷之外的地理空间认知水平有限，因此，平天下的价值理念很大程度上是在设想空间内给予佐证。明朝末年西方传教士带来《坤舆万国全图》，使中国人首次知道中国并非世界中心，也使中国传统知识分子首次见识到世界地图和相关地理知识。明朝瞿式耜与西洋教士艾儒略往来，在其著作《职方外纪小言》中说：“按图而论，中国居亚细亚十之一，亚细亚又居天下五之一。”③ 言犹至此，文明发源地的地缘位置与其所产生的普适意义并不存在因果必然联系，中国不再是地缘中心的认知纠正并不影响华夏文明本身的价值存在。在价值层面，先秦儒家平天下理念自身所蕴含的儒家知识分子

① 〔明〕王夫之：《读四书大全说》，中华书局 1975 年版，第 12 页。
② 王文锦：《礼记译解·学记第十八》，中华书局 2001 年版，第 514 页。
③ 朱锋刚：《儒学信仰建构中的“中国意识”问题研究》，《社会科学辑刊》2014 年第 4 期。

的道义担当与社会良知及其文明教化之义依然是超越性的。

第二节 成仁的终极归属

以爱释仁在西周之时既有之，《国语·周语》中已见“爱人能仁”的记载。白奚教授对“仁”字构成与原初意义深入考察，通过辨析仁的思想内涵与“相人偶”礼仪之间的关系而确立“仁者人也”以及以爱释仁的道德观念。先秦儒家孔子仁学在继承与吸收仁的原有思想基础上，为仁工夫得以确立，仁学本质得以凸显，仁的境界进一步开拓，成为儒家思想体系的核心范畴。孔子仁学兼有超越与现实的二重性，极高明之道不离人伦日用之间。超越性之仁作为主体的终极追求，是一种可望而难能可及的精神境界；现实性之仁不仅始自现实中人的血缘亲爱，而且为仁意愿与工夫，由己而非由人。儒家求仁得仁的主要途径是为学，颜回是孔门弟子中最为好学的典范，所学至德足以匹敌圣贤，孔子对其好学善道更是赞赏有加。

一、成仁的自由意志与自觉行为

孔子将仁作为人之为人的道德理性本质，并非实然性事实判断，而是应然性价值理想。因此，主体要完全实现“成仁”的理想人格并非易事，不仅需要不间断的为学工夫，还依赖主体求仁的意志与决心。

为仁始自人伦之亲。春秋之时，以爱言仁的说法已经普遍流行。孔子接过仁的概念并将其“爱人”内涵进一步深化与扩大，明确了仁之“爱”始自人伦之亲，自孩提之幼，人莫不知爱其亲，莫不知敬其长。因此，先秦儒家将源于血缘至亲的爱亲之仁视为人生而即有、自然而然、随处可证却无须证明的始基所在。“孝悌也者，其为人之本与!”① 对父母做到生事爱敬、死事哀戚，先秦儒家认为此乃行仁之本；反之，对父母兄弟不孝不悌被先秦儒家斥为不仁。孔子回答宰我对三年通丧的质疑，“子生三年，然后免于父母之怀，夫三年之丧，天下之通丧也”②，对宰我居丧期间食稻衣锦而心安的状态斥之为“不仁”。仁爱起自孝悌，然而并非仅囿于此，而是根据爱有差等的原则超越家族亲亲，扩

---

① 杨伯峻：《论语译注·学而》，中华书局1980年版，第2页。

② 杨伯峻：《论语译注·阳货》，中华书局1980年版，第200页。

展到一般人际关系的博爱情感。《国语·晋语一》记载："为仁者，爱亲之谓仁。为国者，利国之谓仁。"《国语·周语》也有言："慈保庶民，亲也。"仁者之爱扩大到社会领域，对于不同主体而言，爱人的具体内涵也随之发生改变。对于一般人来讲，像对待亲人般关爱他人是谓仁；对于有国者而言，行惠及百姓国家之举方为仁。孟子明确讲到"亲亲而仁民，仁民而爱物"①，仁者仁乎其类逐渐成为先秦儒家的价值共识。

为仁工夫可学而至。孔子多位弟子都曾向其师请教过"何者为仁"或是"仁者何为"的问题，孔子针对不同弟子的各自特征分别给予不同回答，但是并未对仁做出明确定义，对很多弟子的答复也是随处指点，多侧重于修德、言谈、政事、使民等具体行为指向或为仁方法论原则。孔子以克己复礼为仁回答颜渊，以见宾如承的恭敬回答仲弓，以爱人知人回答樊迟，以言行谨慎回答司马牛，以立人达人之道回答子贡，等等。诸如此见，孔子以具体为仁之方或行仁之举为弟子答疑解惑，如何为仁便成为孔门弟子必修的道德功课，同时也意味着孔子所传仁道，始于仁爱至亲，见于人伦日用，行仁并非难事，人人可学而得。子夏说："贤贤易色；事父母能竭其力；事君，能致其身；与朋友交，言而有信。虽曰未学，吾必谓之学矣。"② 学习不仅使身通数艺获得本事与才能，更是完善主体人格、达到成仁至圣境界的重要途径。孔子自称是"学而不厌，诲人不倦"的好学者，再三向弟子强调学的重要性：以六言克六弊教育子路行事严谨；以"不迁善、不贰过"称赞颜回仁智之德；以"绘事后素"与子夏论诗知礼；以学诗学礼教诲孔鲤知言立世。孔子教育弟子坚持为己之学，"君子学以致其道"③，反对将求学作为沽名钓誉的手段，为学意在修身，而不是在人前要誉得利的口耳之学。子夏领会孔子为学价值指向，"博学而笃志，切问而近思，仁在其中矣"④。

成仁理想可望难可及。在先秦儒家，生物学意义的自在之人并非彰显人之为人的本质所在，主体的终极价值在于实现"成仁"的道德理想。然而，孔学中成仁理想极难企及。对个人完善主体人格而言，仁是一种很难达到的理想境

① 杨伯峻：《孟子译注·尽心上》，中华书局 1988 年版，第 322 页。
② 杨伯峻：《论语译注·学而》，中华书局 1980 年版，第 5 页。
③ 杨伯峻：《论语译注·子张》，中华书局 1980 年版，第 213 页。
④ 杨伯峻：《论语译注·子张》，中华书局 1980 年版，第 213 页。

界，现实中践行的各种具体德目只是“近仁”工夫而非仁本身的完全呈现。为了“成仁”，主体需要付出巨大的代价，甚至是自己生命，“志士仁人，无求生以害仁，有杀身以成仁”①。曾子发挥其义，士需弘毅，任重道远，仁以为己任，至死而后已。孔子深知仁实难至，因此不轻易以“仁”许人。孔子只明确称殷有三仁，即面对殷纣无道，微子、箕子、比干，三人或去、或奴、或死，虽行异却心一而理同，故以仁称之；称赞管仲存华夏道统不绝、接中华文明将续的社会功德，“相桓公，一匡天下，九合诸侯，不以兵车”②，以管仲之力许其仁。相反，孔子对雍之不佞、子路善治、子贡能言等诸弟子的突出才能皆不以“仁”称之。颜回笃志好学，“其心三月不违仁”③，孔子称其实属不易，其余人则“日月至焉而已”，然而孔子仍觉其未达究竟，可见成仁之艰难。孔子从不以“仁”自诩，“若圣与仁，则吾岂敢？”④ 自称只是朝着仁的方向不断努力并坚持不懈。当然，仁之至难并不意味着要自动放弃，践行仁的关键因素是主体自觉与自愿，“为仁由己”而非由人，只要自己理智上明其理而情感上乐其事，践行仁并不困难，“我欲仁，斯仁至矣”⑤，至于达到何种境界，先秦儒家对此并未言明。

二、仁以为己任的终极追求

成仁境界乃主体自得。单纯就理论而言，按照先秦儒家的成仁理路，假使孔子克己复礼与为仁由己的工夫实践得真切彻底，主体人格遂至成仁境界，这也是主体自身体验之事，不足与外人道。主体成仁的道德实践，其道德意志乃个人自愿即不为外人所强迫，修养工夫则靠个人自觉，情感上认可且理智上认同的真实自在过程。至于主体修为所达境界究竟如何，此为个人道德领域中自得其乐之事，主体个人道德意志与追求各异，修为工夫与方法有别，所求与所乐境界自是不同，若强行用一个统一的外在标准来衡量高下，实难可行。从现实修为来讲，若个人道德境界的高下很难以整齐划一的外在标准来评断，那么个人修为是否有内在的衡量标准，答案应该是肯定的。无论是孔子、颜回还是

① 杨伯峻：《论语译注·卫灵公》，中华书局1980年版，第172页。
② 杨伯峻：《论语译注·宪问》，中华书局1980年版，第159、160页。
③ 杨伯峻：《论语译注·雍也》，中华书局1980年版，第60页。
④ 杨伯峻：《论语译注·述而》，中华书局1980年版，第81页。
⑤ 杨伯峻：《论语译注·述而》，中华书局1980年版，第79页。

儒家后学，道德主体不认可外在标准，也就意味着主体修为有自己的道德标准，并依此判断而坚守之。然而，问题在于，主体是按照道德标准去自我修为，还是先有自我修为，之后再给自身找到道德解释。若是前者，主体所认可且依据的道德标准又来自何处？若是后者，主体给自己修为以道德解释其合理性根据何在？说到底，孔子与颜回为学与成仁至圣本质上是主体在道德领域内的个人修为活动，孔颜自己从未自诩为仁与圣，只是立志求仁致圣，孔子赞许颜回贤哉如仁，也只是就其为学成仁的工夫与安贫乐道的心志所赞叹。

成仁境界标准外在化。历史上，孔颜圣名垂青万世，实乃后人依其自身现实需求所致，已然使成仁标准外在化。在现实经验层面，主体追求成仁理想只能无限地去接近，即使主体自身也无法说清楚做到何种地步就算是完全实现，毋宁说，仁的终极关怀只是作为价值理念使人信仰而并非在现实中实能达到。成仁境界的绝对价值决定主体求仁工夫的必要性，同时成仁的艰难性甚至难以实现的理想性亦导致主体实践工夫的无休止性。西方古希腊哲学家芝诺提出“二分法”的悖论，即到达目的地之前，运动着的事物需要首先完成全部路程的一半，而在完成一半的路程之前又需要完成一半的一半，如此下去以至无穷，永远也达不到目的地。芝诺悖论主要是以此否认运动可能性，然而，依此对先秦儒家理想超越现实的隔空之距做出说明同样有说服力，即二者之间的悖论在于理论上标准内设而现实中工夫难至。成仁标准内设于主体自身也就决定了无法明确界定，境界主要依靠主体个人直觉体验，若只在道德领域内主体自修自得，亦与他人无碍。但是，孔子仁道不仅关乎个人道德，道不离人伦日用的现实性决定了仁道必然还会延扩到社会范围，即修身以爱人、安百姓。在社会领域，个人成仁体验因人而异，彼此之间自说自话而难能互相信服。为了确立令众人信服的道德标准，成仁修为的个人体验标准势必会转化为社会领域中相对统一的外在标准。标准一旦外在化，主体修为工夫与德行就不再仅仅是个人私事，还具有公共性质与社会责任的意味。从只靠个人直觉体验到他人可以耳闻目见，主体追求成仁理想就不仅是个人自修自得，还要对社会中其他人负责，于是，成仁的评判权也随之转移到他人，即主体成仁至圣的标准在人而不在己。中国历史上自西周即有《逸周书·谥法解》，依其行迹而表其功，他人（后人）以当事人生前作为或功绩而盖棺定论，给定身后谥号。《左传·襄公二十四年》记载：“‘太上有立德，其次有立功，其次有立言’，虽久不废，此之谓三不朽。”[①] 创制垂法而博施济众谓立德；拯危除厄，功济于时而利在千秋谓立功；言得其要理，足传万世称立言。“三不朽”中，与功业及文言相比，“立德”之事见仁见智，标准评价不一。颜回好学乐道，名列七十二贤之首，穷困不足移其志，年仅二十九岁发尽白，孔子赞其为学工夫可至仁，言行语默不违仁，叹其不幸短命而殇，自颜子之后孔门再无如此好学者。管仲其人其事与颜回迥然不同，孔子批评管仲不知礼，却不计较其小德有亏，以其一匡天下之力、存亡绝续之功而深情赞许其仁。

对主体所建社会功业给予道德标榜，成仁的现实性指向肯定主体社会功德价值，这本是孔子仁道现实性的必然引申。但问题是，个人行为对他人产生是非功过影响，在公共领域内其言行有目共睹，他人有权评议褒贬。然而，个人道德修为是私人领域之事，是非成败与他人并无关涉，他人无从得知主体修为工夫深浅，更无法评议主体修为境界高下。若将主体个人立德私事也拿到公共领域由他人评议定断，则实无现实可行性。两汉之际，国家以道德标准察举征辟人入朝为官，地方官府以孝廉之名向朝廷推举贤良方正，朝廷派专门人员考察虚实以证真伪。从街头市井妇孺皆唱“举孝廉，父别居”可窥察举制流弊甚多，不仅于个人道德修为无甚增益，而且在现实富贵利禄诱惑下，世风日下，仁义礼法沦为欺世盗名的工具。成仁乐道本是主体自觉自愿的切实行为，由不得他人勉强，来不得丝毫虚假，若国家以统一标准强力推行，结果只会是形同虚设，徒劳无功，不仅与成仁至圣的道德志向相左，更是与儒家以德治国的社会导向相悖。

三、成仁工夫与仁学理想的张力断层

道不离人伦日用的现实性是孔子仁学的另一个特征，其指向成仁至圣理想落于现实中的为学修养工夫。仁之本体内铄于主体人心，发用流行于日常言行之间，无论是“明于庶物”，还是“察于人伦”，一切日常琐屑、主体视听言动无不见仁体的显现流行。然而，成仁境界的实现与为学修德次第之间并非呈现前后一贯的因果必然性，仁道理想与为学工夫之间存在难以逾越的断层。孔子因为颜回“其心三月不违仁”而由衷赞叹其贤，可见仁之难至，求仁工夫历久

① 〔周〕左丘明传，〔晋〕杜预注，〔唐〕孔颖达正义：《春秋左传正义》卷十三，北京大学出版社1999年版，第1003—1004页。

维艰；又以“为仁由己”的主体自觉性而强调欲仁而斯至，求仁善始似乎又并非难事。然而，若求仁成仁只要主体发明自觉心即可，颜回身居陋巷饱受饥苦以明安仁之志，其拳拳切己工夫岂不多余？在孔子仁学价值结构中，强调主体自作主宰的意志自由对成仁理想的决定性意义，凸显主体德性之“己”的同时却以否定性倾向消解着主体的物质欲求，成就主体仁心圣行与为学克己工夫反向并行。孔子为仁路向主要是凸显主体自主自觉与成德根据的内在性，实现成仁理想的前提亦由此奠定，于是，围绕成仁至圣理想的为学克己工夫便逐步展开，工夫日精一步，便近仁一步。颜回历时三月其心于仁不违，孔子称赞其贤，但“三月”毕竟不是经年累月，更不是皓首穷年，在孔子看来，颜回为学工夫究竟是用时不长，着力不够；但就修德效果而言，与其他人的难以坚持相比，颜回能做到不违仁，实属不易，假以时日，颜回在求仁成仁的路上终能近仁或达仁。孔子对颜回为学求仁之志充满信心。

但是，孔子成仁理想的实现与修为工夫的克己倾向存在内在张力，主体以德性之己体现仁心，同时却对身体之己与情感需求给予否定，然而主体毕竟不只是德性存在，身体之躯及其知情之意作为载体与辅助对于成仁至圣并非全是负面价值，孔子也强调以身载道或人能弘道的现实指向，但更着力于主体进德不休的克己工夫。另外，为学克己以成仁只是孔子仁学理想的致思方向并非现实效验。即使被孔子十分看好的颜回也并未完全实现其师的仁学预设，颜回乐道好学，却不幸短命早殇的现实，令孔子既悲其好学之德，又哀其仁道之不行。为学克己工夫能否真正实现成仁理想，只有主体自知；而主体如何自知达仁至圣，更不为外人所知晓。成仁理想的实现无法建立有效的衡量标准，衡量标准不明确，也就意味着达至理想的工夫序列无穷延续却总也达不到目的，唯一可以肯定的是，只有保证为学克己工夫的不止不休，主体便在无限接近仁与圣理想的确定方向上。

孔子坚持成仁目的的纯真至善性质，不使主体耽于财货功业而轻道义，然而，仁学流为虚饰作伪的假道学却难以避免。孔子认为在个人德行修为方面能做到无克、伐、怨、欲这般工夫，实属难能，但这还并不算是仁。因为孔子仁道价值所在不仅关乎个人德业，还要指向社会关怀，不仅要立己、达己，还要立人、达人。孔子直抒己志，愿“老者安之，朋友信之，少者怀之”①，能使老者安、朋友信而少者怀的志向实现的根本途径无疑是内修仁德且外施仁政，即孔子所言修己以成君子、君子以安百姓的仁德路向。然而，主体涉身社会领域的现实结果却与孔子仁道价值的原本初衷发生明显偏离。孔子为仁设定的理想状态是仁作为主体自我修养的精神境界，不受任何外在条件所限制，现实功利性因素不应当对成仁构成障碍。主体求仁而得仁，仁始终作为目的存在，绝非成为追求其他目的的工具。主体精神性的满足会自觉漠视甚至自我否定周身物质条件的制约，贫贱不足移其志，富贵不能诱其心，无论身处幽隐困境还是身居显达高位，这般世俗事象皆无关乎主体对仁德的追求。然而，仁道理念设定的应然理想不等同于现实存在，人不仅有主体性理念存在，同时作为现实中人还有其物质性的一面，主体生存无疑需要现实具体条件的满足，这就决定了主体在肉身躯体方面不具有自主性，反而是被决定者。孔子显然是注意到主体身体作为被决定性存在的无法回避，也不否认主体自身其合理感性欲求的适当满足，但依然强调主体现实需求对其人心的道义自觉并不起决定性影响，反之，主体仁心自觉则能完全统摄身体感官的欲求所向。另外，孔子之仁具有无法虚饰的真实性，仁道真实不虚与真诚无妄的性质被孔子一再强调。“巧言令色，鲜矣仁”②，孔子之仁排斥任何表面虚饰而无内在真实的事物。与此相比，真实不虚，质朴少言，讷于言而敏于行，被孔子视为近仁工夫。孔门仁德是内化于心而外化于行的道德涵养，具有无法虚饰的真实性，若内无真心，外无实行，只在容色言语上虚应故事，惶惶以圣人自诩，“色取仁而行违”③，不免使孔子仁学流为虚情假意的伪道学。无论是春秋宋襄公以仁义之名博霸主之位，还是汉末王莽凭克己谦恭的假仁德篡平帝江山，诸多历史事实证明，违背真实性，假借仁道而谋私利的现实行径不仅与孔子仁道现实指向背道而驰，还会成为居心叵测者为自己谋利的幌子。

四、仁道理想与现实难能兼得

任何理想与现实之间永远会存在断层，越是具有超越性或终极性的理想，与现实之间出现的断层往往越深，其跨越的难度也就越大。隔绝理想与现实的

---

① 杨伯峻：《论语译注·公冶长》，中华书局1980年版，第55页。

② 杨伯峻：《论语译注·学而》，中华书局1980年版，第3页。

③ 杨伯峻：《论语译注·颜渊》，中华书局1980年版，第137页。

断层若是不可跨越，显然理想的可实现性就会很成问题。理想主张的建构在理论上成立或许很容易，经得住逻辑推敲也并非难事，然而一旦要落实到具体实践中，就务必要考虑理想主张转换成具体可操作方案的可能性条件与机会。

孔子仁学在终极关怀层面作为主体精神领域中的道义理想，在促进主体为学进德修业、提升人生境界、完善道德人格方面自有其可爱可求的应然性价值。仁学理想的终极性与超越性决定了理想本身的至高位置，与具体现实的差距又使其难以与现实相妥协。但是，孔子仁学还有另一重性格，即道不离人伦日用的现实性。隔空玄远并非孔子仁学初衷，只是天下无道、时运不济的社会现实与孔子预设的人文关怀相去甚远，而实难降志屈从。仁学理想既超越又现实的二重性格决定了孔子乱世行道的必然与仁学理想实现的异常艰难。先秦儒家自知仁学理想需要根据现实情况层层分解、步步落实到具体实践中，在坚守原则与知权达变之间时中权衡。然而，一旦理想遭遇现实困顿，在曲学阿世与坚守理想之间必择其一，仁学理想与现实便失去中间缓冲地带，二者之间的张力断层便很难跨越。面对道之不行的困境，尽管孔子与弟子一行一再尝试着努力寻求解决良方，甚至几次欲应叛臣之召而前往，周游列国栖栖惶惶，被时人讥讽“知其不可而为之”。孔子困于陈、蔡旷野之际，对于仁道不行于世不解其惑，“吾道非邪？吾何为于此？”孔子聆听弟子之言，自是不会认同子路质疑仁学价值的真实性，更不愿依子贡之言少贬其道以悦世人，而对于颜回志向甚感欣慰：“夫子之道至大，故天下莫能容。虽然，夫子推而行之，不容何病，不容然后见君子！夫道之不修也，是吾丑也。夫道既已大修而不用，是有国者之丑也。不容何病，不容然后见君子！”[①] 孔子修己以安百姓的仁政理想难行于世，于是退而好学修己，死守善道。然而，外在因素终将是无法回避的现实存在，即使如颜回般退居陋巷、箪食屡空而安之若素，为学克己工夫日日精进，也难以弥补不幸早殇的现实憾恨，而徒留悲叹。

---

① 〔汉〕司马迁：《史记》卷四十七《孔子世家第十七》，中华书局 1999 年版，第 1555 页。

第七章　先秦儒家价值体系的后世发展

第一节　“独尊儒术”下的抗衡与妥协

自秦汉以降，中国历史开始进入统一的中央集权的皇权专制时代，伴随政治秩序的统一以及国家巩固中央集权各项制度的确立，统治者吸取秦朝以法为教轻罪重罚导致短暂而亡的教训。汉初之时，国家依黄老之学为施政之道，经过几十年休养生息，民力逐渐复苏；同时汉初匈奴犯边、诸吕叛乱、七国之乱等诸侯封国与外患威胁中央的诸多现实问题逐渐凸显，依黄老之术行无为而治的施政方针难以解决现实问题。武帝之时，董仲舒向朝廷直陈政治之要，以“大一统”思想面貌使儒学登上历史舞台，至此，先秦儒家价值体系围绕天人之学在国家制度、施政方略、意识形态、伦理教化等诸多维度上得以普遍确认，儒学成为国家官方主流意识形态，也使其价值理念在现实政治运行中得到切实贯彻的机遇与可能。

一、价值之天成为“道”与“王”的权威来源

董仲舒继承与改造先秦儒家价值体系的理论建构，以天人之学为核心，以神学化形式为特征，以道统范导政统为目的，将先秦儒家的仁、义、圣、德价值理念进行整合、再造，并落实于指导现实政治运行的过程。先秦儒家价值体系围绕仁学理想从多重维度进行展开，天人关系是其中之一。从孔子到思孟再至荀子，儒家一向秉持顺天知命而达人、援天道以明人事的理性态度，并未在人格神方面过多着意天的宗教色彩。毋宁说，先秦儒家是将商周以来以天君鬼神等淫祀泛滥的宗教观念与重鬼神而轻苍生的文化观念向重人事而不轻天道、理性看待天人关系的哲学思辨维度进行的重大转向。于是，从价值理性的视角审视天的自然存在同时赋予其多重人文价值成为先秦儒家在天人关系维度上仁

学价值的义理所在。先秦儒家价值视域下赋予天以人道与人伦的人文内涵无不肇端于孔子从知天命到畏天命再到顺效天命的认知过程。孔子无端遭桓魁围攻而自信“天生德于予”的背后是以文命在兹的道义担当与传道使命，是深谙君子穷通之道乃天命使然的豁达知命。其后思孟学派将孔子知天的价值义理内涵进一步阐发，从《中庸》“天命之谓性”到“上天之载，无声无臭”① 对价值之天的形上本体之思，孟子尽心知性以知天并且存心养性以事天，将主体自身的心性修养过程提升至存神过化的境界，与义理之天相互沟通，天作为主体修养心性的价值根据意义不言而喻。

董仲舒对先秦儒家价值体系的进一步整合以天人之辨为逻辑起点。总体而言，董仲舒对天的价值设定本质上并未脱离先秦儒家义理之天的一贯之道，尽管从表面看来，天被进一步超验化为带有神学色彩的人格神主宰。在董仲舒思想体系中，尽管将天设定为具有人格神形式的绝对主宰，但是这种超自然与超人世的最高存在并非虚位而设，主宰之天虽然高高在上，却与天下万物消长、人事变迁、世道兴衰等密切关联。董仲舒将天视为百神之大君，作为有意识、有意志的万物之祖直接关涉人君事务，“为王者之所最尊也”②。仁本是先秦儒家对人道根本的价值设定，董仲舒将其上升为天的本质存在，“察于天之意，无穷极之仁也”③。形上之天俨然成为仁道的本体根据，以仁释天，无疑为先秦儒家仁政与王道的政治原则的普遍必然性提供合理性论证。天在化育万物、生成百态的过程中便是无穷极之仁的彰显，对天下一切人事物形成绝对主宰与统摄力量；同时以仁为本的形上之天构成世间仁义之道的价值根据，为主体自身价值给予终极关怀。因此，就宇宙生成论而言，天作为万物之祖是先在的生成物，人是后在的被生成物，即“人受命于天”；在价值本体论意义上，天是人类道德原则与社会伦理秩序的价值根据，人法天而立道，“故仁义制度之数，尽取之天”④。董仲舒以人副天数方式将人的形体、血气、德行、伦理原则以及一切赏罚刑政的政治措施都上诉到天命、天数，天以四时运转化育万物，春

---

① 〔宋〕朱熹：《四书章句集注》，中华书局 1983 年版，第 40 页。

② 〔汉〕董仲舒撰，〔清〕凌曙注：《春秋繁露》卷十五《郊义第六十六》，中华书局 1975 年版，第 507 页。

③ 李振纲：《中国古代哲学史论》，中国社会科学出版社 2004 年版，第 115 页。

④ 〔汉〕董仲舒撰，〔清〕凌曙注：《春秋繁露》卷十二《基义第五十三》，中华书局 1975 年版，第 434 页。

耕、夏长、秋收、冬藏，人以喜怒哀乐四情表达爱憎与好恶；同理，天之四德元亨利贞与人之仁义礼智相对互存。天道意志体现为阳尊阴卑，人道三纲君臣、父子、夫妇取诸阴阳之道；天以五行相生相克，人君通过赏罚刑政以表天人之征。

仁道主宰之天成为现实君主权力来源的理论根据，王者受命于天便是君权神授的直接证明，君主政治权力的合理根据上溯至天，按照董仲舒天人之征的逻辑推导，既然君权授之于天，那么王者就需要承天意以从事，君主施政布道必须上从天意，下顺民心。天道之仁的价值指向需要受命于天的王者无条件依此治理天下，王者对国家臣民的治权由天授予，同时其权力行使也由天来监督。一旦君主治国失职，君德有亏，上天则出灾害以遣告；若君主不改其过，上天则以怪异、殃咎相继示儆。在董仲舒看来，苍天示儆诸如"符瑞"或"天罚"的背后依然以彰显天意之仁而不欲陷人的目的，义理之天的价值设定依旧是对先秦儒家仁义理念的传统继承。毋宁说，董仲舒的天人感应是通过人副天数的比附形式实现儒家劝君为善、宽仁裕民的王道理想。在董仲舒，儒家的整体价值指向并未脱离主体自身价值实现的人文关怀，同时在新的时代要求与社会环境下，先秦儒家对现实君主的政治行为约束在天人感应命题中其内涵得到多重深化。

一方面，主宰之天的至上性与统摄人间的绝对力量通过"王者受命于天"使现实君主的权威主义得到强化，王权至上与专制主义成为天道至上在国家政治与社会领域中的投射。天子其位其权皆承天所授，天子成为天在人世的象征，因此，天道至上的不证自明直接决定了王权至上的合法性，天成为君主统治地位的法统来源，而天的绝对主宰力量同时又为君主强化并维护自身权威提供了合理根据。国家权力掌握在君主一人之手，君主个人意志直接成为国家最高权威，身居高位的君主对举国臣民形成专制统治，在君主按照自己意志建构的社会等级序列中，君主身居等级顶端之上，与臣民在身份与地位上形成高下悬殊之别，同时对父子与夫妇的家庭伦理进行同类推定，而且三纲秩序的确定直接以天道阴阳为价值依据，"王道之三纲，可求于天"[①]。在君臣、父子、夫

① 〔汉〕董仲舒撰，〔清〕凌曙注：《春秋繁露》卷十二《基义第五十三》，中华书局 1975 年版，第 434 页。

妇三伦之间便不自觉强化了一方的绝对权威，而弱化了另一方作为同样主体存在的自身价值。外在权威性的自觉强化与先秦儒家关于伦理规范的整体价值指向明显不同，孔子认为，君以礼使臣，臣以忠事君，君臣二者双向对等的价值指向中蕴含着君若不君则臣便不臣，双方互尽义务方能保证自己权利的内涵，孟子以君惠臣忠、父慈子孝、夫义妇顺规范人伦事理，在先尽义务方得权利方面，双方被给予同等要求。对于主体而言，所在地位与应当履行的责任、所拥有权力以及所获权益是同时并在的。很明显，董仲舒关于儒家思想体系的整合，以天作为君主权威的价值根据，强调身份地位的承天合法性，那么对于君主而言，巩固自身的统治地位便不再需要对他人有所妥协与退让，获得自身权力也无须先对他人负责任、尽义务，而是直接以其强势权威迫使他人对自己无条件服从。

另一方面，董仲舒将仁设定为天道的本质，那么，天道之仁自然就是儒家价值视域下之仁，“道之大原出于天”① 为儒家仁道原则的普遍必然性找到形上本体根据，同时王权授之于天的君主所行治道须顺天应民受其监督与制约，因此，君主顺天所行之道理当是儒家仁政王道。董仲舒将先秦儒家得君行道的政治理想推向历史舞台，借天道之名，假天象示儆谏诤君主过失，使现实君主不得不按照儒家仁政推行治国之道。对专制君主而言，董仲舒的主宰之天为其解决政权法统性问题，为君主权威提供天命所归的理论论证，然而在使其政权统治合法化的同时，天也成为君主施政御民的效法对象，更是制约君主行为的超越力量。董仲舒以主宰之天对统治君主形成制约，在匡正时弊、谏诤君主意义上与先秦儒家“政者，正也”② 的政治主张以及以道事君的价值原则本质上并无不同。神道设教在先秦儒家的价值维度中更倾向于世间社会日常中的人文教化，正如孔子罕言怪力乱神之说，却通过丧葬祭祀活动表达对先祖的殷殷思慕，以起到慎终追远的教化之义。在神学化形式的背后，儒家想要向世人传达的价值观念是世俗化的人道关怀，董仲舒也不例外。在董仲舒看来，借天之名使君主地位与权威得以强化，同时对其形成制约与监督的有效力量，这是统一国家专制集权形势下一事两面的不同价值指向，二者皆有其不可或缺的必要

① 〔汉〕班固：《汉书》卷五十六《董仲舒传第二十六》，中华书局 1962 年版，第 2518、2519 页。
② 杨伯峻：《论语译注·颜渊》，中华书局 1980 年版，第 136 页。

性。加强君权乃时运所致，董仲舒只是顺势而为；制约君权是儒家以道事君的一贯原则，董仲舒是对先秦儒家价值原则的传统因循。于是，在王者副天的前提下，无论是“王者承天意以从事”①，君主不管欲为何事，都需要求诸上天并得到上天的同意，还是“圣人法天而立道”②，君主副天之所行以为政，依天的指示授意来治国裕民，君主俨然成为替天行道者。如此一来，天道以仁义为本，惩恶扬善，雷霆雨露无不昭示君主明德慎罚，天之生民非为君，而天之立君以为民，作为天在世间的代表，替天行道的君主也就不得不以仁政施民。反之，若君主逆天行事，也就意味着其自动放弃天命所授的统治权力，也就丧失了政权存在的合法性，那么，异姓而王，君主的政治地位与统治权力自然会被其他有德者所替代。因此，“其德足以安乐民者，天予之；其恶足以贼害民者，天夺之”③。董仲舒将主宰之天褫夺君位的标准界定为社会民众的公意与百姓民心所向。君主虽然身居高位直接对天负责，但其实质则需要对国家民众负责。透过神学式的天道变幻不难看出，董仲舒醉翁之意并不在神秘之天，而是在君尊臣卑的大势所趋下如何匡正君主过失，使其践行儒家仁政主张，使儒者跻身庙堂，担当以道事君的历史使命。

二、等级秩序中的个人主体性完善

时移则事异，西汉国家统一中央集权的建立自是与先秦时期诸侯并立情形不同，但是先秦儒家对个人主体的君子人格追求并未随形势变迁而发生改变，董仲舒作为西汉大儒受此影响至深。因此，先秦儒家对主体道德修为的要求在董仲舒思想学说中一以贯之。

君主权威渗透到社会不同群体，体现在各种人际关系中。在董仲舒，肯定王权合法性进而强化君主权威，不可避免使君主权威在全社会范围中成为外在强迫力量，从而对社会中每一成员形成外在压迫性制约。不管是臣还是民，社会中每个人都处于不同的等级序列之中。各人所处的联结点被其上下左右的关系牢牢固定，个人作为关系中的一方总被其上级关系无条件控制。但转换社会角度，即使在这一伦关系中为纲为本者，在更大范围内的社会总序列中依然成

---

① 〔汉〕班固：《汉书》卷五十六《董仲舒传第二十六》，中华书局 1962 年版，第 2502 页。

② 〔汉〕班固：《汉书》卷五十六《董仲舒传第二十六》，中华书局 1962 年版，第 2515 页。

③ 〔汉〕董仲舒撰，〔清〕凌曙注：《春秋繁露》卷七《尧舜不擅移，汤武不专杀第二十五》，中华书局 1975 年版，第 273 页。

为更大纲领者其下的从属者，比如，社会中君为臣纲，而臣为民纲；家族内子以父为纲，然子为人夫者又成为其妻之纲，或为人父者还成为其子之纲。在家族或国家不同群体中，强势权威远甚于温情与敬意，高下尊卑秩序中服从与遵守便成为等级结构中的首要体现。“在这种隶属关系中，从属的一方事实上已失去了自主性。”① 作为等级结构中的从属一方，其并未被视为具有独立人格的主体存在，仅是作为依附者，从经济资源到政治地位皆需依赖对方而存在。董仲舒所谓阴道无所独行，便意味着身为从属地位的广大臣民其主体自身价值的实现并不具有先天根据；反之，个人身为等级序列中的一员，有义务与责任维护整体结构稳定，对统治君主而言，实现社会安定，国家无事才是最终目的。然而，即使身居从属地位的人同样作为主体存在，但是在董仲舒强调君主权威的价值原则下，从属者的主体人格得不到实质性完善与尊重，现实中只能依赖其上位者，不得不服从权威，如此才会被认定符合社会主流价值。这样一来，不免弱化甚至否定了先秦儒家视人自身为目的，重视个体生命、尊重主体尊严的价值指向。更何况，董仲舒将天子视为代天行道者，同时却将为臣者的价值界定为君主之善器，那么，臣民自身主体价值实现与否无关紧要，而作为好的工具充分发挥作用实现君主主体价值才是根本目的。因此，社会广大臣民服从君主意志与权威行事便成为天经地义的常理与常情。

以刑辅德的理论原则与现实落实。先秦儒家对君主德行修为一向重视，按照儒家理论逻辑，君主作为一国之君，不仅为人君更是为人师，其言行不仅仅是个人行为，更是作为国家意志随时需要传达给社会上的每一个人。在君子德风、小人德草的情况下，君主德行操守足以成为天下人的表率，为所有人效仿，于是，一言以兴邦或一言以丧邦自然成为君主不同作为所导致的各自迥异的现实后果。君主修身以德，对其个人而言，是主体人格完善的过程；对国家而言，是对国家与臣民所应当承担的责任与义务。在此之前，韩非就曾在国家统一构想中提到君主在国家政治运行中的地位与作用举足轻重，“事在四方，要在中央，圣人执要，四方来效”②。汉承秦制，秦以郡县制替代分封制，国家地方权力集中到中央，由中央直接控制；中央权力则集中在君主，即使中央政

① 杨国荣：《善的历程——儒家价值体系研究》，华东师范大学出版社 2009 年版，第 132 页。

② 〔清〕王先谦：《韩非子集解》卷二《扬权第八》，中华书局 2003 年版，第 44 页。

府设有以丞相为首的官僚集团，丞相上马管军、下马管民，在一定程度上分担了君主对国家的行政或军事管理权，关键时刻也会行使封驳谏诤之权，影响君主对个别事件所做的决策，然而这些都依旧不能改变中央集权下专制君主对臣民生杀予夺、对国家治乱兴衰直接产生的决定性影响。对于统一国家的专制政权来说，人存政举或人亡政息则是颠扑不破的治道常规，因此，君主的个人政治素养与德行修为就变得极为关键。无论是接续先秦儒家价值传统还是维护君主政权的现实考虑，在董仲舒看来，君主修身行德都是应然之事，“天子命无常，唯命是德庆”[①] 的天命使然无不昭示着先秦儒家的德治理念而致力践行修齐治平的圣王之道。君主修身以成圣王而行德治，无论其个人是主动自觉还是被迫勉强，在维护统治权力与利益迫使下，君主都不得不照此行事。

新的时代形势下，董仲舒对先秦儒家重德轻刑的治国之道予以引申，发展成德刑并举的政治原则。一方面，董仲舒重视君主德行修为，力主君主行王道，发展孔孟思想中以仁心推仁政的德治逻辑，将对待自己与对待他人（众民）的适用原则予以区分，即以义正我而以仁安人。在先秦儒家，不曾将仁与义的适用对象进行人我区分，董仲舒继承先秦儒家仁以爱人的内涵，无论对士人修身还是君主治国，爱人以仁皆是必不可少的价值意蕴；同时将义的适用对象明确界定为自我，即义只是针对主体自身而非他人。总体而言，以义正己的道德约束直接彰显先秦儒家圣王榜样“政者，正也”的理想期许，以仁安人的博爱关怀不仅是泛爱众而亲仁的直接翻版，更是儒家所谓修己以安百姓孜孜以求的王道理想的同义表述。因此，就统治阶层中在上位者而言，董仲舒明确界定仁之法在爱他人而非爱自己，“义之法，在正我，不在正人”[②]。那么，义何以正身，董仲舒对统治阶层自我修为的要求是“自攻其恶”，君子修身攻己之恶而不攻人之恶，“以仁治人，义治我，躬自厚而薄责于外”[③]，而绝非对他人求全责备。孔子认为统治者应当居上以宽，对人与己的态度应当是“躬自厚而

① 〔汉〕董仲舒撰，〔清〕凌曙注：《春秋繁露》卷七《三代改制质文第二十三》，中华书局 1975 年版，第 236 页。

② 〔汉〕董仲舒撰，〔清〕凌曙注：《春秋繁露》卷八《仁义法第二十九》，中华书局 1975 年版，第 307 页。

③ 〔汉〕董仲舒撰，〔清〕凌曙注：《春秋繁露》卷八《仁义法第二十九》，中华书局 1975 年版，第 313 页。

薄责于人"[①]，孟子讲"行有不得者皆反求诸己，其身正而天下归之"[②]，董仲舒杜绝统治者以自治之节而治人与先秦儒家所强调的君主德行修为思路一致。此外，在董仲舒，统治者掌握上天所授的绝对权力是秉天之仁意而爱民，威加海内而统御万民绝不是以权谋私，对于君主个人耳目感官之欲不予提倡，甚至给予相当程度的警戒与防御，要求统治阶层正其义不谋其利，明其道不计其功，决不能与民争小利而满足一己私欲。由于统治阶层占据以权谋天下的权威优势，因此，人欲作为不受节制则乱的心理状态，实有必要以"正法度之宜，别上下之序"[③] 的外在秩序来防范或制约之。

另一方面，董仲舒以主宰之天作为君主权力的终极来源，天命使然使君主个人权威对举国臣民形成不得拒绝也无法抵抗的强势力量，于是，臣民对天命的顺从便转移到对君主权威的服从。上察天道之阴阳变化，君主副天治国以德刑杂糅，在以仁安人的德治教化之外还辅以刑法驯化百姓。先秦儒家对广大百姓并未提出依靠自身修养道德的严毅要求，而是将社会成员整体素质的提升寄希望于圣人教化。董仲舒将先秦儒家德主刑辅的传统治道理念引申至德刑杂糅，将部分法家治国主张引入传统儒家的政治理想，使儒法结合并道而行。现实君主将此治道推行起来则逐渐演变成阳儒阴法，霸王道杂之。在董仲舒，君主治国御民，既要以仁义教，更要以刑法威，仁道原则与刑法原则需要糅合并举。董仲舒提出在儒家之内兼容法家治国思路的逻辑与其不同于先秦儒家的人性认知密切相连。董仲舒以人性三品立论，即人性分为圣人之性、中民之性以及斗筲之性，作为君主治国的逻辑前提。中民之性作为循性教化的主要人性根据，因为圣人之性天纵之圣，无待教化而成；斗筲之性顽劣贪鄙，实乃不堪教化。这种人性界分结合现实中的实际情况就体现为：1. 天命所归的君主天纵其圣，不仅是无须教化的对象，更是假君主权威以圣人身份对他人实施教化的主体；2. 社会上绝大多数民众自然不属于圣人之性，无论是中民还是斗筲之性，都有义务接受君主教化或压制。董仲舒认为人性并非是指善与恶两种现实状态，而是一种与生俱来非善非恶的中性潜在状态，即天有阴阳二化，而人有贪

① 杨伯峻：《论语译注·卫灵公》，中华书局 1980 年版，第 174 页。
② 杨伯峻：《孟子译注·离娄上》，中华书局 1988 年版，第 167 页。
③ 〔汉〕班固：《汉书》卷五十六《董仲舒传第二十六》，中华书局 1962 年版，第 2515 页。

仁两性，人性中的两种潜存意向皆有别于既成人性，因此有待接受圣王教化。董仲舒以禾喻性，以禾中出米比喻性以善成，“天生民性，有善质而未能善，于是为之立王而善之”[①]，这就意味着现实君主循性教化成为转变中民之性、成就现实善性的关键。对于斗筲之性中表现出的人之贪性，在人继善成性的过程中体现为一种否定性的存在，实无仁德教化可言，于是只能依靠主体之外的强势权威进行律法压制。由此可见，对中民而言，无论是成就善性还是抑制恶质，圣王以外在于中民自身的仁德教化或刑法施威都是必要环节，且民不得不遂之。

社会等级秩序与君主强势权威对百姓而言不容忤逆，同样，对士阶层主体人格完善的道德修为来说，也是不容忽视的外在因素所在。在先秦儒家，君子德风对普通民众树立道德榜样，予以道德引导以供他人前来效仿，前提是士阶层首先需要做到以义修身成就君子人格，然后方能道德垂范以教化百姓。无论是成就自身的个人价值还是教化他人的群体关怀，士阶层的道德修为活动一直作为先秦儒家成己成人的重要性与必要性基础，即儒家将挺立独立人格、完善主体自身的个体原则与关怀他人、实现社会价值的群体原则在士阶层自我人格完善的道德修为活动中同时得到价值认同。从先秦儒家到西汉董仲舒，所面对的士阶层道德修为的外部环境同中有异且异中存同。相较于三代之时官师政道同出一体，德与位、道与势相与为一的情形，春秋以降，从孔子到董仲舒，士阶层皆面对势道两执、德位分离的社会现实形势。由此，儒家自觉担当起以身载道、以道事君的历史使命。对董仲舒与先秦儒家而言，这始终是儒者主动承担在身的共同使命与道义责任。然而，西汉时期与先秦有所不同的是，国家由群雄并立、战争频仍的分裂状态已然发展成海内一统、社会安定的统一状态；同样，先秦之时周王室衰落，政出私门，士阶层拥有相对宽松与自由的思想言论空间，同时贤臣择主而事，士阶层也拥有更多出仕选择与立身行道的可能与机会，布衣立谈成卿相并非不可能之事。对于士阶层而言，个人将以德修身与立身行道合而为一，修圣贤之德而行王佐之事，兼具修己与安人内外两个价值向度。然而，秦汉之后，在统一国家中央集权下的专制社会中，君主政令可以

① 〔汉〕董仲舒撰，〔清〕凌曙注：《春秋繁露》卷十《深察名号第三十五》，中华书局 1975 年版，第 368 页。

由中央有效传达到地方，君主权势威加海内，社会被建构成一个等级森严的上下从属序列。因此，士阶层无论是对内以道德修身，还是对外入朝参与政事，皆迎来不同以往的际遇与挑战。

仁且智的内圣规定与士人进身之阶的制度设计（征、辟与察举制）。仁是道德规定，智是才能要求，董仲舒以仁与智统一涵摄仁、义、礼、智、信、勇先秦儒家诸多价值范畴，用来指称儒家对主体人格完善的内外规定。从孔子的修己安人，到孟子扩充仁义礼智四端而达之天下足以保四海，再至荀子笃志其义而天下服，先秦儒家一向秉承以修身而达到家齐国治天下平的理想信念。董仲舒对主体内以修身成就君子人格，同时对外以事功实现其道义理想的不同维度仍旧做出相应的价值原则规定。儒家对士阶层的主体道德修为一向是在高标准下严格要求，不仅是在日用伦常中要求主体发于仁心做到视听言动皆合于礼，而且还要求在终食、造次或颠沛之间皆不违仁，士人需要有强烈的仁道担当甚至为此不惜付出生命代价的决心；君子需要以主体浩然之气的精神修为做到穷不失义而达不离道，始于得己而终能得民；“体恭敬而心忠信，术礼义而情爱人”①，士君子做到志意修而道义重，不为世俗权势所役，从而骄富贵、轻王公，“不为贫穷怠乎道”②。在先秦儒家，从以内圣推外王的价值关联来看，士人自身道德修为的重要性不言而喻。循此“君子之守，修其身而天下平”③的传统逻辑，同时适应新的国家形势，董仲舒对士人人格完善的道德修为提出具有时代特色的价值原则。针对士阶层而言，董仲舒强调以义正我而非正人，而所正之“我”与孔子所谓复礼需所克之“己”指向相近，即以主体之道义节制生理本能中不当的感性欲求。董仲舒“正我”的道德活动“自攻其恶”，接近后来王阳明所言正其不正以归于正的为善去恶，这种主体自身本然之“恶”不仅体现在实际行为中，甚至显现于主体的行为动机或心理活动中。

在处理义利关系上，董仲舒常常将义拔高到压抑利甚至否定利的存在价值的地位。义作为主体修身的当然之则是目的，而这种道德目的的价值在其本身不以外在功利为基础，“仁者正其义不谋其利，明其道不计其功”④，从统治阶

① 〔清〕王先谦：《荀子集解・修身》，中华书局1988年版，第28页。
② 〔清〕王先谦：《荀子集解・修身》，中华书局1988年版，第28页。
③ 杨伯峻：《孟子译注・尽心下》，中华书局1988年版，第338页。
④ 〔汉〕班固：《汉书》卷五十六《董仲舒传第二十六》，中华书局1962年版，第2524页。

层不与民争利的价值倾向自觉地转移到明确士阶层的道德修为应当追求义而非利，在不谋利、不计功的行为动机中明确了道德目的的独立价值存在。此外，从行为动机中否定了功利的地位与绝对价值必然导致追求道义不以外在功利结果为判断标准。主体行为不以现实事功为结果，而着重以道德动机判断善恶，“志邪者不待成”①；反之，“本直者其论轻”②，董仲舒企图从主体的最初意念处净化道德活动之义的价值目的，排除关乎利的任何可能因素。但是需要申明一点，董仲舒在主体道德修为中对利的排斥态度并不代表在道德之外的其他领域都否定利的存在价值。董仲舒明白主体道德修为可以正其义、明其道为唯一价值所在，然而主体一旦涉及其他领域，无论是政治事功还是社会日常实践，根本无法否定利的价值也无须排斥功利的作用。董仲舒以仁且智规定主体理想人格，主体体仁的精神活动可以不以功利为基础，但才智却需要在社会事功中闻达诸人，因此才智高浅必须以事功大小为衡量标准，而社会事功不可避免会以利禄封赏公之于众。非道德领域的论功行赏与道德之域的不计功谋利虽事属两端，然而在同一主体的行事活动中道德与政治并非泾渭分明。一方面，主体对义的自觉追求，其意义高悬而价值抽象；另一方面，主体因事功而受赏得利作为现实而具体的应得所在。对于主体在义与利之间如何取舍的问题，董仲舒的义利学说与仁且智的人格设定在思想逻辑上显然并不完全自洽。在明确“利之于人小而义之于人大”③ 的价值轻重之后，继而申明利与义对主体而言皆不可或缺，给予利养体而义养心的双重价值肯定，体得利而安、心得义乃乐便意味着主体在道义追求与感性存在两方面皆获得相应价值定位。

董仲舒从不同维度肯定义与利的各自价值，那么主体追求仁且智的理想人格也就势必会延伸至非道德领域的事功活动中，董仲舒为士阶层的进阶之道设计了相关制度并推行于社会实践。

首先，向朝廷提出兴太学、置五经博士的养士建议，并得到君主采纳且推行于世。西汉武帝置五经博士，在中央设太学兴儒术以培养宣化承流之才为朝廷所用，在地方创办郡（国）县学，从而使儒学之教推行于社会整体士人阶

① 〔汉〕董仲舒撰，〔清〕凌曙注：《春秋繁露》卷三《精华第五》，中华书局 1975 年版，第 104 页。

② 〔汉〕董仲舒撰，〔清〕凌曙注：《春秋繁露》卷三《精华第五》，中华书局 1975 年版，第 104 页。

③ 〔汉〕董仲舒撰，〔清〕凌曙注：《春秋繁露》卷九《身之养重于义第三十一》，中华书局 1975 年版，第 323 页。

层，从而扩大了明儒学、知教化的士人群体，进而使儒学思想与价值指向在读书人群体中得到有效普及。不仅如此，国家通过设置五经博士制度，使明经知礼的饱学儒士有机会与途径入朝为官，儒士之道与入仕之路相结合。“推明孔氏，抑黜百家”① 一方面使儒学独尊官学正统地位，另一方面将通晓儒家之道设定成为官之道的前提，这就意味着自先秦儒家以来历代儒者孜孜以求的治国理想可以通过国家制度设置、政令颁发、措施推行而得到切实实践。因此，儒者通过入太学进身朝堂成为公卿大夫，真正参与进国家政治机器的系统运行过程，在此意义上，儒者迎来立身行道、使道统传承的历史机遇。

其次，落实到具体方案，朝廷主要通过征、辟、察举制度选拔官吏。简言之，国家通过自上而下的征辟制度或自下而上的地方考察推举形式使士人皆“可得而官使”②，朝廷以此延揽人才从而形成社会精英人才上下沟通的良好局面。国家以德行高低和对儒学经典的通晓程度为主要标准，考察士人道德素质或才能水平，以期得贤良方正敢直言进谏者以察纳雅言，得贤良文学者使朝廷公卿多彬彬儒者之风。朝廷下诏兴廉举孝以醇化百姓、移风易俗，无论是以天子之名下令征召布衣之士授予官职，还是宰执公卿辟除贤才名士为僚属，抑或是士以德行闻达乡里，得遇所在州郡地方长官考察并举荐到朝廷，经考核而授官录用等，儒者得此机遇能够使儒家思想主张或价值指向不同程度地渗入到国家意识形态的贯彻当中，进而影响国家政治取向、治国决策、制度确立，甚至君主专制等多个方面，使儒家传统价值理念逐渐影响到整个国家从上到下各个阶层不同群体的意识与生活。

三、天子代天行道

其一，西汉武帝时期，儒学官方意识形态地位得以确立，使先秦时期儒学作为诸子百家之中的一家之学一跃而上，独享其尊，民间自由学术成为官方治国之道，这确实使儒家遇到了一向追求得君行道的理想实现机会。因此，成百上千的儒者在限制皇权滥用、辅成王道、广施仁政、教化百姓、稳定社会秩序等方面成为充当专制皇权的解构者角色。董仲舒提出“道之大原出于天，天不变，道亦不变”③ 的命题以及“王者受命于天”的观念为儒学思想争取到生存

---

① 〔汉〕班固：《汉书》卷五十六《董仲舒传第二十六》，中华书局1962年版，第2525页。
② 〔汉〕班固：《汉书》卷五十六《董仲舒传第二十六》，中华书局1962年版，第2513页。
③ 〔汉〕班固：《汉书》卷五十六《董仲舒传第二十六》，中华书局1962年版，第2518、2519页。

空间，在承认专制君主权力来源以及为其寻找存在法理依据方面，与现实权势有所妥协；与此同时，仍然在理论上坚持即使是受命于天的王者也无法肆意妄为，更需要依从天意布政施仁。天道即是仁道，天道恒常不变，那么代天行道之天子所行之道不是君道与霸道，而是天道，即儒家生生之仁道。董仲舒对皇权来源与其法理根据进行价值设定，此番釜底抽薪之举可谓击中专制皇权的软肋，法统根据关乎一家一姓王朝的兴衰存亡，专制政权对此极为重视。在董仲舒提出君权神授之前，历代君主除了附会神话传说之外，鲜有其他具有较强说服力的法理根据可言，君权为天命所授的说法对专制君主是极大的诱惑，但同时其自身行为、治国理政也就不得不在儒家仁道限制内进行，儒家圣君与王道仁政也就不自觉成为衡量现世君主个人行为与君主作为的价值标准。随着后世皇权被打造得愈加强大与顽固，君尊而臣卑、主强而臣弱的局面长期存在，但历代成千上万儒生不计个人生死在朝堂之上"文死谏，武死战"，廷争面折，以此限制君权滥用、存养百姓、稳定社会，非如此，中国历史上皇权专制境况会恶劣得多。

其二，儒学地位与身份的转变引起社会影响的变化，使其不自觉地流为君主御用统治工具或麻痹百姓的思想武器。理论上，西汉武帝罢黜百家使儒学定为一尊，其实质不过是以儒学仁政王道为其表，实则是儒法兼施、阳儒阴法，使原来周公孔孟的儒家王道之学成为君主霸王道杂之的御用统治之术。汉宣帝直接道出帝王眼里儒学的地位与功用："汉家自有制度，本以霸王道杂之，奈何纯任德教，用周政乎！"① 两汉魏晋皆提倡"以孝治天下"，朝廷采取"举孝廉"措施，德行良善者由此可以入仕做官，皇帝亲讲《孝经》，在中央设《孝经》博士，减免刑罚以示宽宥，甚至法官断案亦以"春秋决狱"。更为重要的是，武帝"以孝推恩分邑于子弟"进而"众建诸侯而少其力"，以怀柔手段解决了汉初封国过大引发的诸多现实问题。诸多现实因素促使儒家之孝被君主直接拿来利用，遂成为巩固专制政权强有力的思想武器。毋庸置疑，以孝与仁的伦理与道德手段作为治国之术，"本仁祖义，褒德禄贤"，劝善刑暴而兴廉举孝在广教化、美风俗方面确实起到一定的作用。然而，此只为其表。实质上，专制帝王以霸王道相杂本就偷换了儒学的原初内涵，成为御用统治术的儒学仁孝

① 〔汉〕班固：《汉书》卷九《元帝纪第九》，中华书局1962年版，第277页。

所欲达到的目的与效果皆与先秦儒家的思想初衷大相径庭。对目标的追求动机与效果的不同也就自然导致实现手段与途径的迥异，现实君主直接将家族伦理之孝搬到朝堂上，以法治手段定为国策并强制推行于社会中，然而这本非先秦儒家理论初衷所倡导。费孝通在其《乡土中国》中就家族伦理推广于社会关系所遭遇的陌生人障碍比喻为波纹同心圆，“我们社会中最重要的亲属关系就是这种丢石头形成的同心圆波的性质……以‘己’为中心，像石子一般投入水中，和别人所联系成的社会关系，不像团体中的分子一般大家立在一个平面上的，而是像水的波纹一般，一圈圈推出去，愈推愈远，也愈推愈薄”①。基于亲情的伦理关怀从家族向社会层层外推，所至陌生人处其关怀效果实难维持。居仁由义只是先秦儒家对道德主体自身提出的自觉要求而非强制他人的实际措施，先秦儒家以孝为行仁之本，并非不明白孝亲原则直接推广于社会领域会产生层层弱化的递减效应，孟子早就对亲亲、仁民、爱物的不同层次之仁爱进行明确区分。因此，先秦儒家孔孟对仁爱推广的坚信与践行并非直接移植抑或是借助国家权势强力推行，而是以主体自身道德榜样的力量彰显道德的自明性，从而感化他人，使其自明善恶且自觉自愿地选择行道德之事。

朝廷以仁孝为国策就现实结果而言，实则流弊甚多。国家将家庭父子孝亲的伦理原则移植到社会范围中，且用于朝廷选拔人才的衡量标准，即以伦理道德标准衡量人的才能贤愚，并以此授予官位爵禄，不仅逻辑不成立而且现实影响恶劣。朝廷以孝亲伦理为制高点，宣扬孝治天下的仁德之风，以期达到百姓在家孝亲、士人在朝忠君从而朝野上下稳定有序的统治目的。然而，以在家孝亲为考察标准而被征辟为官的选拔制度实在难为长久计。理论上并不排除有个别品德高尚者在朝为官政绩亦显著的例外，但这至少并不足以证明个人品德优劣与才能大小直接相关，历史上个人私德显著但为官资质平庸者不乏其人；相反，私德有亏但能堪大任且功绩彪炳者也不计其数。选拔人才，德才兼备者自是再好不过，但终究过于理想化。现实中若在有才无德或有德无才二者之间择其一，两害相权之下，选择以才为主而以德辅之相对为好。才能作为个人能力，本就有高下之别，因此量才授官更容易做到相对公平合理。伦理作为人情之私，道德作为个人私德本就很难用统一的外在标准去衡量优劣，若是强制制

① 费孝通：《乡土中国》，生活·读书·新知三联书店1985年版，第25页。

定统一的外在标准，甚至以利益为诱惑，引导众人讲统一的道德，势必会导致以伦理道德要富贵利益的伪君子者众。此外，既然道德标准由官方统一制定，那么道德与不道德的评判权利也就自然落到官方手里。更有甚者，一方面，掌握道德评判权的一方很容易假道德之手为自己其他意图张目。曹操以不孝罪名为掩饰诛杀与自己政见不合的孔融；司马昭听信钟会进言杀害嵇康，理由是对方与被污以“不孝”罪遭流放的吕安交好，嵇康被冠以不孝者同党之名被问罪，然而，嵇康被杀的真实原因则在于其作为曹氏宗亲又表现出与司马氏不合作的政治态度。另一方面，道德被评判者出于自身的功利目的也不得不做出妥协，甚至主动逢迎官方标准，将自己打扮成道德模范，借此谋求官职利禄，道德也就彻底沦为在上位者的成事手段以及在下位者的逐利工具。汉魏之际，名教流于欺伪，缺乏仁孝实质的名教空有其表。同时，既定于国策的纲常礼法具有强制约束性。于是，明知礼法规定是自欺且欺人，然而从上到下臣民还不得不继续荒唐地照此演下去，当时市井有童谣讽刺道：“举秀才，不知书。举孝廉，父别居。寒素清白浊如泥，高第良将怯如鸡。”可见当时以孝治天下成效甚微，影响却恶劣。

第二节 天理本体的理学发挥

宋明时期，理学成为特定时代下当世社会儒学发展的理论形态，由于学术流派的价值取向与思维模式不同，广义的理学发展主要体现为以程朱为代表的理学与以陆王为代表的心学。宋明理学作为儒释道三教和合转生出的哲学意识形态，标志着中国哲学自先秦诸子时代之后达到的第二个思想与理论高峰。无论是哲学思辨的逻辑周延方面，还是理论系统的推理论证方面，宋明理学都较之前的儒学发展形态更加稳固与成熟。基于对儒家道德理想主义内核的价值传承，理学与心学分别从成圣理路与成德工夫上表现出不同的致思倾向，从而在各自思维模式下对儒家价值体系给予不同角度与立场的系统论证。

一、理一与分殊之间体用本末的理论关联

理学在理论上整合并确立儒家价值体系的基本走向，理学家基于对《论语》《孟子》《大学》《中庸》《易传》等儒家传统经典中哲学范畴诠释或价值义理发挥，逐步建构起完整系统的道德形上学。从宇宙生成到哲学本体，从修养

工夫到精神境界，从道德理性思辨到伦理社会实践，穷天理以立人极，循此逻辑理路，理学家设定与论证形上本体，意在为价值主体的道德、政治、社会活动确立不证自明的人学公理。

理一分殊的哲学架构与逻辑推演。理学视域下无论是周敦颐的“无极而太极”，或是张载的“太虚即气”，还是二程与朱熹的“天理”，理学将天理本然即“一”的状态统一以“诚”名之。“理一”是独一、绝对的整体性存在，先于万物的形上本体是万物之所以成其为万物的道理以及万物之所以存在的逻辑根据。经验世界的生成演化不仅需要以这个逻辑上先在的独一的理为根本原则，万事万物的实体构成还需要质料性之气的参与。由于参与万物构成的质料性之气其清浊、薄厚、刚柔各异，因此，不同个体的人物事所受先天气禀或后天习染各有差别，从而导致呈现于经验世界万事万物中的理各有不同，此为“分殊”。朱熹曾以“月映万川”喻意理一与分殊的逻辑关联及世间万物的推演过程，一物构成自秉承一物之理，万物众异理，然而这并非意味着万物各自所受之理与形上本体之理本质不同，也不是说分殊之理只是本一之理的一部分，而是其全体全量的体现。“如月在天，只一而已，及散在江湖，则随处可见，不可谓月已分也。”① 转换为西方哲学的语境，按照柏拉图的理念分有论理解，毋宁说是经验世界的万事万物由于各自分有了理念从而成其为自身。于是，理学在建构哲学本体与宇宙生成过程中预设理一原则的价值至上与必然先在的逻辑前提，其重要性不言而喻。而且，理一原则在理学家对儒家价值体系的整合与重构过程中亦是贯彻始终。

形上本体在经验世界不同领域的价值呈现。在理学家，本体建构中逻辑上的“理一”转换到伦理语境中表现为价值本体即儒家传统价值理念“仁”。秉持先秦儒家仁者爱人的基本观念，理学家在价值本体（仁体）与宇宙生成（天地生物之心）视域下深化了仁的义理内涵同时亦拓宽了主体识仁的价值空间。程颢讲“仁者，与天地万物为一体，莫非己也”②，并认为“学者识得仁体，实有诸己”③，不仅提到什么是仁，更是回答了如何识仁，仁作为贯彻主体身心与外界万物流通的实体性存在，是主体能够认识与体察的对象。陈来先生认为

---

① 〔宋〕黎靖德编：《朱子语类》卷九十四，中华书局 1986 年版，第 2409 页。

② 〔宋〕程颢、程颐：《二程集·遗书卷第二上》，中华书局 1981 年版，第 15 页。

③ 〔宋〕程颢、程颐：《二程集·遗书卷第二上》，中华书局 1981 年版，第 15 页。

“程明道在《识仁篇》这里强调仁体的境界义、工夫义，但蕴含着本体义”[①]。这个本体义是指天地万物浑然的整体，仁本与物无对，因此，主体（仁者）要识得此理，只需对外无人己之别、消物我之分，对内以诚敬存之而无须致纤毫之力，如是观仁，便能体悟天地大用皆为仁体发用流行。仁体作为万物存在的整体的根本依据，同时也作为宇宙创生的端始源头，体现为天地万物生成与价值成全过程中生生之仁的内涵展开。朱熹论仁，已识得仁体的宇宙生成面向，认为仁体生物之心的源头不在恻隐或不忍，生物源头“只是个阴阳五行，有阖辟，有动静；自是用生，不是要生”[②]，阴阳气息自然流行自是生物之爱。诚如朱熹所言，此理之爱如春之温，如火之热，其中并没有人有意识地要使他温使他热，而是天生自然如此。仁体假借阴阳之气流行不已的过程使生生之理自然发用，从而在化育天地万物中得以呈现。仁体的生成义主要体现在“生之性”或“生之理”，正如草木谷种，凡物皆是生，才有此物。“人物所以生生不穷者，以其生也。”[③] 天地之间正是因为有仁体存在，宇宙万物才会恒转如流，贯通无间。陈来先生认为中国哲学中的实体理论与西方哲学所关注的实体属性或样式不同，“关注实体的发用、流行，而如何处理实体与大用的关系”[④]。朱熹以天地生物之心的生生本性表达为仁之创生义，将宇宙大化流行视为仁体之用，当然，仁体发用不仅体现在宇宙创生过程，人伦庶物不离日用常行之间皆是仁体显现的重要指向，礼仪三百，威仪三千，无一不仁。理学家发挥《易传·彖》中复卦“一阳复于下”的义理，以生生界定天地之心的本质，并从价值视角将主体之仁引申为天地之心、五行之端，从而突出天地之间人的价值主体地位以及仁的创生动力根源。

以生说仁可视为宋明时期理学家对先秦儒学以爱言仁的内涵深化与价值引申，注重仁者之“生”义，在天人维度上突出对价值主体的人文关怀，同时强调民胞物与、万物一体的价值取向。民胞物与可视为先秦儒家亲亲仁爱原则的视域扩大与关系延伸的价值理念，在亲亲伦理基础上，以万物一体为前提，视天下为一家、中国犹一人，仁爱原则将爱亲的情感进一步拓展为仁民爱物的博

① 陈来：《仁学本体论》，生活·读书·新知三联书店2014年版，第173页。
② 〔宋〕黎靖德编：《朱子语类》卷九十五，中华书局1986年版，第2447页。
③ 〔宋〕黎靖德编：《朱子语类》卷一百五，中华书局1986年版，第2634页。
④ 陈来：《仁学本体论》，生活·读书·新知三联书店2014年版，第205页。

爱情怀，仁爱价值的普遍性与丰富性较之先秦儒学得到更为具体的历史诠释。此外，自然天地间的生生不息被理学家赋予仁的人文价值，天的自然人化与天人合一的价值取向同时被给予自觉关注，天之自然存在的事实在理学视域下被赋予应然性价值所在。对自然存在与应然价值追求进行理论沟通，化天地自然存在为人道当然原则，逆向反推则意味着视当然原则为自然存在的必然事实。理学家所言之天在很多意义上直接与理等同，天地运转流行的自然存在便是理的发用表现形式，朱熹直接将天表述为理，“天者，理而已矣”① 与“天之所以为天者，理而已”② 则意味着自然之天与当然之理价值同一。较之先秦，理学中的天人合一更强调“天”与“理”合一，天的自然存在具有应然性价值追求，同时当然之理上升到天的高度以自然形式所呈现，二程所体贴出的“天理”便意味着主体对合理性价值追求的必然性所在。“圣人与天为一”③，其背后的真实寓意在于主体以自然形式追求天理的必然性所在，当然是目的，自然是形式，顺乎自然才会实现其当然。自然作为事实存在的已然状态，具有不得不然之势，存在即为合理，既然合乎理性，也就势必构成主体必须追求的当然所在。因此，在理学家，人道所当然的价值原则包含必然因素，甚至当然之则直接引申为必然之事。

相对于先秦儒家天人之辨的传统内涵，理学在天与人两个维度以及二者之间的价值博弈中皆有发挥。在理性原则与感性存在的关系中，天人关系转化为天理与人欲之辨，理学承认合理满足主体感性需求的基础性作用，但是坚持天理的绝对存在与应然价值的目的，人欲不具有价值目的性，而且不合理人欲的存在对主体追求天理的价值实现构成威胁。涉及自由与必然的范畴，天人关系则表现于天命所限与主体自觉之辨。天命体现为不以人的意志为转移的外在力量，决定天地人物事之所以如此的必然之势，既然如此，主体便不得不顺天命而为。在理学家，主体迫于天命必然性的被动行为逐渐被规定为主体出于自身意愿自觉性的当然所为，无论是在道德领域中的自律自觉，还是社会领域中的才智发挥，主体自主性的选择与行为皆能得到重视与鼓励。同时天命所在便是人力尽处，主体努力又大受其限制，生命存在与个人遭际甚至国家兴衰皆不为

① 〔宋〕朱熹：《四书章句集注》，中华书局1983年版，第215页。

② 〔宋〕黎靖德编：《朱子语类》卷二十五，中华书局1986年版，第621页。

③ 〔宋〕黎靖德编：《朱子语类》卷二十七，中华书局1986年版，第698页。

个体努力所能左右与决定，命定与气数作为一种必然力量使主体存在成为被决定性一方。因此，主体行为的当然性价值原则被必然性力量所界定，从而成为强制性价值规范，“仁者，天之所以与我而不可不为之理；孝悌，天之所以命我而不得不然之事”①。于是，君臣父子便成为无所逃于天地之间的天下之定理，主体的意志自由便不得不让位于理性自觉，形式上，为善去恶的道德选择依然是主体的自由权利，然而失去自由意志的理性选择只能流为不自愿却不得不为的勉强遵循。在压抑感性生命而强迫为仁的过程中，理性存在的本质优先性势必与重视主体自身的生命关怀相冲突，以生说仁的价值初衷首先关注的是生命自身的感性存在，理性本位的强调使为仁循理的价值指向走向背己的反面。

存在主义视域下，人首先是一个感性存在，只有先保证作为一个存在者存在着这个前提，主体才会有可能与机会思考自己的本质何谓。毋庸置疑，存在的现实基础与历史条件是任何一个具体个人都无法回避的前提，理学家却恰恰站在了一个与存在主义相反的前提下抽离了主体作为感性生命的现实基础，否定了主体改善与提升自身生存所需现实条件的价值所在，站在抽象道德与空洞伦理规范的立场去思辨与建构主体个人与社会整体存在的价值体系。这种唯道义论倾向在道德实践中排斥功利基础而强化道义的超功利性，对义的净化保证道德原则理念上的纯粹性与完满性，使价值主体的自我完善与人格塑造更趋向于理性原则的抽象化而脱离现实内涵的丰富感，对主体理性本质的过于强化，对主体感性存在的一再贬低与压抑，使理学视域下的主体人格呈现出空洞无感与单一片面的价值倾向。形而上学中理一分殊的本体思辨与逻辑推理模式折射到形而下现实诸多领域，皆体现出“理一”普遍之理统摄“分殊”具体原则，“分殊”依附并从属于“理一”的价值取向。在理学家，先秦儒家的义利范畴以更为复杂的形态体现于多重价值维度，义与利的价值指向被收摄于天理与人欲的内涵中。理学视域下，理欲之辨大体体现为两个面向：一是面向主体自身之外，循顺与发展先秦儒家群己关系的思路，明确个体存在与整体原则之间的价值高下之别；二是审视主体自身，对主体存在的多种属性及其不同层次予以思考，即感性存在与理性本质的价值选择，具体展开为人心与道心、气质之性

① 〔宋〕朱熹：《四书或问》，《钦定四库全书》经部八。

与天命之性、见闻之知与德性之知的正相反对，在多重价值博弈中体现理学对理想人格的价值设定。

在群己关系中，先秦儒家对待个体行为与社会普遍伦理原则之间关系的态度是克己复礼而使天下归仁，孔子想要达到的社会效果是个体行为既不违背主体自由意愿，同时出于个人意志做出的行为又符合社会普遍伦理原则。问题在于个人自由意志不悖普遍伦理原则何以可能，孔子以“克己复礼为仁”的命题使个人意志自觉消融于普遍伦理原则之中。“仁”作为人之为人的本质体现主体的内在德性，“礼”作为约束人行为的外在规范，体现社会整体制约力量，作为主体的个人若能做到从仁心出发，克求诸己使自我视听言动皆合于礼，反复如此，制度之“礼”与主体之“仁”自会消除内外之别而融通无间。在先秦儒家，礼的设置与规定虽然其形式外在于主体，其价值要义却并非隔绝于主体之外，而是处处体现主体自觉精神与理性关怀，这就为与仁的沟通提供价值契机。毋宁说，在“人而不仁，如礼何”的命题背后便潜存仁与礼的价值关联，即礼的内在本质就是仁，仁体现于外即为礼。孔子试图兼顾个体自由与整体有序的双重价值，尽管其最终目的是实现天下归仁的社会理想秩序，然而在追求社会整体秩序的过程中并未抹杀整体中个人自由意志与独立精神的价值存在。孔子默许整体原则的同一性与个体原则的多样性同时并存，社会的和谐秩序是有多样性内容与多元化形式的整体和谐，而非抽离具体内涵之后抽象性的原则同一。理学家接过先秦儒家群己关系的价值命题并对其相关范畴予以慎思明辨，以道德自觉来彰显个人主体性的首要含义。作为个体存在的自我始终以一己之身来关注群体价值的实现，君子志向所虑绝非其本身，而是天下生民与万世太平，计较自身的一时荣辱忧戚是小人所为，理学家将群体关怀视为个体实现其主体性的价值要义，以履行群体义务与担当社会责任作为个体主体性价值的真正体现。对于现实社会秩序而言，外在化的社会等级序列构成国家这个最大群体的结构形式，每一个体都不可避免地置身于这个等级序列之中，若使个体自我价值得到实现，便不得不首先需要在这个等级中找准自己的身份归属与价值定位，即个人实践活动需要认同且依附社会等级秩序的合理性所在，还要维护社会秩序的整体性功能发挥。如此一来，社会等级结构以整体至上的形式对个体之我从内外两方面形成消融与抑制之势。在理学家，个人主体性价值倡导首先便在于对社会责任与群体关注的理性自觉，同时主张无人心之小我之私而尽倡道心之大我之公，这就不免使个人感性存在（小我）受到忽视，在“饿死事极小，失节事极大”① 的价值极端发展中，甚至完全无视个体生命存在。因此，理学家对群己关系的价值考量在凸显主体理性本质的同时却自觉不自觉地对感性存在予以漠视，整体压抑个体的价值倾向不可避免地导致健全主体人格执于理性而失之片面。

理一分殊的命题在于强调天理统摄万物，而万物归属一理。对主体自身而言，超验之理内化为道心，道心以醇化主体心性而尽显理性本质，从而对以感性形式存在的人心之欲形成对立与制约。道心与人心的对立在主体自身被区分为天命之性与气质之性，体现于主体认知便存在德性之知与见闻之知的分别。理学家所主张的变化气质工夫目的在于克服气质之偏而反于性命之正。主体对价值合理性的确证首先在于合乎天理，在于对价值理性的体认，价值理性以善与美为内涵要义是主体以德性之知所认知与追求的对象，因此，德性之知所涉及的认知主要指向主体自身内在心性，是在对人之为人的道德形上本体即天命之性的照察体悟中获得的先验理性自觉。对于主体自身而言，与先验的天命之性同在的还有后天受气禀聚散变化而成的气质之性。凡人皆存有天命与气质二重人性，主体以先验理性体现天命之性的同一恒常性，构成人的道德理性根据；气质之性以刚柔厚薄、清浊变化体现其差异与多样性，虽与天命之性俱存主体之身却不具有道德价值。理学家认为气质有偏而天命中正，因此，主体只有涵养德性之知，认真体察天命之性不使其被气之昏明所蒙蔽，方能见圣人之奥，达性天合一境界。主体变化气质的工夫意在以德性之知明道心，以存天命之性作为主体反身内求的德性涵养，对主体先验理性的本质强化同时却不自觉贬损了人心之欲的感性存在价值。人受形体所限而气质有偏对其予以否定性价值定位，在对气质之性的属性进行善恶界定之后，继续对耳目感官向外感受物事所获得的闻见之知不予重视，闻见之知作为主体对外在世界的事实认知，本无关乎价值高下，是主体向外探索未知事物，追求真理与知识的技术理性（工具理性），对于满足物质需求、改善生存现状、提升技术水平实有裨益。然而，在“明伦之外无学”的理学视域下，闻见之知作为气质之性的感官功能引申，由于对体察天理、增进主体德性并无直接裨益，因此被斥为奇技淫巧之流。在

① 〔宋〕朱熹：《御定小学集注》卷五，《钦定四库全书》本。

理学，价值理性始终作为主体行为的出发点与最终归宿，就主体成圣价值而言，所追求的理想人格毋宁说是一种剥离感性存在与功利基础的纯粹性单一化的道德理性人格。

理学家对主体理想人格予以价值设定，以外在天理内铄为主体本质属性，表现为道心所在，道心者唯精唯一、纯一无杂，以先验存在的普遍合理性作为主体的主宰力量。然而，现实主体除了内在理性本质，还有表现于外的人心之欲、耳目四体的感性存在。理学家无法无视现实主体的感性存在，却依然在德性义理上表现出否定其功能与价值的倾向。人心之欲主要指向一己之私，感官需求的满足总不可避免会涉及追逐个人之利，表天下之利的公义体现天理之宜，个人私利无论其属性还是地位都是一种与之相对的价值存在。理学家以天理释义，将义赋予天理内涵意味着义具备形上本体地位与意义，体现于形下现实经验中便具有普遍合理性与绝对完满价值，进一步强化了先秦儒家对义的内在价值设定。于是，追求体现必然之理的义，理所当然就成为完善主体人格的价值要义。然而，义的绝对完满价值不仅体现在义自身理念的纯粹上，更体现在成就义不以功利为逻辑前提上，于是，主体追求道义完善人格的过程便应当将任何利的因素排除在外。这与主体突出德性之知以体察天命之性志趣一致，人皆知趋利而避害，圣人不论利害，“惟看义当为与不当为”①，因此，做义所当为之事便是符合天理所当然之则。

儒家圣贤的另一价值指向是淑世之道的社会理想即平治天下的外王功业。功业所致不免与功利关联，如此一来，圣贤为义所当为的功业之事自然使利参与其中。与理想人格的道德修为过程拒斥利的倾向截然不同，外王事业中，理学家认为“义与利，只是个公与私也。才出义，便以利言也”②，圣贤公天下之利便是义之所在，即义的绝对价值在于超越个体之私，体现群体公利；对个人而言，义的价值在于制约并规范利之所在。尽管个体私利在唯义所制并做到利不妨害义的价值前提下有一定的存在空间，理学家不否认“日用之间，莫非天理之流行矣”③，但由于利的价值始终指向主体感性欲求的满足，人欲终归体现为一种与天理相对的私与邪的主体心理或行为倾向，若无节制极有可能会直接

① 〔宋〕程颢、程颐：《二程集·遗书卷第十七》，中华书局 1981 年版，第 176 页。

② 〔宋〕程颢、程颐：《二程集·遗书卷第十七》，中华书局 1981 年版，第 176 页。

③ 〔宋〕朱熹：《四书章句集注》，中华书局 1983 年版，第 132 页。

导致道德上的恶。再者，即使私利的谋取不妨义之所在，理学家对功利的态度也仅表现为肯定其维持主体日用常行的基本生存需求的作用，君子所道所求绝非止步于尚财兴利。非如此，对群体影响而言，国家统治者以尚利之风侵袭整个社会，风行草偃，国家上层风气会对社会民众行为起到消极引导，使人人争相求利，人欲膨胀而尚德式衰，势必会导致个体之间利益冲突甚至社会秩序混乱，“上下交争利则国危矣”①。私利满足感性欲求替人欲张目，而人欲仅仅体现主体感性存在的一面，若耽于享人欲之乐，则使主体很难超越感性小我真正体悟使人之所以为人的天理所在，实现孔颜乐处的精神境界，从而无法达到“惟有天理而无人欲”的大我人格。

在理学家看来，无论是自明诚还是自诚明双向路径的修为工夫所指向的人格典范，即醇儒所追求的精神境界，毋宁说是一种纯乎天理的内圣境界。诚为圣人之本，可视为天理在主体精神境界与理想人格设定中的价值转化，诚作为人格建构的道德本体体现主体真实不欺的内在品德，以真诚为基础建构的主体德行方能至善无伪，从而契合天理而恒定长存。自明而诚表现为向外穷理而“博物多能”对象性的事实认知，自诚而明则是持敬主一、迁善改过的德性之知凸显价值理性，二者结合体现明体达用、体用合一的双向工夫，最终实现诚明合一的价值目标，接续先秦儒家仁且智的理想人格指向。然而，在将“凡事求可，功求成。取必于智谋之末而不循天理之正者”② 判断为非圣贤之道，就已表明理学强化价值理性归本天理的价值倾向。于是，醇儒人格的基本要义在于纯乎天理，涵养心性的内圣境界，因此，朝着“向内便是入圣贤之域”的修为方向，最终使德业之外无他事功成为理学价值定论。

二、心性之学与明体达用之间的价值平衡

理学用力突出“内圣”的德行修为同时并未放弃“外王”的致思面向，试图使二者并举齐行。理学家肯定“德业之外无他事功”纯乎内圣的道德价值，同时并未放弃向外用力的事功努力。秉持日用之间皆是天理的思想论断，理学家追慕圣人气象，完善理想人格并非玄思静坐式的超尘入化，而是将主体内在超越性展现于日用常行之间，于是，理学家需要通过切实力行体悟圣贤之道。

---

① 〔宋〕朱熹：《四书章句集注》，中华书局 1983 年版，第 201 页。

② 〔宋〕朱熹：《四书章句集注》，中华书局 1983 年版，第 225 页。

在朱熹看来，天理既在事物之外却又不离事物之中，圣贤气象原是以无事无为的道理做有事有为的功业。践履道德与对外事功并非两事，因此，理学成就圣贤人格按照日用即道的思维展现于外王过程之中。

两宋士大夫上求（科举入仕）与下达（书院教化）同时努力：入仕为官以殿前轮对而得君行道与以礼齐家为民化俗、兴建书院普及儒家传统人伦教化并行开展。两宋三百余年，国家承唐季五代而兴，总结强藩悍夷边患侵扰不断使国家兵连祸结、战乱频仍致使百姓流离的历史教训，朝廷为巩固统治保障社会安定，采取守内虚外、重文轻武的战略。北宋都城开封地处中原四战之地无险可守，同时北方辽与西夏已越过长城，统治疆域抵达长城以南，渐伸中原可耕种之地，再加之外邦统治者倾心汉化，使其文物彬彬不异于中华。如此一来武备强劲的游牧民族迅速吸收中原文化，以文修武备之势直接对宋王朝造成统治威胁，甚至最后北宋开封直接陷于悍夷金国之手。宋统治者不得不辗转江南地区再都临安，国家始终不能摆脱北方边患威胁，直至北方兴起更强大的元帝国，于是终结宋三百余年的统治。统治者原本计划以“轻武”策略打压武将势力，从“削夺其权，收其精兵，制其钱谷”方面解除武将兵权从而抑制藩镇对中央政府的统治威胁。朝廷出台一系列军事措施，以达到巩固中央统治的目的，同时亦造成很多消极影响：为预防民变，每逢灾年募饥民当兵，结果造成冗兵为患，军队素质低下，御敌无方而扰民有术；国家军费开支庞大，将士待遇却极为低下，甚至为防止士兵出逃以黥面作标记；为防止将领势力过大，采取军队轮流更戍地方，导致将与兵互不相识，枢密院行使调兵权与统帅掌握统兵权相互辖制，如遇战事则遭遇不利；挑选地方精壮编入禁军由皇帝直接掌控，使地方厢军与厢兵疲惫不堪，仅能用于捕盗治安却无力防守御敌；等等。国家守内虚外军事策略的施行确实起到巩固中央统治的目的，使有宋一朝相比其他朝代内乱极少。然而，行此战略的宋朝军事兵弱将寡，在抵御边患方面却收效甚微，遭遇北方悍夷后，其外患威胁极重。如果说宋朝从思想初衷与制度设计上对军事与武备采取的诸多措施意在控制甚至解除武将势力威胁，同时所导致的边患未绝却并非被视为国家的首要威胁，这就注定终宋一朝军将及武官不太可能得遇良机去建功立业而有所作为。武官没而文官兴，统治者出于维护自身统治的动机对武将表现出本能的不信任，在对武官极尽压制的同时却自觉不自觉地为文官士大夫崭露头角以至大展拳脚提供了历史机遇与空间。

宋以“重文”倾向范导天下士人读书明理，偃武修文；承平之时，朝廷任用文人治军，担任枢密院长官；遭遇战事时，以书生点戎行，为帅带兵平边患更成为常事。众所周知，范仲淹在朝为相，力主革除时弊以施新政，在地方为知州，躬亲庶务，讲学明伦，教化一方；请知延州经略陕西，戍边西北，防御西夏；等等。无论是处江湖之远或是居庙堂之高，一贯秉持并贯彻笃行其先天下之忧而忧、后天下之乐而乐的思想。张载少时喜谈兵，多尚武英气，后听从范文正公“名教中自有乐事，何事于兵”，转而求之于儒，于关中讲学、著书立说。张载主张君子学以忧患民生，经世致用，兼善天下而切身笃行，一改汉唐魏晋以来章句训诂空谈玄远之学风，无论是其居官为政还是在乡兴学，始终践履以道济天下、以利济民生的“为生民立命”之旨。终宋一朝，历任君主笃行太祖遗训，国家厚养士人，不杀士大夫及上书言事者，对读书人给予极高的待遇与尊重。这就从现实层面与制度导向上促使圣人之学与忧患天下的君子德操价值指向一致。食君之禄而忠君之事或是士为知己者死的价值信念一直为士人所恪守，朝廷为文人士大夫提供科举入仕的进阶之道，同时保障文官阶层无衣食之忧，这就为文人士大夫忧乐天下、兼善生民提供了现实保障与可能条件。因此，在士人阶层，得朝廷知遇之恩，儒家以天下为己任的一贯理念便不再只是价值信条，而真正成为现实中终身奋进的人生志向。转引李振纲著中所述张载之“四为”箴言：“为天地立心，为生民立命，为往圣继绝学，为万世开太平”①，被冯友兰称为“横渠四句”。此圣贤气象只有在“皇帝与士大夫共治天下”能够达成之际方会呈现。后来朱熹力陈当朝军事政策时弊，“本朝鉴五代藩镇之弊，遂尽夺藩镇之权，兵也收了，财也收了，赏罚刑政一切收了，州郡遂日就困弱”，结果造成“靖康之役，虏骑所过，莫不溃散”② 的惨淡局面。知识分子反思政治运转过程的策略得失，再次侧面印证宋朝轻视与防备武将的思想倾向，同时也流露出文人士大夫对家国兴衰、百姓存亡的切身关怀。

无论是战前书生点戎行，还是在朝文官管军事，读书人得遇良机展现才能、实施抱负，朝廷发展并完善科举制度，为其提供相对完备的制度保障，在很大程度上成为士人进阶入仕，成就外王事功不可或缺的现实条件。理学家明

① 参见李振纲《中国古代哲学史论》，中国社会科学出版社 2004 年版，第 203 页。

② 〔宋〕黎靖德编：《朱子语类》卷一百二十八，中华书局 1986 年版，第 3070 页。

圣人之学意在“为生民建政教之大本，而先树其体于我躬，必学术明而后人才出”①，即使理学所尤为用心在意的心性之学亦绝非仅仅倡导独善其身的个人主体价值，而是使道先充于己，然后施于人，最终关怀仍然是人间社会秩序的合理建构，是国家清平与四民疾苦。建构社会合理秩序很大程度上在于奖掖后进，促其修经济之业，以教化之心而趋圣人之门，终成王佐之才。于是，预谋成其事必先在其位，士人欲将所学举措天下而润泽四民，必须借助朝廷推行的选拔官员的科举之途。然而，朝廷将科举作为官方选拔人才的制度，根据现实中具体因素的考虑与利弊权衡使科举考试的诸多措施落实下来，在具体可操作的实践过程中就价值导向、考试内容、录取方式、名额分配、地域差异等出现这样那样的弊端与隐患，甚至成为理学家眼中“徒欲其务记览、为词章，以钓声名、取利禄”② 为目的的场屋之学。但不可否认的是，自隋唐至两宋，科举制经历了从创制、发展到不断成熟的过程，作为国家选拔官员的官方制度，其制度创立初衷与落实效果渐趋一致。对于统治者而言，“天下英雄尽入彀中”将社会各阶层精英笼络于朝廷并为己所用，不仅弥补了大量下层知识分子散落民间的遗憾与损失，还巩固了国家统治，维系了社会安定。相对于之前世卿世禄的世家大族垄断朝廷官吏来源，科举取士改变了官吏组织结构，抑制了豪强大族势力，加强了中央集权，使国家政局相对稳定。对于士阶层而言，科举制度无疑是自下而上沟通社会各阶层人才的通道，尤其成为大量下层人才的上升通道，这无疑为知识分子增加了进阶仕途、展现才能的机会与可能。两宋无论是录取比例、次数或者名额、数量，还是考试人员的准入范围都相较于隋唐有所扩大。两宋之际，朝廷已经打破了读书人科举考试的出身限制，除了商人与倡优后辈之外，士农工出身的读书人皆有机会参加科举入仕为官，“朝为田舍郎，暮登天子堂”便是这种依靠科举转变读书人个人命运的历史期许。因此，姑且不论“天子重英豪”其背后隐含统治者维护自身统治的为己动机，就历史效果而言，无疑为士人阶层实现修齐治平的儒家社会理想，能够有机会殿前轮对而得君行道提供现实条件与历史际遇。无论是北宋的张载、二程还是南宋的

① 钱穆：《中国近三百年学术史》，商务印书馆 1997 年版，第 3 页。

② 〔明〕黄宗羲：《白鹿洞书院教条》，《宋元学案》卷四十九《晦翁学案下》，中华书局 1986 年版，第 1571 页。

朱熹、陆九渊，皆从科举入仕。尽管他们对朝廷科举取士的价值导向与现实效果的负面影响深有洞察，但也不得不承认，对于国家或者士人而言，此皆为相对合理与公正的制度举措。

对于国家而言，科举制度得以创立并日臻成熟，客观上不仅摆脱了世家大族世袭爵禄、累世把持仕途的被动局面，同时也使国家避免走上仅凭军功受封赏晋升的穷兵黩武之路。科举取士使社会精英上下流通，从而使社会秩序维持长久稳定，同时，文官治国在很大程度上意味着国家政治与社会教化步入文明轨道且得以正常运转。朝廷通过科举选拔出的大小官员，皆是按照儒家思想理念与价值导向的统一标准使德才兼备者在众多读书人中脱颖而出。由于儒家忠孝礼义的伦理价值导向总体上与统治者巩固统治、维护国家稳定的目的大体一致，因此，科举考试内容与录取标准直接以儒家精神为价值导向，甚至有很大部分考试内容直接就是对儒家经典文献义理的再现发挥，儒家主流价值取向与统治者的国家意志实现了高度统一。读书人诵圣贤经典，认同儒家价值义理便是在朝廷取得了政治立场的正确性，统治者支持读书人通过科举以儒为官，就意味着统治者对儒家价值立场的认同与自居。如此一来，无论对于读书人还是统治者，都使对方在政治层面达到符合自身价值标准的合理性与必要性。然而，对士人而言，通过读书进而科举入仕仅是其实现自身价值与圣贤理想的中间环节，而非最终目的，士人读书明理对己意在修身成圣，对社会则为教化于民。因此，即使是起自士林之中，后经科举而入官场的理学家如二程、朱熹等，无论是为官还是为士，不仅仅是关怀国家科举取士的政治目的，毋宁说，在道义层面他们更将科举为官视为自己得君行道以实现儒家社会理想的工具。科举制度仅具有工具理性，而利用工具达到自己的价值理性才是目的。因此，理学家极为警示士人读书科举的动机与目的的性质，即读书科举是将儒家圣贤之道福泽于民而非为自身取富贵要声誉。然而不幸的是，现实情况恰恰正向理学家所警示的趋势发展，为数不少的读书人将读书科举的目的本末倒置，利欲熏心、假道求利者流充斥其间。于是，为了重申道学的价值宗旨，理学家一方面向朝廷申明科举施行过程中所现弊端，另一方面则营建书院以教化士人，更使儒家道学向社会不同层次进一步普及。

朱熹在兴办书院与教授士人方面可谓不遗余力。学校以为学之要在明人伦，而修身、处事、接物等皆以道德仁义教养其中。陈明士人读书意在明体达用，即士人以治心养气而进于道德之本，“然皆犹有实用而不可阙”[①]，人才堪用不仅要“厚风俗”，还要经世务，如此才能“兴太平”。若士人读书仅钻营骈俪辞章之巧、迎逢科举之意，而实皆无用之空言；科举取士名为贤良方正实则仅能记诵文辞者流，或以程试策论，应试者视之如同儿戏，实无益于治道。针对诸多弊端，朱熹建议词科主于深厚严简，以辨析利害、敷陈法度为工，制科考试以时务为要，以授其兵略、委之边任为国家育将才抵敌寇之道，等等，最终能够“教明于上，俗美于下”[②]，更使先王之道崇明于世。朱熹在《白鹿洞书院揭示》中再三申明建立书院旨在明教化于士与民，传道学于社会，不仅关怀士人个人道德修养，还有传道觉民的社会价值诉求，作为集道德、人伦、经世为一体的价值共同体，也是理学家用来传播与普及儒家价值理念的社会文化载体。理学家并非仅仅重视士人个体身心修养，而且在经世济民的事功方面同样给予极大的价值关怀。鉴于专门为科举考试而设的官学教育日益凸显的诸多弊端，士人对待科举入仕为官日渐盛炽的功利心态，以及由科举教育与士人读书取利禄的心志所造成的国家人才日衰而社会风俗日薄的现状与隐患，理学家在兴办书院教化士人的过程中，针对诸多弊端力图以对症下药的方式给予纠正。

首先，重视知行合一，反对空言义理、袖手谈心，注重道德践履。以学、问、思、辨以穷理，以修身、处事、接物等笃行之事为一切穷理致知的价值归宿。其次，书院教化秉持儒家孔孟圣贤教人为学宗旨，意在以义理修身而安百姓，并非假借圣贤之道而要誉取利以荣己身。公元 1181 年（淳熙八年）朱熹邀请陆九渊来白鹿洞书院讲学，陆九渊以先秦儒家“君子喻于义，小人喻于利”为题直抒胸臆，传承圣贤之道砥砺后生，说到动情之处，不仅使当时的读书人大受鼓舞，甚至前来听讲的官员、士绅、民众无不深受感动乃至流涕落泪。朝廷通过科举为国家筛选与分配精英人才，而众多名儒巨公亦皆由此出，读书人借此途入仕本无可厚非，然而为士者读圣贤之书应当明辨其志。学者之志应当悉心力为国事民隐，而断不可汩没于官资高下、禄廪厚薄的功利计较，致力于辞章技巧、有司好恶的钻营苟且。读书人秉此心志进场屋、试科举，必书胸中之意而道平日所学，方能不诡于圣贤之道；由此而入仕为官，必能心怀

① 〔宋〕朱熹：《学校贡举私议》，《晦庵集》卷六十九，《钦定四库全书》本。
② 〔宋〕朱熹：《学校贡举私议》，《晦庵集》卷六十九，《钦定四库全书》本。

家国百姓，敬其职而勤其事，为圣贤君子之所为，而必将能堪朝廷之重用。如此一来，理学家用心于书院教化虽然表明“非止为科举计”的理念，力在匡正朝廷科举逐利之失，最终目的却能与国家科举取士欲达到的客观效果不谋而合。

然而，理学家理论上的价值倡导与现实中的社会实践存在历史性差距。无论是士人内在的道德修为，还是外在的经世功业，理论体系的价值完备或者推理论证过程中的逻辑自洽却并非意味着理论落实于现实中就能够完全实现其应然性价值。价值体系的理论能够在逻辑上成立，只是意味着这套理论在预设的立论前提与所需条件满足的假设情况下能够自圆其说，其中不可避免会对理论中所涉及的相关主体、价值目的、中间关联环节等诸多细节进行简单化处理，舍弃了其中现实存在的诸多不确定性因素，以及现实性主体的复杂性与具体社会条件的多变性影响。价值体系的理论建构可以主观性地忽略一些难以把握的不确定性因素，但是理论落实于现实见诸实践的过程却无法对一些既定存在的现实因素视而不见。现实人性的复杂，政治局势的多变，社会环境的影响，甚至历史条件的限制，都能在实际落实中对一套理论价值体系的精神贯彻、方案制订、措施执行、操作力度、政策效果等造成无法忽视的现实影响，而这些实际存在的影响因素却未必能够在价值体系的理论建构中得以完全体现。自先秦儒家至宋代理学家，儒学价值体系形式虽屡有变化，然其价值主旨却一以贯之。儒家自孔孟确立并发展仁学，圣贤之道虽不离人伦日用，却始终追求极高明境界，兼具现实性与理想性双重性格，毋宁说，先秦儒家仁道是一种立足现实庸常，却始终保持对现实予以批判与超越的理想之道。宋代理学亦承此道德理想主义，始终秉持理想之道尊于现实权势的道学传统，于是，为了追求价值理想，实现儒家圣贤之道，他们自觉承担以身载道且立身行道的使命，即使科举入仕为官亦是为了得君行道，期望通过殿前轮对以献策安邦。这就不难理解二程与司马温公极力反对王安石以与民争利之策而行变法，即使王荆公变法本意在于富国强兵。朱熹对朝廷科举的现实弊端以及潜藏隐患慎思明辨、条分缕析而不遗余力，以期改变士人读书唯功利是从的心态与趋势，使科举制度真正发挥为国取材的社会功能。然而，历史却总是呈现吊诡现象，理学家心无旁骛地追求理想，却往往遭受现实的无情背叛。从北宋范仲淹到南宋朱熹，始终致力于将儒家明体达用之道倡明于世，反对空言无用的辞章诵记之学。理学家个个道德高标、心系斯民而胸怀天下，但是，理学家所秉持的如此价值理念却在其身后被历史与现实无情地衍化为理学家自己所极力反对与批判的异化形态。于是，宋之后的元、明、清三代，科举考试虽以程朱理学为范本，然而考试科目设置、内容限制、名额规定、录取比例等所露弊端皆肇始于朱熹本人所批判的对象；同理，以明体达用为价值宗旨的宋明理学更是成为不少世人印象中片面空谈心性的价值符号。

第三节　“心外无理”的良知本体

心学与理学的对立在于求学问道的方式与途径，而在追求价值目的与完善主体人格方面并无二致。南宋陆九渊以“吾心即宇宙、宇宙即吾心”的命题将孟子“先立其大者”的主张予以价值引申，始成为与程朱格物致知迥然相异的另一番求学问道的学理派别。明代对价值主体之心予以全新开掘的是王阳明。王阳明发明致良知之学，与朱子格物穷理之学的区别在于，朱子治学是在事事物物上求所谓定理，将主体之心向外求于客体之物，是“析‘心’与‘理’而为二”①。王阳明亲历由亭前格竹到谪居龙场顿觉圣道的转变，为学理路在于先发明主体内心良知，良知之“良”直指内心克尽私蔽而复其本然善性，上接孟子所谓尽心而知性，主体良知成为判断是非善恶的价值准衡。良知作为价值判断标准的根据何在？王阳明认为人心的本体在于以万物为一体，天地万物与人本是一体，其发窍最精处是人心一点灵明，良知本体与万物之理本是相通，将天理内铄于吾心，人同此心，心与理一，于是致吾心之良知于客体之物，从而使万事万物皆得其理，即合心与理而为一。

一、阳明心学的历史与学术背景

先秦儒家以仁为核心的价值体系发展到宋明以理学形态被朝廷置于官学正统地位，以社会主流意识形态的姿态对社会各阶层传播儒家传统价值观念。理学产生的初衷在于理学家针对社会流弊、朝政之失，期望从哲学本体的形上高度给予理论与现实回应，精心建构道德形上学体系，理论上回应佛老异端对士

① 〔明〕王守仁撰，吴光、钱明、董平等编校：《王阳明全集·传习录》，上海古籍出版社 2011 年版，第 41 页。

阶层所造成的精神信仰危机，现实中企图以儒家圣道格君心之非，最终实现王道理想。然而，有明一朝，统治者将理学奉为官学正统，使理学成为社会主流意识形态，用以御民统治。然而，程朱理学被统治者改变其思想初衷，替换其价值内涵，程朱理学的相关著作文献被用来作为科举考试的标准教科书，以此收摄士人心志，程朱理学遂成为读书人要名取利的敲门砖。程朱理学与政治权势相结合成为官学正统的过程，同时也是理学自由意识与价值理想一步步妥协与异化的过程。正统官学必须符合甚至直接就是统治阶层意识与统治意志，这就意味着处于官方正统地位的理学实际上已经被偷换了主导精神与价值内容，即统治者以理学之名而行统治之事。这无疑使自先秦儒家以来一直秉持以“格君心之非”的王道圣学衍化为“以君心格是非”的御用统治工具。正统理学其思想与价值的相异衍化，不仅使程朱理学理论体系被偷梁换柱，原本的思想主旨与价值指向被改变，而且士人阶层从此失去了安身立命的终极关怀，更是造成精神危机与信仰坍塌，相对而言，后者的流弊远甚于前者。

有明一朝的正统理学，究其实，无非是倚仗权势假借圣学之名对百姓强行灌输符合自己意志诸如忠孝节义等对自己统治有利的观念，要求百姓做本分服帖的顺民。统治者行此举本无大过，一国之内百姓安顺、社会稳定是历朝历代绝大多数统治者都会期望达到的普遍要求，毕竟社会安稳有序于国于民皆无损害。然而，专制王朝发展至明代，不仅要求下层百姓安分守己，更有甚者，还要求士人阶层无论其在朝或在野，皆必须彻底臣服于自己的权力，不仅控制其身体的视听言动一切行为，还会辖制其精神自由与价值信仰，不允许其追求人格独立，更遑论读书人以圣贤为尊的价值信仰。简言之，统治者不仅仅奴化士人之身，更要奴化其心；不仅要求士人彻底臣服统治者的权力，更要臣服于统治者的精神与意志。这样一来，不仅士人个体身心饱受摧残，信仰缺失，而且这种颓靡之风直接影响整个精英阶层，甚至导致整个国家失去社会良知与价值准衡。权力与强势只会使人畏惧从而被迫屈服，但永远不会令人服膺与信仰。统治者以理学之名灌输统治者权力意志的价值形态颁行于世，短时期内依仗强权可能会收到立竿见影的统治效果，然而时移世易，其中隐藏的各种价值冲突、社会矛盾、统治危机便潜滋暗长乃至逐渐显露。王阳明以良知为道德本体，以致良知为道德修为工夫的道学革新运动便在此社会环境与文化背景下针对现实社会危机与士人精神困境应运而生。

二、人与万物一气同体

仁者以一气相通实现人与万物同体。陈来先生认为在王阳明心学体系中气的概念奠定了人与万物同体论的存在基础，“在心学传统中，存在论的气的概念服务于人生论的需要”①。一气流通作为人心与物同体命题的逻辑论证能够成立的前提，使仁体成为主体追求的精神境界，同时也是对良知本体应然如此的哲学论证。就主体而言，仁体现为人与天地万物一体的精神境界，主体良知以恻隐发端，见孺子入井顿生怵惕之心，见鸟兽草木砖石瓦砾皆能有所不忍，这是主体人心之仁尽显，若非如此，见其人所不忍者皆能忍，这是己私未忘使物我相隔所致。因此，主体需要在自己心上做全得仁体的修为工夫，人心如镜，勤谨刮磨方能使斑垢尽除，时时拂拭才能不染纤尘，如此才能使良知本体得复，实现天下归仁。就实体而言，天地生物之心即为仁，宇宙之间的一团生意“纯亦不已”，上天之载无声无臭却化育万物，使万物各尽其性、循道消长。人与天地万物本是一体，一气流通同道体仁，仁道在天曰命，在人谓性，其实一也。王阳明发挥孟子尽心知性的工夫，认为圣人本心尽处便是仁体所见，仁在天为生生之意，恒转如流；在人为恻隐之心，时时流贯日用之间，致良知的体仁工夫便不在静识虚理，小至庶物，大到人伦，无一而非仁。因此，无论是礼仪三百，还是威仪三千，无一不需主体致心之良知于事事物物而体仁识理。

圣人涵育万物，遂至以天地万物为一体，主体秉持此番精神境界涉身于政治领域，躬行外王事业便成为其完善主体人格的彰显环节。杨国荣先生明确表示，“宋儒和明儒所理解的万物一体，更多地含有精神境界的意味”②，并非是指人与天的现实作用。毋宁说，个人在德性涵养方面主体意志与自然元气相互作用，进而达到万物皆备于我，主体依从本心良知，裁成辅相表现出进退万物、自我主宰的精神境界。从孔子“从心所欲不逾矩”到孟子万物皆备于我，再到张载的民胞物与、程颢“仁者浑然与物同体”、陆九渊大其心涵泳宇宙，乃至王阳明万物一体，皆一脉相承，即从主体人格修为方面肯定追求道德理想的过程中重视个体意志自由与情感自愿的内在价值取向。完善自我人格一方面是主体个人修为的目标，同时也是主体自我明智地对待周遭世界、社会与他人

---

① 陈来：《仁学本体论》，生活·读书·新知三联书店 2014 年版，第 301 页。

② 杨国荣：《善的历程——儒家价值体系研究》，华东师范大学出版社 2009 年版，第 202 页。

甚至是自我的道德活动的前提。

王阳明发挥《大学》其“明明德”之义，将“壹是皆以修身为本”放置于心学框架的致良知工夫中，使个人修身不再被强制囿于外在天理，摆脱了抽象化道心的桎梏，将道德涵养界定为以主体自身为本位的为己且成己的致吾良知过程。在王阳明，“良知之在人心，无间于圣愚，天下古今之所同也”①。天理内化为本心良知，良知作为主体个人的自我权衡准则具有合理性，此良知为人人皆有，具有普遍性，同时作为“尔自家底准则”又彰显其自明是非的自足性。于是，齐家、治国、平天下皆被视为主体涵育万物、完善自我人格的道德涵养的外在环节。君子唯务致其良知，以良知为内在准则自能公是非、同好恶，“视人如己，视国犹家，而与天地万物为一体”②，并非君子刻意如此去做，而是圣心之仁本就是天地发窍最精处，仁心与天地生生之意本是为一。不仅仅是圣人君子其心如此，小人亦是如此，而小人与君子的境界大小与人格高下的差别只是在于小人“顾自小之耳”，并非其心本质存异。因为凡人心之本皆根于天命之性，自然灵昭不昧，平常百姓自顾其小体，因私欲障蔽，故而人己对立，物我间隔，不能体悟万物同体境界。于是，王阳明立足良知在吾心而圣愚皆有的前提，使人人去做发明本心、致己良知的明明德工夫。

三、良知本体践行于世的历史回应

在王阳明，虽然是以自家良知为本体，然致良知的德性修为工夫却并不囿于主体自身，阳明之学不同于佛老弃世独立的出世倾向，而是与孔子修己安人、孟子仁民爱物的价值取向一以贯之，万物一体的人格境界与致良知的道德修为落实于生活实践中体现博施济众的社会责任与历史使命。对于平民百姓而言，致良知便是尽具足之吾性，为忠孝节义之事，做良善之民。阳明先生鼓励世人，圣人纯乎天理犹足色精金，圣贤君子的人格建构以真诚为基础，才力小大、分量轻重不足为异，只要个人之心精纯无杂，一两之金便是万镒。普通人只要尽心常存良善之性，那便无愧于君子圣贤。阳明之学虽在施授对象与布道教法上相对于传统儒学有其平民化、大众化的一面，但是，其授学主流对象依

---

① 〔明〕王守仁撰，吴光、钱明、董平等编校：《王阳明全集·传习录》，上海古籍出版社 2011 年版，第 73 页。

② 〔明〕王守仁撰，吴光、钱明、董平等编校：《王阳明全集·传习录》，上海古籍出版社 2011 年版，第 73 页。

然是接受传统儒学教育的士人阶层，其授学目的依然是教人成君子圣贤。毋宁说，阳明之学依然是针对君子们而设，是引领士人精神、拯救其心灵之失的精英教育。

王阳明深忧世风败乱，其良知之学尤其是对于有位君子而设，对于为人君者，圣人万物一体之心便体现于视天下之人无远近亲疏之别而皆赤子之亲，以博施济众、全其教养的亲民之举遂其万物一体之念。士人入仕为人臣，则致其良知于事事物物，为政为学皆敬其事而勤其业遂相生相养。王阳明以主体本心主宰其身，而心之所属在其意以良知为本体，心意所致便是主体物格对象，“如意在于事亲，即事亲便是一物；意在于事君，即事君便是一物；意在于仁人爱物，即仁人爱物便是一物”①。在王阳明，良知本是吾心本体自存，本体遇事及物自然发用流行，“见父自然知孝，见兄自然知弟，见孺子入井自然知恻隐，此便是良知不假外求”②。儒家圣人之道不似释氏，佛家虽言不著相，其实只是怕被君臣父子累，如此反而却著相于君臣父子，结果只落得一味脱俗避世。儒家圣人涵育万物，将自身置于社会不同领域的各种伦常关系中明智对待自己、社会与他人，妥善处理置身于不同身份中的自我与他人之间的伦理关系，父子之间自有其仁与孝，君臣之间便知有忠与义。见君自知忠、见父自知孝便是主体本心良知所显，自然流露而无分毫勉强。

在程朱理学，社会等级结构的建构与形成自有体现其必然之理与当然之则的天理所在，位于权力等级顶端的君主也就理所当然成为王圣。其不仅要求臣民承认其法统的正当性，认可其在法律与制度上的权威，同时还要求对其个人意志与意愿加以彻底臣服，甚至在精神上也不允许臣民拥有个人态度与自由信仰，臣民所秉持的价值理念必须自觉体现并符合统治者所要求的价值。对于知识分子而言，这是一个自我身心同时饱受摧残的双重过程，尤其是精神的禁锢与价值信仰的摧残更为残酷。知识分子其精神不得自由的现状必然发展成两种极端趋势，一种是极少数知识分子孤标傲世，表现出与世俗政权不合作的高冷态度，隐遁山林遗世独立，抑郁而终；另一种则是绝大多数人不得不摧眉折

① 〔明〕王守仁撰，吴光、钱昖、董平等编校：《王阳明全集·传习录》，上海古籍出版社 2011 年版，第 6 页。

② 〔明〕王守仁撰，吴光、钱明、董平等编校：《王阳明全集·传习录》，上海古籍出版社 2011 年版，第 6 页。

腰，屈身枉道而从君，同时又难以彻底抛下自己所受圣贤之道的教育，内心深受道义谴责，面对君主如临如履，最终沦为庸碌苟且之辈。

理想状态下的伦理自由意味着自觉自愿的主体心志与自然之势的统一，首先以理性认知为根据，表现为主体的自觉行为。同时又以意志自主选择为前提，表现为主体的自愿情感。此外，理性自觉与意志自愿便能够达到超越思勉而从容之道的自然状态，这是一种既非盲目选择又非勉强为善的道德理想状态。再者，道德行为一定是基于主体自觉自愿前提并且有一定的现实条件支撑所实现的、内心真实诚敬并以道德为价值目的主动去完成的道义活动，即主体在满足一定物质需求的现实基础上更高层次的精神价值的实现与满足。达到某种程度的现实条件构成道德行为的前提，否则道德将失去其本有的价值初衷，势必会沦为要誉求利的工具或手段。道德一旦成为求利的幌子，那么利用道德求利之人不仅会使道德作伪成为假道德，其本人也难免沦为道貌岸然的伪君子。[①] 所以，王阳明心学界定吾心良知为本体与价值衡量准则，对于当时无论身处庙堂之上还是山林之野的士大夫们在心灵迷失与为臣困顿方面不失为一剂对症良药。

相对于先秦孔孟对君臣之道的价值设定，宋明时期在天理至上的哲学前提下，臣道权力自行消解，君强臣弱趋势在有明一朝发展到登峰造极的地步。先秦儒家对臣道基本范式的规定，孔子分别以礼与忠作为为君者与为臣者双方各自行事又互赖共存的政治原则，期望依此实现政治运行和畅有序。臣事君以忠并非具有无条件限制的绝对性，而是视君主仁礼使下的实现状态而自主决定事君忠道与否。这便为臣道忠君提供了相当自由的弹性空间，为人臣者事君有很大的自主选择与决定权，君道仁则仕，反之则卷怀。孔子所谓“古之学者为己”[②]，为人臣的存在价值绝非仅是君主价值实现的辅助与附庸，其自身主体价

---

① 参见〔元〕脱脱《宋史》卷四百二十七《列传第一百八十六·程颐》以及《宋史》卷二百四十九《道学·朱熹传》。从程朱理学的创始人程颐与朱熹本人来看这个问题并不明显，程颐一生生活作风严谨，为人与治学皆严毅拘谨，“力学好古，安贫守节，言必忠信，动遵礼法”，堪称道德高标的硕学鸿儒。从“程门立雪”中程颐对杨时的态度以及授崇政殿说书时“颐每进讲，色甚庄，继以讽谏”的严谨作风，乃至朱熹为官地方治学勤政，遂至拜焕章阁侍讲为宁宗皇帝讲学，可见在程朱理学的学思义理中，道德理性并非袖手谈心、不谙世事的虚伪妄辞，而是崇尚以诚心知性、王道经世的圣人之学。然而，由于有明一朝的政治环境、社会历史条件与民风士习的复杂变化，士大夫阶层逐渐失去了士君子本应秉持的道德操守与历史使命。

② 杨伯峻：《论语译注·宪问》，中华书局 1980 年版，第 162 页。

值与人格尊严并不为君臣名分所束缚。再者，孔子为推行德治，向君主论证施德政的预期良好效果，将君臣与父子做类比，“使民有父之尊，有母之亲，如此而后可以为民父母矣”①。以父子发端于血缘天性的孝亲情感来说明，如若君主以仁政待臣民，切实保障臣民安全与教养，那么为人君者便能够获得臣民事之如父般的忠心与尊敬，君主由此得到臣民心理上的认可与肯定。但是，君臣之道与父子之伦二者关系并非无条件的抽象等同。孟子看到孔子界定臣道价值与权利理论中臣事君的条件性与具体性，并接续孔子的君礼臣忠之义将其发展为君臣手足、犬马之论。在手足与腹心、犬马与国人、土芥与寇仇的君臣双方态度对比中，“凡此君臣施报相待以为用矣”②。就臣事君去留之节而言，权当缘君恩厚薄，臣事君以忠则是在君使臣以礼的对等义务确认后的交互结果，而且为人臣者有权利选择并调整对君主的去留态度。简言之，在先秦儒家，君臣大义并非先验性地无所逃于天地之间，而是就现实政治环境的变化，君臣之间权力与利益相互博弈的制衡结果。

理学视域下，君臣皆体悟天理，各行所宜之道，将君臣之间礼与忠的因果关联自行消解于各行天道的自然结果之中。宋开国之初，太宗感叹君主与臣民相待之道，认为君主得其民真心感悦，要在全恩养育之意；君臣之间“尽致理之道”全赖“上下情通”使事无凝滞且人无隔阂。君臣之间相待之礼与忠并非仅仅定位于外在形式，礼制规定的程序化执行并无根由，还需要寻求礼仪背后的内在稳定基础。宋太宗将其归结为君臣之间建立起来的道德与情感，一旦双方发自内心地真诚相待，彼此之间自会实现情感汇通而障蔽尽除，从而达到孟子所言君臣之间手足与腹心的施报状态；反之，若君臣之间遍设间隔阻滞的防范之心，那么双方互以犬马、寇仇相待亦不足为怪。理学将先秦儒家以君礼臣忠范导君主政治责任的应然价值预设的重心转换为君臣之道乃天理流行，臣忠并非依君礼是否彰显为根据，而是为人臣者顺应天理的道德自觉。③ 毋宁说，先秦孔孟以礼表仁、君惠臣忠意在规定君主政治责任的致思理路发生了反转，

---

① 王文锦：《礼记译解·表记第三十二》，中华书局 2001 年版，第 812 页。

② 〔汉〕赵岐注，〔宋〕孙奭疏：《孟子注疏》，北京大学出版社 1999 年版，第 217 页。

③ 宋明理学视域下，儒者就君礼与臣忠之间的关系对应性多有议论：“君臣以权术相驭，以职事相使，因隙而起，乘间相图者皆是。”君臣之间以外在权势相使易生间隙，因此，理学主张君臣各自体察天理而职分礼与忠。参见〔宋〕胡宏《五峰集》卷五，《钦定四库全书》集部。

理学将君臣之间礼与忠的行为根据内摄于主体人心（主体体察形上天理），而不再以主体心性之外的其他因素为根由。

毋庸置疑，君礼臣忠互待之理的根据落实于双方对天理的各自体察与自觉践履，使礼与忠的因果关联避免流向权术相驭的逐利化，“君以爵禄奔走士大夫，无复遇臣之礼，其臣亦怀利苟从，无复事君之忠”①。君臣上下以势利相接而无复忠礼之事，此为理学士大夫所严防力拒的逐利化后果。于是，理学以天理为终极价值关怀，一方面对君臣与父子关系予以同质化论证，君臣与父子皆循理而成，与父子天性同是一理发用，君臣之道理所当然是天理所在。因此，在理学，臣民将父子孝亲情感自觉移植到君臣相处模式便在情理之中。另一方面，父子血亲其天道如此，而系出同源的君臣关系同样具有逻辑上的自然先在性。② 对于为臣者而言，既然君臣乃天理则成，事君以忠就不再以君主礼遇臣下为前提，而完全是为臣者个人体贴天理、循理以事君的道德自觉，这一切皆无关乎君主使臣是有道还是无道。毋宁说，忠君成为为臣者个人完善主体人格在政治领域的对外展开，忠君尽臣道的价值完满性不由君主是否施礼而定，而全赖主体自身践履天理所规定的必然与应当性行为。如此一来，忠君成为为臣者所当为的合乎天理的应然之事，而先秦儒家臣道权力的自主选择与决定的弹性空间也就随之自行消解于为臣者自身对天理的体悟与践履之中。

理学将君礼臣忠视为天理之必然，既然将为臣者忠君的价值根源上溯到天道得到逻辑上的确证，那么反向推论即可知，犬马、寇仇的相关态度与行为自然就成为有悖天理的不当为之举，于是在理学视域下先秦儒家犬马之论其原初价值亦随之被否定。朱熹注解孟子关于犬马寇仇之论，认为孟子此论所针对的对象是君而非臣，为人君者设言，并非作为臣者所以责其君的原因与行为根据。寇仇之论只是“正警其君之不礼遇臣下尔”③，并非是教为臣者真要据此事君。不难发现，理学已经将孟子对现实政治环境具体语境下君臣之间双向随应的因果关联设定置换成臣道循理而忠的道德律令，这种臣道忠君倾向在有明一

① 〔宋〕真德秀：《四书集编·孟子集编》卷八，《钦定四库全书》本。

② 参见《二程集·河南程氏粹言卷第二》，中华书局 1981 年版，第 1244 页。在程明道、程伊川的天理涵摄下，父子之道是天性，因此，言孝乃出于天性使然；“臣之于君，犹子之于父”，君臣、父子、兄弟、朋友、宾主之类，同样是天性。于是，父子之仁、君臣之义皆是天理之本然。

③ 〔宋〕黎靖德编：《朱子语类》卷二十五，中华书局 1986 年版，第 625 页。

朝理学官方正统地位确立后得以贯彻始终。

明朝标榜理学开国，理学官学化意味着国家意识形态亲近为人臣上溯天理的德性自修之道，而疏远于先秦孔孟针对有国者所发君臣相待的应然之理。人臣之道不仅彻底丧失了先秦儒家维护人臣尊严以范导君主自觉担当政治责任的价值导向，而且官学化的理学也失去了本有的理论初衷，俨然成为统治者控制臣民思想、巩固自身统治的御用工具。理学工具化意味着理论本身失去了应有的价值指向与追求，成为辅助实现其他价值目的的附庸。理学体贴天理的臣道范式落实到明朝君臣的政治相处模式中，不仅使君权持续得到强化，人臣权利也被彻底消解于专制皇权之下。理学此论原初设定是可言之于君而不可训之于臣，将先秦之际特定语境下的具体之论引申为一般之理更是非孟子本意。在明朝，“君臣父子，一也”①，父子与君臣的同一本质得到人为固化，于是，人臣忠君便成为人子孝父般必然且当然的自律行为。同时，从“子无弗父”推至“臣无弗君”，“怨亲而不反诸己者，乱臣贼子之心也”②，又使忠君成为人主责其臣下的他律原则。随着移孝作忠成为合乎逻辑与常理的历史现实，臣下忠君自然不必以君礼臣下作为前提性所在，而孟子寇仇之论更是理所当然成为不合天理的“非臣子所宜言”。明初统治者下令罢孟子配享，修《孟子节文》而尽删其中轻君之言，终明一朝士大夫遑论孟子，身家性命尚且无暇自顾，更不必说假孟子寇仇之喻而行伸臣抑君之举。

阳明心学对于安顿士人精神困境、寻求自我价值、挺立主体人格方面给予积极回应，同时发明良知本体及其致良知工夫对君主专制下尊君卑己的臣道消解与私域中主体人格挺立的道义追求的价值分裂予以理论论证。比较阳明心学与程朱理学，心学的良知与理学的天理在发挥价值功能方面并无不同，毋宁说，二者殊途而同归，只是以不同的致思理路与修为工夫而达到相同的价值目的而已。在阳明心学，只要尚有君臣名分在，忠君便成为理所当然的臣下职责。忠君的政治行为无所不包，其本质便是尊君至上而卑臣无己。在政治领域，天下乃君主一家一姓所私有，庙堂朝臣也只是承顺君主之意、服务于君主

① 〔宋〕朱熹：《御定小学集注》卷五，《钦定四库全书》子部。
② 〔宋〕朱熹：《御定小学集注》卷五，《钦定四库全书》子部。

个人的雇工家奴。[1] 专制集权下君主至高无上，对臣民手握生杀予夺大权，甚至将父子君臣之义戏剧般演绎成“君要臣死，臣不得不死”的荒谬逻辑，为臣者卑微到自家性命尚且不能自顾，更遑论价值追求与精神自由。君主对臣下大逞淫威，夺人性命尚且不够，甚至不允许臣下存个人气节保持精神独立。在明代，士可杀而不可辱简直成为文人士大夫的奢望。文人士大夫集团按照儒家圣王要求，主宰并控制了君主形象与意志，使君主个人成为政治象征与价值符号。皇帝个人作为复杂的现实人格被抽象道义化，个人的真实感性需要被无视与否定。皇帝的使命便是按照文人士大夫的儒家圣王标准按部就班去践行，一切凡不宜或无益于皇帝做圣王的个人欲求或兴趣最好不要有，皇帝个人性情表现得过于突出也会遭到朝臣的反对与阻谏。诸如明代正德、嘉靖这般个性皇帝，尽管视朝政如儿戏，玩弄朝臣于股掌之间，文人集团并未因此而中断对其规劝与谏诤。[2] 因为在士大夫的道义使命中，皇帝已经不再代表其个人存在，只能作为皇帝这种地位与身份而存在，士大夫所忠之君与其说是忠于皇帝其人，不如说是忠于皇帝所象征的政治道义与价值担当。然而，道义与价值是抽象于具体个人与事实的思想理念，心学尊其义不论其人，士大夫本于自我良知而孝父忠君的价值追求落实于现实中的忠君行为，为臣者忠君的无条件性与自觉性倾向得到进一步强化。

但是，将皇帝个人抽离成纯粹道义理性的价值追求并不意味着皇帝作为现实个人的感性欲求与自身性情的影响就会自行消解。士大夫欲将皇帝个人塑造成他们理想中的儒家圣王，对皇帝仅仅强调其道德理性所当为，至于其他一切对其为圣王无益之事皆在清蔽之列。对皇帝个人而言，毫无疑问，皇帝作为现实个体的感性需求是无法被彻底无视或抹杀的存在，因此皇帝以现实个人审视自我所求与士大夫所欲成就的理想圣王不可避免地出现价值冲突。文人集团凭

---

① 明朝嘉靖、万历尤其是崇祯朝的阁臣与首辅犹如走马灯般频繁更替，升迁降黜全凭皇帝个人意愿。臣者错在何处，左右不过是不能执行或完全按照皇帝意志完成任务而已。甚至到有清一代，军机大臣只是跪受笔录，并不能发表个人见解。按照清朝的典章称谓制度规定，在皇帝面前，满族大臣以“奴才”自称自许方显其与皇帝亲近，而汉族大臣若擅自称“奴才”，则被视为“冒称”。换言之，汉臣在皇帝面前连口称“奴才”都被视为自抬身价之举。

② 参见［美］黄仁宇《万历十五年》，中华书局 2006 年版，第 9、10 页。张居正亲自为年少的万历皇帝安排日讲师傅，亲编讲义，从皇帝日常起居到个人兴趣爱好，从读书课业到后宫燕居，从忧戚百姓黎民到后妃储君之立，朝廷大臣无不严谨要求。

借共同的儒家政治理念与价值信仰构成当朝政治运行不可或缺的中坚力量，皇帝仅凭一己之力在朝堂之上难能与文官集团整体相抗衡，但是又发自内心地不信任文官，被文官集团限制其身心绝非自己所愿，于是便不得不宠信宦官、任用厂臣，以其为爪牙与耳目，对士大夫个人极尽泄愤羞辱之能事，甚至当廷杖责大臣。文人敢言进谏是忠君之责，而身受廷杖则是君命难违。有明一朝，臣下为官待遇低下、尊严卑微、处境危难乃历史上罕见。然而，即使臣下在政治领域中极尽卑微，明代士大夫亦并非是君之视臣如犬马，便当犬马自为式的自我价值定位。换言之，政治领域中卑臣式的君臣相处之道丝毫不影响为臣者自身人格完善。在私人领域，虽然皇帝的内监与厂卫人员无孔不入，为臣者在自家闲居也不得不提防谨慎而生活得战战兢兢，士大夫依然坚持致吾良知与天道为邻，培养自身的浩然气节。这种自我价值体认绝非被外界强势与权力所能左右。权力唯一能做到的只是使人畏惧而被迫屈服与隐忍，却无法做到令人真正服膺。毋宁说，王阳明的良知心学将文人士大夫在政治领域中面对强势专制君主所彻底丧失的权利与自由，换置在私人领域中以遵从良知自由意志的方式而尊己向道，使体认自我的主体价值在道德意义上得到一定程度的复归。但是，在现实政治中，卑微无己与砥砺气节的人格完善，二者以双重价值标准行于主体一身毕竟难以长久性地持续存在。一方面，私人领域中士大夫道德人格的完善却无法彰显于外并真正依此做人，这无异于程朱理学无法做外王事业而用心于心性之域玩弄观景。另一方面，政治领域中为臣者屈己尊君式的自处方式使私人领域中所致良知、完善的个体德操与气节大抵无用武之地。要之，虽然士大夫凭借文人集团秉持共同价值信仰的集体力量对皇帝个人构成制约与控制，但是专制君主所掌握的压倒性的绝对权势始终对臣民构成灾难性的恐惧与威胁。士大夫选择卑己尊君的方式以政治自处，即使有阳明心学的良知本体与致思工夫暂缓士大夫的心灵焦灼，究其实，私人领域的主体自觉不过是自我慰藉的道德幻象，一旦走出自我私域，道德与操守终究成为毫无价值与意义的政治牺牲品。①

---

① 参见苗棣《庸人治国：大太监魏忠贤与明帝国的末路》，新世纪出版社 2013 年版；《大明亡国史：崇祯皇帝传》，辽宁人民出版社 2014 年版。

第八章　先秦儒家价值体系的回顾与展望

人心的焦躁、精神的荒芜、价值观的扭曲、诚信的缺失等均来自现实中物质财富增长与信息科技发展所带来的社会进步同时衍生出的不恰当与不合理的社会问题。因此，儒学重提与儒家价值重申的必要性与现实性一方面来自儒学价值本身的普遍性与合理性，另一方面则在于儒学对现实存在的诸多问题的解决思路能够提供可能性与必要性。这不仅使儒学本有价值的普适意义再次得到确证，而且历史变迁与时代发展也为儒学价值体系的理论重构提供了生存土壤与存在空间。

第一节　追溯先秦儒家价值理念的初衷

首先，儒学初衷在于针对主体个人修身的人格教育。与近代学校建制以来大学提供的认知教育不同，中国儒家思想更倾向于对个人主体的人格教育。当然，主体以儒家圣贤之道来修身养性而成君子圣人，个人进行国家政治活动、家庭群体生活、精神道德实践可视为主体在不同领域中以不同身份完善自我人格的具体价值的展开。因此，讨论儒家价值优劣需要区分不同领域针对具体问题而论高下，评价儒家价值是非更需要明确界定论题的不同论域而再定短长。在先秦儒家，孔孟荀就已经提出并试图开始建构儒家后来一直思辨与论证的几乎所有的价值范畴与哲学问题，并且由先秦儒家所提出的诸多范畴命题已经清晰建构起先秦儒家以仁为核心的道德价值体系。这个价值体系的理论初衷与终极旨归皆在个人主体，即针对道德领域中个人修身的精神性活动与道德价值追求。只是先秦儒家自提出问题之时起并没有将问题所针对的具体领域区分清楚，反而是将个体道德修为之事有意扩展到诸如政治生活等社会其他领域中，在政治活动中，期望通过君主个人道德垂范影响朝政决策甚至决定国家政治走向。简言之，在先秦儒家的价值认知中，国家政治与个人道德两个领域并没有明确的区分界限，甚至认为两个领域之间可以相互重合、彼此互倚。先秦儒学将道德价值理论直接用来指导政治生活，可能会由于理论本身过于强调道德理性而显得不切实际，导致出现诸多现实问题。然而当先秦儒家将其用来指导君子个人的精神修为活动时，其理论价值与历史意义自有其无法否认的一面。精神层面的道德生活总是遵循一定的纯粹理性原则进行，在个人主体的道德领域中，先秦儒家价值体系所倡导的价值观念契合常情、理论论证不悖逻辑。然而，个体精神层次的道德生活毕竟不同于现实层面的政治活动，将道德与政治区分为不同的两个领域之后，主体在精神世界中进行道德修为所需遵守的价值原则对其所从事的政治活动是否依然会产生作用？同样，主体从事政治活动对其个人精神修为是否产生影响？再者，同一主体在不同领域中从事个人精神修为与政治活动秉持同一价值原则能否行得通？比如士大夫在私人空间中的修身养性之道拿到朝堂与官场上用来指导为官做事是否同样奏效？对以上问题进行简单思考之后不难得出答案：如果不去考虑政治活动中的各方权力与利益的相互平衡，只是一味以纯粹道德理性原则为评判是非的价值准则而忽略其他现实因素，这显然是行不通的。

先秦儒家建构价值体系并未对主体所从事活动的不同领域予以区分，因为儒家始终认为无论是道德修身还是政治事功皆是个人主体以不同身份在不同场域中自我人格的具体展现，二者之间存在体用本末的因果关联，不需要刻意区分，更何况现实中也无法区分清楚。一方面，要求主体在精神世界中修养君子人格；另一方面，希望有社会地位的君子阶层以德修身之后还要在各自所从事的政治活动中推行其道，做到以德治国。众所周知，个人主体在私人领域修养君子圣贤人格不会遭到他人干涉或反对，相反，道德高尚之人无论何时何地都能赢得他人的尊重与赞扬。但是，当主体试图将个人修身之道用于所从事的政治活动中，试图以此去说服或约束其他人也当如此之时，多数情况下不会赢得他人的肯定性回应。由此可知，在私人领域，先秦儒家价值体系要求个人以德治身以成君子圣人的主体人格的价值目的无可置喙，内圣是主体个人自觉自愿的道德修为过程。然而，当先秦儒家将个人完善自我的道德理性原则移植到公共领域的国家政治活动中用以约束他人，道德理性显然不会发挥决定性作用，也不会产生实质性影响。毋宁说，主体做到内圣仅仅为外王事功提供前提与基础，作为外王实现的充分条件而提供可能性，外王理想真正成为现实还需要兼顾多方外部因素，比如经济条件、人才辅佐、制度策略、社会局势等。因此，个人主体道德素养仅仅是实现外王事业的因素之一，仅靠修身之德并不能成外王之事，内圣与外王之间不存在直接推导性的因果关系。

对比纯粹理念与历史事实，不难发现，正确性的逻辑推导与完善自我的道德活动之间依旧存在矛盾。毋庸置疑，人性的真实状态是现实且复杂的，大体上总是在两种状态中交替循环：一方面，确实存在真诚做人的真实心态，努力做成君子甚至追求圣人；另一方面，面对现实遭遇又身不由己，得失成败的执念与物欲需求会压倒追求成圣的心。主体其成圣心或得失心此消彼长、或轻或重，这恰恰就是大多数人现实中的真实心态。儒家价值理论尤其是宋明理学在经过对佛老的批判和吸收之后，更加凸显其个体修为的哲学特质，即着重在私人领域中完善自我。理学将儒学本就针对个体完善自我的价值初衷进行自觉引申，不仅论证了价值理论体系的形上本体，而且深化了儒家本有的哲学命题与价值范畴，从而使原有理论体系内涵更加丰富，结构愈显周密与完善。宋明时期国家外部周遭环境与朝政上的君威莫测，皆促使理学价值指向完善主体自身的内圣，而外王事业却逐渐成为希望达到的主观理想效果。历史真实难以堪比理想情怀，姑且不论假借儒学以谋利要名之流，即使是真正服膺并按照儒家价值理论笃行修为之人，终其一生至多也就做到修身齐家为止，而治国平天下之事轮不到自己来做。儒家并非坐拥高位的现实君主，而真正有权力与实力去做外王事业的主体只有现实君主。对儒者而言，圣人之道可以修德治其身，但是现实政治中并不居其位，因此，儒家欲行其道，唯有期望以儒家价值理论说服君主照此行事。但是，现实君主所谋所虑者与儒家道德理性的治国主张本质上并非相互契合一致，更多时候是对儒学弃之不用，或者阳儒阴法，以儒学之名而行统治之实。儒家并非不识这些事实真相，于是便将其一生中大部分时间都用于私人领域中完善自身的内圣修为，外王理想却在历史上一直没能成为现实。毋宁说，儒家君子士大夫只是以圣学或多或少地影响了朝政，而历代国是却并非真正按照儒学价值理念来运行。

退而言之，即使儒学切实对国家政治产生过历史影响，也并不意味着儒学站在公共领域的视角对国家政治给予思考与指导，而是将国家天下视为圣人个人之事，即治国平天下只是作为圣人以自我为中心完善个体人格的对象性所在。圣人与天地万物为一体而化育万物，并非视其他人与物事作为与自身价值平等的个体，更遑论与其他人共同形成公共社会。中国历史上从未明确提出社会公共性概念，然而，作为一种非私人领域的实存性状态，社会中不同阶层民众总会在社会空间中进行公共性活动，人总会在走出家门之外的社会空间中与亲人之外的陌生人互相交往，但是这种发生在社会空间中人与人之间的交互活动并不具有近代以来社会学中的公共性意义。公共领域是基于每一个人都是平等主体的前提而产生，身处公共领域中的每一个人都拥有独立人格与自由权利，同时也承担保障其他人独立与自由不受侵犯的义务。很显然，儒家价值理念并非立足于社会公共性之上，本意不在公共理性而是用心致力于使主体个人如何明智地对待国家、社会、政治、他人与自己。严格来讲，儒学视域下的个人并非指向普通个人，而是社会的精英阶层即君子士大夫。在普通百姓眼里，国家政治乃肉食者谋之，因此儒家只有对有位君主与在朝官宦言及如何对待国家与政治才有实际意义。再者，即使有位君主能够做出明智对待国家与社会的行为，究其本质也只算是君主个人之事，而不构成严格意义上的公共活动。儒家价值理论所追求的理想人格是主体从小我到大我的境界提升过程，主体人格的完善并不会超越出私我而推出公民的概念，更不必说将儒家理论推及于众，将其作为公共规范与原则的可能。因此，孔孟的仁义、程朱的天理皆不具有公德性质，只是主体完善自我的道德标准，王阳明讲“良知是尔自家准则”便是在此意义上立论。儒学价值视域下，中国历史上人处理自己与他人的关系并不具有公共性质，而是个人追求君子人格、完善自身活动的向外展开环节。个人以我为中心将自我分别置于父子、君臣、夫妇、兄弟、朋友等具体关系与身份中完善自我人格，最终形成不同伦理规则，而不是在公共平台上思考与论证国家与社会的公共理性规范何以可能。因此，儒家价值理论的主体设定是个人，要达到的价值目的是完善个人私德而非建构公共理性。理学中天理或良知适用的普遍性也仅是因为个人主体将社会中其他关系想象成五伦的扩大化，君主个人对天下臣民施仁恩养仅是私我的表现而非公德的形成。

其次，现实中占据权势的君子们应当承担道德责任的儒学期许。北宋张载曾言：“为天地立心，为生民立命，为往圣继绝学，为万世开太平。”儒学一向非常强调政治生活中的道德因素，杜维明先生认为儒家心性之学的基本理念是在“强调有权有势的精英所应该承担的责任”①。在生物学上，人和动物存在99.9%的相似性，但还是会体现0.1%的独特性，也就是孟子所谓的“几希”。“几希”不仅仅是孟子所提到的恻隐之端以及向外推及他人的过程，同时还意味着人生于个体而长于社会，除了有欲食欲暖、趋利避害的本能活动之外，还表现在人本质上是追寻意义与价值的动物，这也是孟子所谓养其“大体”的概念。儒家价值理论本质上是关于个体修为的学问，然而，个人提升道德素养并非囿于自身，而是需要向外展开，于是关切政治、参与社会并注重文化与价值传承便成为儒学有别于其他文化形态的特征。科学主义一度以征服自然、改造人生的价值观念看待自我与世界，现代社会中人通过合法权利与途径追求公共领域中的有价货币，凭借货币在公共领域中的通用性交换价值来满足自身的不同欲求。弗兰西斯·培根因提出“知识就是力量”，而被冠以工具理性的始作俑者。工具理性试图把原则的普遍有效性还原为规律的客观实在性，但是之后坚持唯科学主义立场的人却忽略了培根对知识产生创造力量的肯定与确信是以确立合理目的为可能性前提。知识与科学力量本身并无立场与态度，既能用来改善人类物质生活，同时也能破坏人类的一切，工业与信息技术革命的成功以及两次世界大战便是对工具理性自身力量正反作用的各自证明。立足解决个人、社会与自然的问题成为建构发展具备普适价值的人文精神的基本要义，而科学与技术可以继续发挥其提供基础设施、保障物质生活的价值功能。然而，人还需要直面自身，解决人自身的意义追求与价值信仰的问题。人类追求自身终极关怀的问题在西方世界属于宗教该解决的事情，在中国，人的价值信仰则是儒家当仁不让所承担的责任。

进入21世纪之后，如何正确认知并合理控制工具理性与价值理性之间的关系，现在依然是学者思考与探讨的话题。价值原则关注的是应然世界评价价值的“应该”问题，在逻辑上不可能转化为实然世界中“是”的事实描述，主体对价值认知的普遍有效性与经验事实的客观实存性不可能在同一层次上实现直接等同。假如人类只把工具理性视若唯一，价值理性则不可避免地会被悬搁，失去被追求的意义与存在的价值。因此，在对人类不可能放弃终极价值的

① 杜维明著，温海明整理：《心学的文化与政治含义——杜维明思想研讨会》，《中国儒学》第八辑，中国社会科学出版社2013年版，第439页。

关怀达成共识之后，儒家的道德自觉与责任意识恰恰能够为此问题的有效解决提供新的认知角度与关怀维度。无论是西方的苏格拉底和柏拉图还是中国先秦儒家的孔孟，他们对人的理性的思考都将其首先界定为是对人的价值理性的思考。儒家思想一向关怀生命的伦理价值，张载提出“民胞物与”的观念，王阳明反复强调圣人与天地万物为一体，皆是承续先秦儒家“天地之大德曰生”价值命题所做出的义理引申。天地万物生生之德无声无臭，体现天道自然如此，非人为所能造之道。在先秦儒家，天道被视为具有先验性与神圣性的价值根源。人面对天道造化自然之大功至巧，自觉生发一种担当责任与道德意识，此为儒家圣人参赞化育的文化心理或者天生人成的创生观念乃至天人合一的精神境界。在先秦儒家，自然世界的天地万物并非是与人类相隔绝的对立性存在，更不是作为人类去征服与战胜的对象才体现其价值。毋宁说，自始至终，儒家从未以工具理性的思维方式去审视与对待自然，而是将明智地对待天地万物作为主体自身涵养道德人格的展开环节，主体以敬畏之心与庄严之态来看待天地自然的生发过程，并自觉生发人应当与自然物事保持持续和谐的责任意识。

儒家将对待自然的心态与立场视为完善主体人格的展开环节，这意味着儒家并非如“庄子蔽于天而不知人”①，而是将成就人自身视为最根本的价值追求。“天命之谓性”② 对人心与天道之间的逻辑关联做出价值设定并予以回应，为人能弘道且以身载道奠定了价值根据与道德可能。在先秦儒家，人性之所出与人道之所源皆援之于天，儒家尚没有思考到西方哲学中天赋人权所涉及的人作为独立主体权利之自由平等的问题，而仅是从人之为人的抽象本质上肯定了人性皆可以为善的机会可能。中西哲学都曾对人性问题进行过深度思考，西方从罪感传统发展出宗教教旨与法律规范，进而引申出主体权利与义务；在中国文化尤其是儒家思想中，有孟子“乃若其情，则可以为善矣”③，亦有荀子“今人之性，生而有好利焉，顺是，故争夺生而辞让亡焉”④。孟子与荀子对人之为人的过程做出两种不同预设，“可以”为善则所谓性善，“顺是”则必导致犯分乱理的暴乱结果。儒学视域下，人性的善与恶皆是作为论证主体道德人格的成

① 〔清〕王先谦：《荀子集解·解蔽》，中华书局1988年版，第393页。

② 〔宋〕朱熹：《四书章句集注》，中华书局1983年版，第17页。

③ 杨伯峻：《孟子译注·告子上》，中华书局1988年版，第259页。

④ 〔清〕王先谦：《荀子集解·性恶》，中华书局1988年版，第434页。

立前提而存在，儒家的关注重心始终在为个人主体安身立命确立终极价值依托。于是，从可以为善的人性可能出发，将抑恶成善作为人人必须要完成的毕生追求，围绕完善主体人格的道德追求，儒家展开一系列相关价值讨论，在对义与利的辨析中明确价值取舍的理性根据与道德意义，在“天理”与“人欲”的相互对峙中将圣人人格视为无限性接近天理的过程，而将人欲与功利视为不具有目的意义的工具所在。毋宁说，儒家价值理论对道德目的与功利手段的价值认知一贯如此，而且价值目的与终极追求从未因为功利与效益层面的因素而发生妥协，至少理论上一向如此，即儒家价值原则与道德追求从不以经验层面是否有用为理性根据。

鱼与熊掌不可兼得，道德自由与富贵通达的不同价值需求若彼此冲突而不可兼得，儒家的价值态度与实践作为一以贯之，始终都要保持理性自觉和道德操守，内省而不穷于道，临难而不失其德。儒家对待自身、他人与群体皆抱有理性自觉的道德责任，主体对自然物事与国家政治也同样持以道德理想主义的价值初衷与终极归宿，这就不可避免会导致儒家道德理想与现实生活之间存在难以弥合的断层。尽管如此，道德理想不能在现实生活中实现并非意味着道德理想毫无价值。理想的价值衡量不在有用，而道德的价值标准也无关功利。在儒家，现实社会不能接受道德理想是世道不济而不是道德与理想本身的问题。“夫子之道至大，故天下莫能容。虽然，夫子推而行之，不容何病，不容然后见君子！夫道之不修也，是吾丑也。夫道既已大修而不用，是有国者之丑也。”① 儒家“知其不可而为之者”②，难于做到庄子“知其无可奈何而安之若命”③ 般的个人洒脱，始终坚持道义优越而不与现实妥协，道德主体的理性自觉一向反求诸己而非怨人尤天，“自知者不怨人，知命者不怨天，怨人者穷，怨天者无志。失之己，反之人，岂不迂乎哉！”④ 在先秦儒家，追求美德和完善人格本身就是可求可乐之事，诚如《周易·说卦》所言：“和顺于道德而理于义，穷理尽性以至于命。”⑤

---

① 〔汉〕司马迁：《史记》卷四十七《孔子世家第十七》，中华书局 1999 年版，第 1555 页。

② 杨伯峻：《论语译注·宪问》，中华书局 1980 年版，第 166 页。

③ 李振纲：《大生命视域下的庄子哲学》，人民出版社 2013 年版，第 132 页。

④ 〔清〕王先谦：《荀子集解·荣辱》，中华书局 1988 年版，第 58 页。

⑤ 李振纲：《老庄易“三玄”浅解》，人民出版社 2016 年版，第 523 页。

第二节　价值理性与工具理性交互并存

自古希腊时期，西方社会静观自然、思辨人生，最初便以迷狂的宗教精神演绎出早期希腊神话，并借此表达与反映人对自身以及周围世界的理解。即使后来发展出具有理性思辨性的自然哲学，然而在西方哲学发展流变历程中始终不曾中断对理神论的哲学论证，甚至发展出将宗教神学与哲学理论相互融为一体的基督教哲学。西方社会在宗教信仰中寻求心灵救赎与自我肯定，神学与哲学互争高下，理性辩护与极端信仰之间互相博弈，最终以“恺撒的归恺撒，上帝的归上帝”的划界思维将安置人心的任务交于宗教与上帝。康德甚至将人生活的世界先验性地区分为本体界与现象界，在现象界，自然科学的发展与进步对人的经验世界至关重要；同时在本体界，又在完全理性范围内恢复了宗教对人的道德功能与信仰价值。西方宗教自其产生并延续发展至今，其维系人精神世界的价值根据源自《圣经》，人的命运判定、心灵拯救、善恶价值判断皆源自救世主上帝及耶稣，但是《圣经》中同样设定门徒犹大为谋财货背叛其主耶稣的故事情节。因此，在西方人的价值理念中，精神世界中道德与信仰的价值预设从一开始就并非作为纯粹道义而存在，而是与世俗世界发生无法禁绝的具体关联。犹大见利背义这种反面人物与事件的设定恰恰真实反映了绝大多数普通人的现实状态，真实人性本就如此。对整个人类而言，创造世界与解释世界的方式可以归结为文艺与科学。科学并非代表个人观点，而是诚如牛顿、爱因斯坦与霍金等科学家所从事的替天传道的探索真理的活动。然而，科学并没有也不能创造与解释世界的全部，甚至不是最早进行创造并解释世界的活动。人类社会的历史中尚存有很多科学触及不到也无法解释的空间，而填补这部分空白的便是艺术，借此推定，未来时空也当如此。

人类创世之初，最早是艺术先于科学解释了整个世界，相对于此，科学在相当长的一段时期内处于发展极其缓慢甚至停滞的状态。神话与宗教的设定与产生并非西方社会所独有，在中国，《山海经》中已经以神话与原始宗教形式对宇宙自然现象、天地万物的存在状态进行了艺术性解释。几乎与此同时，西方社会以希腊神话、罗马神话对风雨雷电日月山川给予艺术想象。雅斯贝尔斯所界定的“轴心时代”，在中国、印度、希腊地区几乎同时出现了影响人类世界基本走向的艺术盛世，一大批艺术家同时思考并解释了世界是什么、人是什么以及人能做什么，提出了影响至今的哲学范畴与宗教信仰。然而当科学发展到一定水平，便以自己的话语对世界的一切物事重新做出解释，例如太阳的实质是核聚变反应的能量释放等。随着科学进入爆发期，之前艺术对世界做出的一切解释几乎都被推翻，人们重新以科学话语进行解释，人类亦随之迎来所谓近代文明科学昌盛的时代。

伴随各种生产革命与科技发明，人类便以科学实验的眼光与斗志昂扬的态度来审视世界与人类自身。17 世纪英国生理学家哈维通过解剖学的理论讲解与实验证实发现人体血液循环系统，从而破除上帝在伊甸园以亚当与夏娃造人的肋骨传说；19 世纪达尔文提出物种起源与生物进化假说，更是釜底抽薪般否定了上帝存在的意义；马克思在历史领域以唯物史观论证了宗教与上帝创造人类历史的虚妄不实；20 世纪心理学家弗洛伊德分析人的精神世界，通过提出精神层次与人格结构理论，以人的生理本能冲动反面证实宗教的幻象性存在；爱因斯坦更是明确表示在他的宇宙时空中没有上帝存在的位置，但是他认为上帝虽然不能作为真理对象让人去探索，却依然可以作为宗教对象让人去信仰。人类自身对于不理解的事物存在的知识以及由此产生的自我意识自发形成的逻辑推理与美好感觉构成了人对宗教的虔诚，当宗教体现此意义之时，其值得深信。经历过第一次世界大战，人类又看到科学虽然繁荣，能够以惊人的速度创造出远胜于之前几个世纪累积之和的生产力，但同时也制造出远超历史上所有战争带来的灾难。人类此时方觉，科技并非万能，人自身对于科学发展的理性认知与价值信仰存在诸多问题，于是开始对科技的进步与力量进行反思，而紧随其后的便是艺术的蓬勃发展时期。

当今，世界又循环到一个科学远超艺术的爆发时期，科学超越了工业时代发展到信息时代，以多元化信息形式将传统社会旧有的人与人之间忠孝节义廉的观念打破，与陌生人之间直接建立互通联系。信息与科技使人和人之间不再受空间与时间的限制，人们能够实现并完成在历史上任何一个时代都感到匪夷所思的事情。然而，艺术却落于其后，并没有随着科技进步而呈现同等程度的繁荣发展。对中国人而言，无论是谁，都或多或少、或深或浅地受到传统士大夫教育的影响。曾经，我们的祖辈、父辈们年少时胸怀报国理想，并为之奋斗终生。个人作为国家与民族的一员，总想经纶满腹、立志报国，报国理想实现的价值初衷无关自身的富贵与利益。对个人而言，挣钱谋利能够改善生活、实现一定程度的个人自由，在人生的某一个阶段内确实是有意义的。然而，当人在物质生活达到一定水平之后，挣钱谋利明显会失去其对于个人人生追求的意义，没有哪一个国家或民族的国民会把买房置地这等挣钱谋利之事当成理想与信仰。除了事业成功换来充盈的物质财富之外，人生还有其他非金钱所能实现的意义与价值值得追求。回顾中外历史，没有哪一个政权能够单凭武力而长久存在。因此，只有经济发达、文化繁盛、民生富裕的国家方能真正长治久安。对于一个国家与民族而言，文化与思想所突显的价值与力量至关重要，对于个人更是如此，此为古今中外的历史一再证明的颠扑不破的道理。对于个人或者国家，无论何时，理想都不能缺位。科学发展进步能够极大改善并提升人们的物质生活；同样，艺术繁荣流光溢彩能够充盈人们的心灵，丰富人类的精神世界。反之，若是遭逢思想晦暗时代，人们就会普遍生活平庸，精神倦怠，会遗憾为何没有高超的绘画、美妙的音乐来丰富审美世界，会感叹为何缺少哲学思想重塑信仰，让人胸怀理想勇敢前进。人与动物的区别在于，动物改善了生活之后就不再有他求，既得饮食能够保证繁殖后代延续种群即可；而人永远有改善生活之后继续追求理想价值与终极目标的需求。如果仅仅从生物学意义上将人看成以食色为本能的感性动物，视野不免失之浅；亚里士多德将人视为政治动物，也只是强调人的某一属性，究其实，人还是寻求意义的动物。人见其“是”而寻其“应当”，通过“理得”而求“心安”，并借此来填补精神的匮乏。对人类而言，生活改善的意义与价值只在一时，精神价值的追求才是最终的目的所在。

哈贝马斯将现代社会的病态归结于工具理性的体制化运作大举侵占了生活世界的领域，人与人之间的相互理解与沟通被各自分离的意见机械组合的量化计算所代替。① 人们似乎进入一个丧失理想的平庸与倦怠时期，对社会与他人极容易产生不满情绪。知识分子强烈感觉到自己的黯淡与无力，对于知识界前辈所达到的思想光辉难以望其项背。越是处于这样的低迷阶段，就越需要有更多的人出来做一些科学之外的事情。越来越多的人开始思考并试图重新解释世

---

① 参见［德］哈贝马斯著，李黎、郭官义译《作为意识形态的技术与科学》，学林出版社 1999 年版，第 47 页。

界，以及人应该希望什么，异化之后的人应该如何复归其应然状态，等等。中国历史久远，任何一种学术流派或哲学理论都可以找到某一段历史碎片来证明此论行得通，反之也一样。今时不同古昔，而境况不同也并不意味着当下所有皆胜于古代。以史为鉴一向是中国人所坚持的历史价值观念，对于一个国家及其国人未来路向何方，历史总能告之后人何为错者与不当为之举。“举中国数千年礼义人伦、诗书典则，一旦扫荡殆尽”①，便是历史上圣贤一再告诫当世及后人万不可再次经历的民族浩劫。历史上古人所留下的一切并非全是糟粕与不合时宜，显然，采取不辨是非、一并毁灭的态度不止一次被历史证明断不可取。国家与民族现在与未来的发展之路无不建基于本民族的历史文化传统与思想理念上，中国文化尤其是儒家思想中一以贯之的价值观念是代表中国民族与中国人固有本质所在，同时也具有普适性的价值与意义。先秦儒家所倡导的温良恭俭让，所主张的仁义礼智信，是不论古今、不分中外在任何时间与地点适用于所有人且得到普遍认可的价值理念，与西方人所坚信并践行的品德如出一辙，只不过是换一种概念表述方式而已。因为所有美德从本质上为世界上所有人所共通，而非某一个国家或民族所独有，更遑论只适用于某一时段某一地域而不能普及的偏见。此外，儒家重道义而非功利的君子人格的观念灌输与道德修养塑造了中国人不以成败论英雄的价值取向。中国历史上被树碑立传而得世代传颂的英雄，无论是文圣人还是武圣人，无论是岳飞、文天祥，还是于谦、史可法，个人平生遭际皆堪伤感，事虽不成然义存千古，这是英雄们千秋享庙的根本原因。然而当下部分中国人衡量人的价值标准唯有成功与否，而成功的界定标准又框限于位高与多金，追名逐利成为当下一些人的奋斗目标，人被异化为工具性的存在，为达到名与利的目的而甘于被役使，惶然不知道义与理想为何物。正鉴于此，中国传统文化与思想理念恰恰为当下中国人返璞归真提供价值向导，而先秦儒学价值体系理应成为令中国人真正服膺的源头所在。

---

① 〔清〕李翰章编纂，李鸿章校勘：《讨粤匪檄》，《曾文正公全集》卷三，吉林人民出版社 1995 年版，第 1579 页。

结　语

早在20世纪二三十年代，胡适与冯友兰通过对比分析中西哲学的差异性，对西方哲学家质疑中国哲学有无合法性问题给予理论回应。[①] 胡适在《中国哲学史大纲》中对哲学概念进行统一定义，哲学是关于“人生切要问题”的回答，是从根本上寻求解决出路的学问。无论是中国儒家以道德本体指导人生的哲学还是西方追求真理的形而上学，双方从不同方面给予关注从而发挥各自功能，然而在解决人生终极关怀方面具有等同价值的意义。因此，不能因为中国哲学长于道德伦理学说，不同于西方哲学关注点在宇宙生成论与哲学本体论而做出是己而非人的判断，从而否定中国哲学的合法性存在。鉴于胡适对哲学概念的定义，只能说中国哲学与西方哲学在内容与形式上存在不同，却不能因为双方存在不同而得出中国哲学不具有合法性存在的结论。以西方哲学的标准来衡量中国哲学而不是站在能够同时对中西哲学做出客观有效的判断视角来衡量双方，显然有失公平与合理。冯友兰进一步对中国哲学有别于西方哲学的形式特征做出解释：“然所谓系统有二，即形式上的系统与实质上的系统。”[②] 具有实质上的系统才是衡量哲学有无的标志。冯友兰认为中国哲学同西方哲学一样具有实质上的系统，只是形式上的系统有所不足，“讲哲学史之一要义，即是要在形式上无系统之哲学中，找出其实质的系统”[③]。程志华教授认为中国哲学不同于中国哲学史，胡适与冯友兰先生只是对中国哲学史的合法性质疑给出回

---

① 西方哲学家无论是康德、黑格尔，还是罗素或海德格尔，都认为中国没有哲学，他们鉴于儒家传世著作并不具备周密论证的逻辑形式的行文风格与名言警句般特殊的思想表达方式，认为儒家孔子并不算真正意义上的思想家与哲学家，至多也就算是一位仕途不得志的平民教育家。另外，中西双方基于对“哲学”概念的形式与内容的各自定位所存在的明显差异，中国哲学的合法性问题在国际学术界是一个由来已久且经久不衰的讨论话题。

② 冯友兰：《中国哲学史》上册，华东师范大学出版社2010年版，第8页。

③ 冯友兰：《中国哲学史》上册，华东师范大学出版社2010年版，第8页。

应，但是中国哲学是不同于历史上以诠释文本为标志的哲学思想及学术形态，“中国哲学则以创新性为学术特点，以为现时代提供意义诠释基础为标志”①。程志华教授认为对中国哲学合法性问题的探讨重点不在于哲学形式的有无，而在于对当代中华民族生命意义的自觉表达，在于中国哲学究竟有没有能力应对当下的时代问题。很明显，程志华教授对中国哲学合法性的关注点已经由形式与哲学“名分”转向了哲学本身的思想内涵与价值义理的合理有效性。以中国哲学合法性问题所关注的重心来审视先秦儒家价值体系的有无及其价值是否具有应对时代问题的普适意义，同样值得关注。

首先，对于先秦儒家价值体系有无的回答。与西方哲学相比，中国儒家思想只是哲学形式上的系统不明显，至于实质上的系统毫无疑问是具备的。所谓先秦儒家价值体系，不是笔者自己建构出来关于先秦儒家价值思想的理论体系，而是由先秦儒家本身所提出的时代问题、价值概念、伦理范畴以及由此所构成的理论体系。先秦儒家孔子就已经应时代要求提出并形成了儒家一以贯之的价值理论体系的主线，即以仁为轴心、通过孝与礼等价值原则在家族与社会不同场域中分别展开的具体内涵，其中主体价值实现始于人性论的逻辑前提，以人格论作为追求价值理想的终极境界。孔子建构起了先秦儒家价值理论的逻辑框架，孟子与荀子分别循此逻辑对孔子所提出的问题做出不同角度的尝试性回答。因此，无论是从儒家学者的创作延承思路还是从儒家文本的诠释角度，依托《论语》《孟子》《大学》《中庸》《荀子》《易传》等儒家基础文本，颂其诗而读其书，知其人以论其世，关注先秦儒家学者的思想本身，笔者的文案工作诚如冯友兰先生所期许，从先哲形式上的不明显系统中按照自己的思路找出其实质的系统。

其次，对于先秦儒家价值体系是否具有应对当前时代问题以及是否具备普适性价值意义的回答。李振纲教授认为哲学史不仅是历史上各种思想形态发展脉络的流变，更是先哲所走过的一条意义追寻的路。自先秦至当下，哲学史这条路上跌宕起伏的先哲印迹都是历史上先哲之“思”以及后人对其“所思”的反思。② 先秦儒家价值理论能够产生并已经体现的价值与功能已经被历史所证

① 程志华：《中国哲学合法性问题辨析》，《文史哲》2007 年第 1 期。

② 李振纲：《中国古代哲学史论 · 自序》，中国社会科学出版社 2004 年版，第 10 页。

明，在此不再赘言。时移世易，先秦儒学产生并发展于春秋战国时期，其思想价值与哲学功能发挥于其后的不同历史阶段，能否于当下继续发挥其用，笔者认为答案是肯定的。哲学史是寻求意义的过程，中国儒家思想更是以关注人自身安身立命的终极关怀见长，儒家思想立足当下所“是”而思量“应当”，以完善个人主体人格为指向，思辨道德本体而建构道德形上学，人生与世界的价值与意义皆由道德本体而推导确证，这是儒家思想之所长，同时也导致其产生理论缺陷。儒家立足亲亲伦理而涵养个体道德人格，当中国处于前现代的宗法社会结构中，儒家亲亲伦理的推导原则与价值规范无疑在维系社会稳定、维护政治秩序、安抚百姓民心等方面做出重大贡献。然而，当中国社会由传统向现代转型之后，工业化时代的生产发展造成不同于农耕文明的一系列社会问题，甚至在后工业时代，人类进入前所未有的科学昌明、精神荒芜的反思时期。在未来，机器运行至少可以节省人类大部分的时间与精力成本，在此新态势下，人类需要面对人与自身、人与他人以及不同群体之间的关系，并试图解决不同文明与价值信仰之间的冲突与矛盾问题，尝试寻找能够使人类自身安身立命的终极关怀之道。这就为儒家思想得以继续发挥其时代新价值，甚至为儒家思想的普适性价值发挥提供机会与可能。

无论是面对当下诸多现实问题还是未来科学昌明持续高速发展，人类追寻人生意义与精神价值的要求不会终止。就此而论，儒学作为意义追求的学问与当下及未来的人类精神需求相契合。当然，儒学作为产生并发展于传统社会的思想形态，理论本身自有其缺陷，费孝通称其为“波纹同心圆”问题，赵汀阳将其解释为“陌生人”的问题，对此儒学自始至终都没有做出合理解释与有效回应。这个问题源自孟子的“善推而已”，将儒学解释为善于推己及人，由亲到疏、由近及远正如同心圆水波层层外推。费孝通认为这个“推”无法实现，儒家自己承认爱有差等，那么由亲近推到疏远，有差等之爱只能是由多至少、由少到无，儒家将社会所有人际关系以五伦来总括，无视“陌生人”的存在，然而，陌生人才是现代社会人与人之间相互交往的主体存在。因此，儒学亲亲仁民爱物的价值推导对于维系人际关系的社会功能也许会随着科技发展与社会变化而自行削弱，然而儒学作为一种赋予人生与人心意义的思想形态，注重人身心成长与人格完善的价值关怀仍然具有可以反思和发掘的空间。未来时空中如果科技与机器能够解决人的基本生存需求，那么人类大部分时间与精力势必会被解放出来从事机器无法替代的创造性活动，比如哲学反思或艺术审美。假定人一生的时间总量不变，那么当下的人对于时间的分配按照从多到少的顺序大致依次是本能需要、情感需求、哲学反思、艺术审美，而未来科学能够解决人类大部分的物质需求，那么未来的人势必会拥有更多的时间来思考人生价值与信仰问题，哲学和审美活动将会占据人类时间的很大比例。在传统社会，儒学作为知识分子涵养道德人格的思想形态，既是思辨的哲学学问，也是具有宗教意义的价值信仰，在未来应该会拥有更多的受众群体，解决人类的普遍性价值追求与信仰需求问题。

在如何对待儒家和孔子方面，张岱年先生认为，尊孔是经学时代的事情，反孔是五四时期的事情；尊孔时代已经过去了，反孔时代也应该过去了，现在的时代就应该科学地研究孔子。[①] 因此，以理性的态度认知儒学，用科学的方法研究孔子，对于当代学者不仅可能而且实属必要。历史上，中国历来以精英治国、传承文明，但是儒家君子辅佐朝政长于礼仪而陋于知人心。儒家君子一向反复讲礼义之要，希望以礼治国并且始终愿意相信以德治国的正确与优越，然而无法否认的是，儒家君子对现实人性与真实人心并不十分了解或者足够用心从而给予重视。他们用来治国的理论主张并非基于真实人性的前提而提出，只是建立在抽象的人性基础上（或者性善，或者性恶），这种人性立论前提至少是不全面的，甚至有很大一部分与现实人性相背反，剩余部分又是绝大多数人根本无法做到的。先秦儒家建构的仁学价值体系针对士阶层自身修为，以追求君子圣贤人格为终极价值理想，这套理论在秦汉之后的中国历史上一直被统治阶层用以修身齐家治国平天下。然而回顾历史，以这套价值体系所提出的圣贤标准来衡量世人，中国几千年来到底出了多少忠孝节义的真君子，同时又异化出了多少衣冠禽兽的伪君子，前后两者的人数比例悬殊甚大。君子标准强立于世，世人实在做不到却又别无他法，被逼无奈之下只能成为伪君子。中国鲜有人去继续追问众人一致信奉并遵守的规则的正确性与合理性所在，只是约定俗成地习惯性去行为而已，试想在缺乏真实基础上求善求美的价值，到底能实现多少真善与真美。一个国家与民族最重要的是能够帮助这个民族中的个体实现各自的幸福与自由，当社会中绝大多数人的衣食住行都极为匮乏之时，精英

① 参见张岱年《纪念孔子诞辰 2550 周年》，《中华文化论坛》1999 年第 3 期。

们强制要求人们普遍去追求高尚道德与自由理想，这无疑是脱节的；同理，当社会上绝大多数人不再对房与车、肉食与蔬食忧心困扰之时，与其过于寄希望于精英们提出这样那样的理论观点来引领自己，不如每个人就心怀这个民族最朴实恒久的传统价值理念去追求心灵宁静与精神自由，将此精神慰藉与自由引领的希望寄于每个人自身而非他人。因此，在个人完美主体人格的意义上，儒学抛开理论本身的既定内涵与价值指向，单就其价值理论自身的建构初衷与终极指向而言，无疑具有建设性意义。

参考文献

[1]〔汉〕司马迁. 史记 [M]. 北京：中华书局，1982.

[2]〔汉〕董仲舒. 春秋繁露 [M]. 北京：中华书局，1975.

[3]〔汉〕刘安. 淮南子 [M]. 北京：中华书局，2012.

[4]〔汉〕毛亨、郑玄，〔唐〕孔颖达. 毛诗正义 [M]. 上海：上海古籍出版社，2013.

[5]〔汉〕班固. 汉书 [M]. 北京：中华书局，1962.

[6]〔清〕陈立. 白虎通疏证（上、下册）[M]. 北京：中华书局，1994.

[7]〔汉〕许慎. 说文解字 [M]. 北京：中华书局，1963.

[8]〔汉〕赵岐，〔宋〕孙奭. 孟子注疏 [M]. 北京：北京大学出版社，1999.

[9]〔汉〕郑玄，〔唐〕孔颖达. 礼记正义 [M]. 上海：上海古籍出版社，2008.

[10]〔汉〕孔安国，〔唐〕孔颖达. 尚书正义 [M]. 北京：北京大学出版社，1999.

[11]〔魏〕何晏，〔宋〕邢昺. 论语注疏 [M]. 北京：北京大学出版社，1999.

[12]〔周〕左丘明，〔晋〕杜预，〔唐〕孔颖达. 春秋左传正义 [M]. 北京：北京大学出版社，1999.

[13]〔唐〕韩愈. 昌黎先生集 [M]. 上海：上海商务印书馆，1936.

[14]〔宋〕李焘. 续资治通鉴长编（第一册）[M]. 北京：中华书局，2004.

[15]〔宋〕程颢，程颐. 二程集 [M]. 北京：中华书局，1981.

[16]〔宋〕张载. 张载集 [M]. 北京：中华书局，1978.

[17]〔宋〕朱熹. 四书章句集注 [M]. 北京：中华书局，1983.

[18]〔宋〕朱熹. 御定小学集注 [M]. 钦定四库全书本.

[19]〔宋〕真德秀. 四书集编［M］. 钦定四库全书本.

[20]〔宋〕黎靖德. 朱子语类［M］. 北京：中华书局，1986.

[21]〔明〕王守仁. 王阳明全集［M］. 上海：上海古籍出版社，2011.

[22]〔明〕张岱. 张岱著作集·四书遇［M］. 杭州：浙江古籍出版社，2014.

[23]〔明〕黄宗羲. 宋元学案［M］. 北京：中华书局，1996.

[24]〔明〕黄宗羲. 明夷待访录［M］. 北京：中华书局，1981.

[25]〔明〕顾炎武. 日知录［M］. 上海：上海古籍出版社，1988.

[26]〔明〕王夫之. 读四书大全说［M］. 北京：中华书局，1975.

[27]〔明〕王夫之. 张子正蒙注［M］. 北京：中华书局，1975.

[28]〔清〕刘宝楠. 论语正义［M］. 北京：中华书局，1990.

[29]〔清〕段玉裁. 说文解字注［M］. 上海：上海古籍出版社，1988.

[30]〔清〕程树德. 论语集释［M］. 北京：中华书局，1990.

[31]〔清〕王先谦. 荀子集解［M］. 北京：中华书局，1988.

[32]〔清〕王先谦. 韩非子集解［M］. 北京：中华书局，2003.

[33]〔清〕李翰章，李鸿章. 曾文正公全集［M］. 长春：吉林人民出版社，1995.

[34] 高亨. 周易大传今注［M］. 北京：清华大学出版社，2010.

[35] 冯友兰. 中国哲学简史［M］. 北京：北京大学出版社，1996.

[36] 冯友兰. 中国哲学史（上、下册）［M］. 上海：华东师范大学出版社，2010.

[37] 李学勤. 十三经注疏［M］. 北京：北京大学出版社，1999.

[38] 杨伯峻. 论语译注［M］. 北京：中华书局，1980.

[39] 杨伯峻. 孟子译注［M］. 北京：中华书局，1988.

[40] 杨伯峻. 春秋左传注［M］. 北京：中华书局，1981.

[41] 费孝通. 乡土中国［M］. 北京：生活·读书·新知三联书店，1985.

[42] 张岱年. 中国哲学大纲［M］. 北京：中国社会科学出版社，1982.

[43] 周振甫. 诗经译注［M］. 北京：中华书局，2002.

[44] 李泽厚. 论语今读［M］. 天津：天津社会科学院出版社，2007.

[45] 李泽厚. 批判哲学的批判：康德述评［M］. 北京：人民出版社，1979.

[46] 胡平生. 孝经译注［M］. 北京：中华书局，1999.

[47] 陈鼓应. 周易今注今译 [M]. 北京：商务印书馆，2005.

[48] 余敦康. 魏晋玄学史 [M]. 北京：北京大学出版社，2004.

[49] 张双棣译注. 吕氏春秋 [M]. 北京：中华书局，2007.

[50] 许维遹. 吕氏春秋集释 [M]. 北京：中华书局，2009.

[51] 杨天宇. 礼记译注 [M]. 上海：上海古籍出版社，2004.

[52] 王文锦. 礼记译解 [M]. 北京：中华书局，2001.

[53] 杨泽波. 孟子性善论研究 [M]. 北京：中国社会科学出版社，1995.

[54] 蔡仁厚. 儒学的常与变 [M]. 台北：东大图书公司，1990.

[55] 陈来. 宋明理学 [M]. 沈阳：辽宁教育出版社，1991.

[56] 陈来. 仁学本体论 [M]. 北京：生活·读书·新知三联书店，2014.

[57] 赵敦华. 西方哲学简史 [M]. 北京：北京大学出版社，2001.

[58] 赵敦华. 现代西方哲学新编 [M]. 北京：北京大学出版社，2001.

[59] 李维武编. 徐复观文集 [M]. 武汉：湖北人民出版社，2002.

[60] 李德顺. 价值论（第 2 版）[M]. 北京：中国人民大学出版社，2007.

[61] 陈嘉映. 海德格尔哲学概论 [M]. 北京：生活·读书·新知三联书店，1995.

[62] 杨国荣. 善的历程——儒家价值体系研究 [M]. 上海：华东师范大学出版社，2009.

[63] 李振纲. 证人之境——刘宗周哲学的宗旨 [M]. 北京：人民出版社，2000.

[64] 李振纲. 中国古代哲学史论 [M]. 北京：中国社会科学出版社，2004.

[65] 李振纲. 大生命视域下的庄子哲学 [M]. 北京：人民出版社，2013.

[66] 李振纲. 老庄易“三玄”浅解 [M]. 北京：人民出版社，2016.

[67] 康学伟. 先秦孝道研究 [M]. 长春：吉林人民出版社，2000.

[68] 程志华. 困境与转型——黄宗羲哲学文本的一种解读 [M]. 北京：人民出版社，2005.

[69] 程志华. 牟宗三哲学研究——道德的形上学之可能 [M]. 北京：人民出版社，2009.

[70] 王文亮. 中国圣人论 [M]. 北京：中国社会科学出版社，1993.

［71］赵汀阳. 天下的当代性：世界秩序的实践与想象［M］. 北京：中信出版社，2016.

［72］王中江，李存山. 中国儒学. 第五辑［M］. 北京：中国社会科学出版社，2010.

［73］王中江，李存山. 中国儒学. 第六辑［M］. 北京：中国社会科学出版社，2011.

［74］王中江，李存山. 中国儒学. 第七辑［M］. 北京：中国社会科学出版社，2012.

［75］王中江，李存山. 中国儒学. 第八辑［M］. 北京：中国社会科学出版社，2013.

［76］王中江. 简帛文明与古代思想世界［M］. 北京：北京大学出版社，2011.

［77］高华平译注. 韩非子［M］. 北京：中华书局，2015.

［78］张宏杰. 饥饿的盛世——乾隆时代的得与失［M］. 长沙：湖南人民出版社，2012.

［79］王瑞来. 君臣——士大夫政治下的权力场［M］. 北京：中华书局，2015.

［80］唐浩明. 曾国藩［M］. 北京：北京联合出版公司，2014.

［81］成中英，冯俊. 为中国哲学立法——西方哲学视域下先秦哲学合法性研究［M］. 北京：中国人民大学出版社，2016.

［82］［英］葛瑞汉. 中国哲学和哲学文献研究［M］. 新加坡：东亚哲学研究所，1986.

［83］［美］黄仁宇. 万历十五年［M］. 北京：中华书局，2C06.

［84］［美］余英时. 士与中国文化［M］. 上海：上海人民出版社，2003.

［85］［美］余英时. 中国思想传统的现代诠释［M］. 台北：联经出版事业公司，1987.

［86］［德］马克斯·韦伯. 中国的宗教：儒教与道教［M］. 北京：商务印书馆，1999.

［87］［德］马克斯·韦伯. 新教伦理与资本主义精神［M］. 上海：上海人民出版社，2010.

[88] [美] 郝大维，安乐哲. 孔子哲学思微 [M]. 南京：江苏人民出版社，2012.

[89] [日] 沟口雄三. 中国的公与私·公私 [M]. 北京：生活·读书·新知三联书店，2011.

[90] [英] 亚当·斯密. 国富论 [M]. 北京：商务印书馆，1972.

[91] [英] 亚当·斯密. 道德情操论 [M]. 北京：商务印书馆，1997.

[92] [美] 斯塔夫里阿诺斯. 全球通史 [M]. 北京：北京大学出版社，2005.

[93] [奥] 茨威格. 人类群星闪耀时 [M]. 西安：陕西人民出版社，2008.

[94] [美] 伊恩·莫里斯. 西方将主宰多久——从历史的发展模式看世界的未来 [M]. 北京：中信出版社，2011.

[95] [德] 罗哲海. 轴心时期的儒家伦理 [M]. 郑州：大象出版社，2009.

[96] [德] 哈贝马斯. 作为意识形态的技术与科学 [M]. 上海：学林出版社，1999.

[97] [英] 凯伦·阿姆斯特朗. 轴心时代 [M]. 海口：海南出版社，2010.

[98] [法] 古斯塔夫·勒庞. 乌合之众：大众心理研究 [M]. 桂林：广西师范大学出版社，2015.

后　记

两年前的 2018 年 6 月，我从河北大学哲学系通过博士学位论文答辩，随后进入南京大学哲学系博士后科研流动站，跟随李承贵先生继续从事中国哲学专业的相关研究，自此我便开始了时长两年的博士后研究阶段。在南京大学学习的两年时间，从学业而言，是我博士生期间研究课题的深入与扩宽，是对其中具体问题的论证、反思与充实的完善过程。在本书即将付梓之际，对自己收获该成果的经历与过程，重启回忆，感慨良多。

心中虽感慨万千，话却不知从何说起，既如此，那就从我来到河北大学求学的感受说起。对我而言，从 2012 年 9 月我被河北大学哲学系录取为中国哲学专业研究生，到 2018 年 6 月我通过博士学位论文答辩，在河北大学哲学系学习中国哲学实属偶然，也实属必然。说是偶然，主要是因为能够选择并得到来此攻读硕士以及博士学位的机遇而言；说是必然，那就是能够集聚天时、地利、人和诸多因素的合力使然。从上大学到读硕士再到读博士，我逐渐明白意义与价值的问题，那便是见仁见智，无法强求他人的一致认知。每个人总有自己的价值立场以及维护自己立场理由的必须与不得已，武涉与蒯彻无法说服韩信背汉自立，乌江亭长也没能说动项羽江东再起，皆因每个人所坚持的立场或信仰不同。时移则世易，今天许多人更无法理解为何当年得遇信陵君的侯嬴会自刭取信，只因士人在成仁取义之时，视道义齐天，而自己生命则轻若鸿毛。因此，一般人为现实生存而苦恼，哲学家为存在之所以存在及存在的意义而苦恼。在河北大学读硕士和博士的六年时间，先后得遇两位恩师——卢子震先生与李振纲先生，两位先生在我求学问道的路上对我帮助良多。在这六年里，我在河北大学的收获不仅仅是两篇毕业论文，写字为文、读书识理仅是学业要求，而两位先生学风之谨、视野之阔给我莫大鞭策；其思想关怀之深、责任担当之重、对吾辈后生奖掖之切更鼓励我奋进不已。从为学到做人，我在河北大学期间的所得成长，取得的成绩与进步皆离不开两位先生的提点、鼓励与鞭策，尤其是学位论文的构思、立意、写作、成文的过程无不渗透着导师李振纲先生的良苦用心。此书付梓之际，谨再次对导师表示真诚的感谢。

2018 年 7 月，经过导师李振纲先生的倾心相助，以及李承贵先生的古道热肠，我顺利来到南京大学哲学系博士后科研流动站进行学术研究工作。在南京大学的经历，为我的学术研究与人生际遇皆提供了广阔的平台。站在时间的维度，如果说时间是衡量任何人和任何事的普遍性尺度，那么我和我在南京大学博士后期间所经历的一切自然也不会例外。时间因为有人的参与和事的发生而凝聚成历史，同样，时间也是当下所有人从事一切事的永恒见证者。在南京大学哲学系学习与进行科研工作的两年里，我经历的所有事情都使我获益良多，所接触的师友以及在岗工作的老师们的勤勉敬业、认真负责以及对待工作的谨慎热忱都使我心生敬意，同时更对老师们对我的诸多帮助满怀感激。当然，最让我发自内心深表谢意的还是我的博士后合作导师李承贵先生。先生为人正直磊落，生活中风趣幽默，对哲学事业满怀热爱与敬畏；先生志不在高官仕宦而怡情山水，兴不起于累积财货而在于对哲学问题的不断探索。先生将对哲学的关怀以及对中国哲学未来之路的求索诉诸笔端，所成文章典著自不待赘言。先生奖掖后辈，不厌其烦；关心学生，不遗余力。我在南大这两年的所有进步和成长，都离不开先生对我的关心、安慰、鼓励与帮助。无论是为学还是做人，从论文观点的讨论到行文措辞的拿捏，从命题展开的逻辑论证到哲学问题意识的把握，无不倾注先生的悉心指导。从生活中我对个人琐事的烦扰到人情世故的困惑，以及随着岁月的流逝，我不得不学习怎样面对亲人的病痛、家人的苦恼甚至是生命的离去，而每每不得其解时，先生总会以其见惯世事变迁之后的淡泊心态给我适时鼓励。先生仁心义行，这种直面人生的劝慰与鼓励使我毕生难忘。对于先生的苦心孤诣在此深表感激。

如果站在我自身与我所经历的一切过往来审视时间，自会分外感觉我在河北大学与南京大学的每一寸时光都不曾虚度。如果没有人与事的进场，时间的轴线上除了标识时间所经过的刻度之外，既无意义也无色彩；反之，因为有我的进场与在场，让我在南大两年之中的每时每刻都充实且有意义。台城的烟柳，孝陵的梅花，栖霞寺的钟声，秦淮的画舫文庙与古城墙的幽隐斑驳，文章锦绣之地说不尽的金陵风雅。对于这里的一切，我与我曾经的存在皆不过一瞬，犹如过客般来去无痕；然而，对于我而言，我和我所经历的过往却成为我在时间维度上的在场证明。

特别感谢河北大学出版社，感谢杨显硕、王红梅老师以及为此书出版工作费心劳力、辛苦奔波的出版社的老师们。最后，衷心感谢多年来默默支持我求学的父母以及对我求学生涯提供真诚帮助的各位师友，是他们的一路相伴给予我莫大的精神慰藉。在哲学求学的路上，我尚未达其门庭，实属资历尚浅，能力与水平皆有限，既未登堂，更遑论入其室。拙作不免存在瑕疵疏漏之处，许多学术问题尚待进一步去思考与辨惑，学不可以已，故请求教于大方之家。

马兰兰谨识

二〇二〇年四月十日记